主 编 张宝秀

副主编 张 勃 孟 斌

北京学研究

2014

中国社会科学出版社

图书在版编目（CIP）数据

北京学研究.2014／张宝秀主编.—北京：中国社会科学出版社，2015.4
ISBN 978 - 7 - 5161 - 6017 - 6

Ⅰ.①北⋯　Ⅱ.①张⋯　Ⅲ.①城市学—研究报告—北京市—2014　Ⅳ.①C912.81

中国版本图书馆 CIP 数据核字（2015）第 081371 号

出 版 人	赵剑英
责任编辑	吴丽平
责任校对	贺少雅
责任印制	李寡寡

出　　　版	中国社会科学出版社
社　　　址	北京鼓楼西大街甲 158 号
邮　　　编	100720
网　　　址	http：//www.csspw.cn
发 行 部	010 - 84083685
门 市 部	010 - 84029450
经　　　销	新华书店及其他书店

印　　　刷	北京市大兴区新魏印刷厂
装　　　订	廊坊市广阳区广增装订厂
版　　　次	2015 年 4 月第 1 版
印　　　次	2015 年 4 月第 1 次印刷

开　　　本	710×1000　1/16
印　　　张	17.25
插　　　页	2
字　　　数	289 千字
定　　　价	58.00 元

目　录

地方学理论

比较研究

专题研究:新型城镇化与传统文化

地方案例

学术评论

北京学人

地方学理论

地方学的地方性与世界性

张宝秀　成志芬　张妙弟*

摘　要：近年来，地方学的研究在各地方兴未艾，探讨地方学的学科属性对地方学研究以及地方文化研究具有重要的导向作用。本文采用文献查阅法、案例分析法等，梳理了地方学的学科特性以及我国地方学的发展形势，研究了地方学的地方性和世界性。通过研究，本文认为，地方学的地方性与世界性是辩证统一的关系。世界性可以促进和深化地方性，而地方性也能丰富和优化世界性。地方学对地方的地方性挖掘的越深入，越有利于地方走向世界，实现其世界性。

关键词：地方；地方学；地方性；世界性

一　地方学的学科特性

地方学，因地名学，是研究地方的学问。

在世界范围内，第二次世界大战结束以后，随着社会经济的不断发展和在实际建设需要推动下，各个学科的研究不断深入，学科领域不断细分，而现实中的许多问题尤其是人文社会现象越来越明显地需要多学科协作进行综合研究。在这种形势下，世界上很多城市和地区都出现了关于本地的综合性地方学研究，如国外的首尔学、济州学、东京学等，国内的北京学、鄂尔多斯学、温州学、泉州学等。

学科是学术的分类，是指一定科学领域或一门科学的学术分支。地方

---

* 张宝秀，北京联合大学北京学研究所所长、北京学研究基地主任、应用文理学院院长；成志芬，北京联合大学北京学研究所助理研究员；张妙弟，北京联合大学原校长，北京学研究基地首席专家、学术委员会主任。

学是一个跨自然科学和人文社会科学的综合性学科，是多学科之间的一个交叉学科，是一门新兴学科，其发展还不够成熟，在教育部颁布的学科专业目录中还没有独立设置"地方学"学科。因此，我们讨论其学科属性、内涵外延、研究对象、研究内容、研究方法等，不断完善地方学学科建设，是必要的。但是，至今仍在质疑其存在的合理性，是没有实际意义的。其实，各地地方学的建立，不必设定严格的标准，不必等待学科的完全成熟，只要当地有一定地域文化研究的基础和成果、有一定数量热心研究地方的人士，以及由于单一学科研究地方问题存在局限性，需要综合研究地方，就可以开展地方学研究，在条件具备时就可以成立地方学研究机构。

从内涵上看，现代地方学，是研究地方的综合性学科，是根据区域划分学科，时间与空间相结合，天、地、人统筹兼顾，以某个地方为研究范围和研究对象，将其作为人文、自然要素共同构成的地域综合体进行综合性研究。与其他研究地方的单一学科相比，地方学研究某个地方的任何一个要素，都有着综合性、历史性和地域文化的视角。

从外延上看，某个地方学学科的具体研究对象理论上可以包括该地区的自然、历史、文化、社会、政治、经济、人口等各个方面，既研究历史，也关注现实和未来。但是，地方学不同于地方史，也不同于地方志，不仅对地方情况进行记述，更重要的是将某一地域作为一个有机综合体进行研究，研究其各种组成要素的地方性特色、发生发展过程及其相互关系，探究其发生发展的规律，并预测未来发展趋势。实际上，目前各地的地方学研究领域都有所侧重，不是包罗万象，大多数侧重研究历史文化，有的只重点研究某一方面。

可以说，地方学研究是连接历史与未来、地方与世界、时间与空间、理论与实践、自然与社会、宏观与微观、单体与整体的一门学科，所以它具有历史性、当代性、地方性、世界性、理论性、现实性、综合性、整体性、多学科性等许多特性。目前，地方学学科的各种特性，多已被研究者注意到，但是，其中的地方性还需要进行更深入的挖掘和系统研究，世界性则更是需要给予特别的关注和推动。

二　我国地方学发展形势

在我国，研究地方、地域的学问，历史悠久，古已有之，全面记载某一时期某一地域的自然、经济、社会、政治、文化等各方面情况的地方志、地理志，已有 2000 多年历史，记述游历所经之地的游记、行记，历代不绝。但是，以地名学，是近百年的事情，最早在清末民初开始以地域划分经学流派，如鲁学、齐学、晋学等。20 世纪 20 年代至 50 年代，先后出现了地方学的"三大显学"：敦煌学、徽学、藏学。1978 年改革开放以后，尤其是近二十年，地方学研究方兴未艾，相关机构如雨后春笋般纷纷出现，这是一种历史的必然。

我国改革开放以后，各个地区的社会经济不断快速发展，随之出现了建设文化、发展文化、研究文化、保护和传承地方文化的热潮。20 世纪 90 年代，在各种地方文化、地域文化研究经过十多年的发展和积累取得不少成就的基础上，各地纷纷出现了超越地方文化研究，对本地历史、文化及其他自然、人文要素进行综合研究的地方学学科。也就是说，是在现实的有力推动下，呈现旺盛生命力的地方学及地方学研究机构作为一种历史的必然强劲地出现了。

目前，已在报刊、会议、论著中明确提出，且已经开展研究的地方学有中国学、敦煌学、藏学、徽学、蒙古学、北京学、鄂尔多斯学、泉州学、温州学、杭州学、三峡学、岭南学、香港学、澳门学、台北学等 50种左右。有的地方学概念提出一段时间、取得一些研究成果以后成立了以"某某学"命名的地方学研究机构，还有大量以"某某文化研究"命名的地方文化研究机构在从事地方学研究工作，几乎各个地区都有当地文化研究学术团体或专门研究机构。这些机构有隶属于政府部门的，有隶属于高校的，也有独立的民间学术团体。

2005 年 9 月 16 日，由鄂尔多斯学研究会牵头、几个地方学研究机构共同发起成立了民间组织"中国地方学研究联席会"，鄂尔多斯研究会担任第一届轮值主席。自 2008 年 11 月起由北京学研究所担任第二届轮值主席至今，联席会成员单位已发展到 30 多家。联席会每年编印 4 期会刊《地方学研究信息》，多次举办全国性地方学研讨会，组织交流研究成果和工作经验，有力地推动了地方学研究的交流与进展。台湾也于 2006 年成立了"台湾地方学研究发展学会",旨在促进台湾各地地方学之研究、发展与应用,促进地方文化与社会的永续发展,学会办有《台湾地方学GIS电子报》。①

近些年,随着中国的迅速崛起,海外掀起了"中国学"热潮。2004年,上海市创办了一个高层次、开放性的学术平台——世界中国学论坛(World Forum on China Studies),这是一个以文化为主旨的学术论坛。论坛每两年举办一次,每次确定一个交流研讨的主题,邀请国内外著名中国学研究学者莅会,已成为世界中国学研究和交流的重要平台。论坛开始由上海市人民政府主办,上海社会科学院承办,自2010年起,论坛由国务院新闻办公室和上海市政府联合主办,上海社会科学院和上海市政府新闻办公室承办,由此升格为国家级学术交流平台。2013年3月23—24日第五届世界中国学论坛在上海举办。为推动论坛朝着长期化、机制化、高端化方向发展,上海市依托"世界中国学论坛",于2012年3月成立了上海社会科学院世界中国学研究所,作为常设研究机构,为论坛提供学术支撑,并借助论坛提升对海外中国学的研究,以海外各学科领域内研究中国的重要人物、机构、流派,及其代表性成果、发展趋势等为研究对象,全面跟踪和掌握世界各国的中国研究动态。世界中国学研究所每年撰写海外中国研究报告,译介海外中国研究重要著作,编辑有《中国学季刊》,建有"世界中国学数据库"。② 还有一些单位也成立了中国学研究机构,如中国社会科学院国外中国学研究中心、北京联合大学海外中国学研究中心。

我国各地的地方学已经取得了很多研究成果,有一定的理论探索,更多的成果是某个具体地方的专题性研究。各地地方学的具体研究成果主要包括文献整理和历史、文化、人物、名胜古迹研究等,出版了大量的文献、著作和论文。③ 当前,各地地方学研究表现出一些共同的发展趋势,研究内容不断拓展和深化,如理论研究与实证研究相结合,宏观研究与微观研究相结合,地方学研究与地方经济社会发展和文化建设相结合,国内

---

① "台湾地方学研究发展学会"网址 http://blog.yam.com/taiwanplace; http://enews.url.com.tw/enews/45704.

② "世界中国学论坛"网址 http://www.chinastudies.org.cn.

③ 张宝秀、成志芬、马慧娟:《我国地方学发展概况及对北京学的再认识》,《北京联合大学学报(人文社会科学版)》2013年第3期,第79—84页。

外研究力量相结合，人文社科研究方法和自然科学研究方法相结合，科学研究与人才培养相结合等。

党的第十七届六中全会通过《中共中央关于深化文化体制改革推动社会主义文化大发展大繁荣若干重大问题的决定》以来，特别是十八大提出"五位一体"发展总体布局，将文化建设提升到和经济建设、政治建设、社会建设、生态文明建设同样的高度，各个领域的文化研究工作，包括地方文化和地方学的研究随之更加活跃，可以预见，地方学学科必将走向更加繁荣的未来。

在当前我国地方学良好的发展形势下，如果更加自觉地进行学科的理论武装和提升，更加深入挖掘和系统研究本地的地方性，在强化本土性的同时，更加重视和更大力度地推动地方学研究的世界性、国际化，则地方学学科将迈上一个新的台阶，进入更高层次的快速发展期。

三　地方学的地方性

关于地方性，目前地理学界主要有人文主义和结构主义两种认识。美国人文主义地理学家段义孚（Yi-Fu T.）认为，空间被赋予文化意义的过程就是空间变为地方的过程。[①] 加拿大人文主义地理学家雷尔夫（E. Relph）认为，地方充满了意义，它是个人和公众认同的来源，人们对地方有深刻的情感的和心理的情结。[②] 雷尔夫把人们对地方的认同分为七个层次：（1）存在的外在经历；（2）客观的外在经历；（3）偶然的外在经历；（4）间接体验的内在经历；（5）行为的内在经历；（6）移情的内在经历；（7）存在的内在经历。雷尔夫还认为，地方由三个相互联系的要素组成，一为其物质特征或者物质外貌，一为可察觉的活动或者功能，一为地方意义或者象征。这三种要素通过多种方式结合成一个地方的独特性。[③] 所以，人文主义地理学认为，一个地区长期积累的文化，以及人们对这些长期积累的文化的认同，就使得该地区具有了地方性。结构主义地理学者认为，一个地区与外界建立功能联系时，它所具有的其他地方

①　Yi-Fu T., *Space and Place: the Perspective of Experience*, Minneapolis: University of Minnesota Press, 1977: 20.

②　E. Relph: *Place and Placelessness.* London: Pion, 1976, 141.

③　Ibid., p. 61.

所不具备的内在条件就是地方性。[①] 这两种定义从地方形成的不同机制描述了地方性。可见，地方性主要指一个地方的独特性和唯一性。这些独特性既包括其他地方所不具备的条件和内容，也包括人们对地方独特的情感和认同。

地方性的丧失意味着一个地方变得无地方性。无地方性就弱化了人们对地方的认同，不仅使各个地方看起来相像，人们对地方的感觉也是相像的，对地方的体验是相同的、乏味的。地方通过一些过程会变得无地方性，这些过程包括地方之间大量的文化交往、商业联系等，这些过程导致了地方景观的变化以及多样性的丧失。[②] 地方多样性的丧失预示着地方意义更大的丧失，从而导致无地方性。[③] 地方学研究，提供地方知识，研究地方制度文化等，这些内容最主要的特色就是体现了地方性。地方学研究的地方性，集中体现在挖掘地方的独特文化，致力于表达和传承地方的历史文脉。历史文脉就是地方历史文化要素在时间上的前后传承关系和在空间上历史文化要素之间及其与环境要素之间的网络系统关系，是地方赖以生存、发展的有机时空背景，是形成地方特色和形象的灵魂。地方历史文脉传承是建立在地方性基础之上的，传承的目的体现地方性与现代性的完美结合。要传承好地方的历史文脉，需要地方学学科系统研究地方综合体的发展规律，科学分析地方的形成机制，深入挖掘地方文化的本质和内涵，在空间上有效表现地方的传统文化，取得对地方文化繁荣、社会发展、经济建设具有引导、支撑作用的认识和研究成果。

地方学应重视地方与地方性的研究视角。地方学的宗旨，就是要研究某一空间变为某一地方的过程，深入挖掘一个地方的地方性，揭示其地方性的形成过程、发展规律、地域特点和动力机制，彰显一个地方的地域文化特色，对地方的"未来"作出判断，为地方的文化、社会、经济、政治、生态发展提供理论支持。

地方性是区域发展的文化力或文化软实力，地方进行品牌建设和营

---

① 周尚意：《文化地理学研究方法及学科影响》，《中国科学院院刊》2011 年第 4 期，第 416 页。

② E. Relph：*Place and Placelessness.* London：Pion，1976，p. 90.

③ Ibid.，p. 117.

销，需要挖掘地方性。"挖掘地方性的基本方法就是区域比较。"① 地方学研究地方性，需要深入挖掘地方文本，关注不同主体的地方认同，并不断对地方进行新的评价。② 文本（text），通常是指与书面表达相联系的一系列表达习惯，在过去的几十年，这一概念已扩展到了包括诸如景观、地图、绘画等其他类型的文化产品以及经济、政治和社会制度等方面。③ 地方文本再现地方性，包括再现地方典型的景观、日常生活实践和业已消失的文化。④

　　挖掘地方性，需要地方公众的参与，因为当地人对所在地方有较为深入的了解，理解每个街区或社区的"地方性"。"由于缺少对城市每个地方的地方性的了解，现阶段一些城市规划方案缺乏对城市历史文化遗产价值的认识，从而使得许多有价值的街区和建筑在城市更新中遭到破坏，造成城市特有风貌的消失、城市的文脉被切断等问题，制约了城市的进一步发展。澳大利亚《巴拉宪章》（The Burra Charter）指出，遗产保护的目的在于维持'地方'的文化重要性，也强调维持一种地方感，因为具有文化重要性的'地方'，既是历史纪录，也是国家认同和经验的有形表现。因此，有公众参与的城市历史文化保护才能真正保护城市各处的地方性。"⑤

四　地方学的世界性

　　世界性，也可以称为全球性。伴随着经济的全球化，文化也出现了全球化趋势，这是人类文明发展不可逆转的趋势，是一把"双刃剑"，既为地方文化发展提供机遇，也使地方文化面临外来文化的挑战与威

---

① 周尚意：《文化地理学研究方法及学科影响》，《中国科学院院刊》2011 年第 4 期，第420 页。

② 成志芬、张宝秀：《地方学与地域文化研究的"地方"和"地方性"视角》，中国地方学研究联席会、内蒙古鄂尔多斯学研究会、内蒙古东联控股集团：《论地方学建设与发展——中国地方学建设与发展研讨会文集》，2014 年 4 月，第 65—69 页。

③ ［英］R. J. 约翰斯顿主编：《人文地理学词典》，柴彦威等译，商务印书馆 2005 年版，第 721 页。

④ 唐顺英、周尚意：《浅析文本在地方性形成中的作用——对近年文化地理学核心刊物中相关文章的梳理》，《地理科学》2011 年第 10 期，第 1159—1165 页。

⑤ 周尚意：《文化地理学研究方法及学科影响》，《中国科学院院刊》2011 年第 4 期，第421 页。

胁。全球化对地方性是有一定影响的。正如有学者所言，全球化对地方的影响使地方面临着许多挑战，这些挑战不仅是经济方面的、环境方面的，更是文化方面的和社会方面的。[①] 也有学者认为，全球化对地方的挑战涉及如何保存当地的地方性。[②] 面对全球化的挑战，地方需要有相应的措施来应对。英国人文地理学家代表人物多林·梅西（Doreen Massey）曾提出一个"地方转变"（placial turn）的概念，她认为我们需要发展一种地方的全球感。[③] 人类学家 Arjun Appadurai（1995）赞同多林·梅西的"地方转变"概念，他认为对地方的研究要用"translocal"的视角。[④]

地方学深入挖掘地方的地方性、地方文化，就是为了彰显地方文化的深刻内涵和生命力。地方学研究加强世界性、国际化视野，主动走向世界，与国际接轨，不断将地方文化推向世界大舞台，可以让世界了解我们的地方和地方文化，让我们的文化产生世界影响力。这也是文化多样性发展的一个途径。实际上，是各个国家、各个民族、各个地方的多元文化组成了世界文化大花园。

地方学研究的全球化，可以通过国际交流与合作，走出去，请进来，组织或参加国际学术研讨和有关文化活动，开展合作研究、比较研究，采用具有世界意义的研究方法，开展多学科综合研究，建设英文网站，印制英文等外文宣传材料，译介国际水平研究成果，参与联合申遗，吸纳、培养留学生本科生、研究生等多种途径实现世界性、国际化。

在这方面，韩国首尔学研究所给我们做出了很好的榜样，该所不仅长期与北京学研究所等其他国家的地方学研究机构保持稳定的合作关系，而且设计并获准一项国家级研究项目"东亚首都比较研究"，研究时限长达

① Jamal T, Stronza A., "Collaboration Theory and Tourism Practice in Protected Areas: Stakeholders, Structuring and Sustainability", *Journal of Sustainable Tourism*, 2009, 17 (2), pp. 169 – 189.

② Eagles, P., "Global Trends Affecting Tourism in Protected Areas", In *Tourism in Protected Areas: Benefits Beyond boundaries*, R. Bushell& P. Eagles (Eds.), Wallingford: CAB International, 2007, pp. 27 – 43.

③ Massey, D, A Global Sense of Place. Space, Place And Gender, University of Minnesota Press: Minnesota, USA, 1994, pp. 146 – 157.

④ Appadurai, A., "The production of locality", in R. Fardon (ed.) Counterworks: Managing the Diversity of Knowledge, London: Routledge, 1995, pp. 204 – 225.

9年，正在联合韩国、中国、日本和越南四国的专家学者开展首尔、北京、东京和河内的比较研究。又如，2014年6月22日，在卡塔尔首都多哈召开的联合国教科文组织第38届世界遗产委员会大会上获准列入《世界遗产名录》的陆上丝绸之路项目"丝绸之路：起始段和天山廊道的路网"，就是中国与吉尔吉斯斯坦、哈萨克斯坦跨国联合申报的。在自然和文化遗产保护，特别是跨国界的大型线性文化遗产保护方面，需要多个国家的多个节点城市、地区参与，整合资源，合作研究，联合申遗，并按照联合国遗产委员会框架、标准和要求进行各个地方的遗产保护。

五　结论

地方学的地方性与世界性是辩证统一的关系。地方性尺度和全球性尺度犹如一枚硬币的两面，是当今世界政治经济一体化背景下的一对最基本的既相互矛盾又相互联系的概念。20世纪80年代末西方人文地理学界关于尺度概念的争论，实际上也是对本土性与全球性两种尺度的讨论。从表面上看，地方性与全球性是一对矛盾的、对立的和异质性的诉求。其实，它们又有共通的、相融的和同质化的追求。因为，全球性和世界性可以促进和深化本土性或多样性，而本土性和多样性也能丰富和优化全球性和世界性。① 地方学对地方的地方性研究、挖掘越深入，越有利于走向世界，实现国际化。

此外，小区域与大区域以及全国文化区之间，存在不同机制的空间套嵌关系。某些小区域的地方文化、地方性，构成大区域的地方文化、地方性，进而组成民族文化、国家文化。因此，地方学研究在走向世界之际，还应重视在本地区、更大区域、全国范围内加大宣传、交流与合作的力度，要让本地人、本国人了解各个地方的文化特色。

---

① 邵培仁、夏源：《媒介尺度论：对大众传播本土性和全球性的丈量》，《中国传媒报告》2010年第3期，第8—9页。

The Placeness and Worldliness of Local Studies

Zhang Bao-xiu , Cheng Zhi-fen Zhang Miao-di

Abstract: In recent years, the research on Local Studies has been flourishing in every place in China. The discussions on the subject attribute place Plagan important guiding role in the research on Local Studies and local cultures. This paper, adopting document retrieval method and case analysis method, sorts the discipline characteristics of Local Studies and its development situation in China. Aimed at the research on the placeness and worldliness of Local Studies, the paper draws the conclusion that placeness and worldliness of Local Studies is the relationship of dialectical unity. The worldliness can promote and deepen the placeness, while the placeness can enrich the worldliness and optimize it. The Local Studies explores the placeness of a place more deeply; it can promote the place more easily to the world and realize the place's worldliness.

Keywords: place; Local Studies; placeness; worldliness

新时期地方学研究的几点思考[*]

——以晋学研究为例

张有智　谢耀亭[**]

摘　要：地方学研究越来越受到学界和地方的重视，不仅成为学术研究的一个重要领域，也为地方社会转型发展提供强有力的智力支持。结合晋学研究的历史与现状，新时期地方学研究，在四个方面应当引起注意：一是新史料的搜集与发现；二是研究要重点突出，以点带面；三是要构建地方学学科体系；四是要服务地方，争取支持。

关键词：地方学；学科建设；晋学

地方学，简言之，即研究某一特定区域的学问。在国外，地方学作为一门新兴学科被称为地区学（regional science），始见于美国学者马纳斯·查特杰 1963 年出版的《经济发展的管理与地区学》一书。地区学被定义为："研究人与物质环境的相互作用的过程和形态以及人适应物质环境的方式和能力的学科。它探讨的核心问题是空间或地区，即从政治、社会和经济的角度来研究地区的结构、职能和活动，并从中找出变化的规律，以不断推动一个地区社会和经济的发展。"[②] 20 世纪 80 年代以来，随着中国的社会、政治、经济、文化生活的翻天覆地变化，地方学的研究也出现了

---

[*] 本文为山西师范大学 2014 年科技开发与应用基金项目"临汾地区先秦文化遗存开发研究"（ZK1401）阶段性成果。

[**] 张有智，山西省晋学研究中心主任；谢耀亭，山西师范大学历史学院副教授。

[②] 张广照、吴其昌主编：《当代西方新兴学科词典》，吉林人民出版社 2000 年版，第 57—58 页。

可喜的局面。徽学、藏学、楚学、蜀学、晋学等地方学研究不断升温,地方学研究受到了学术界的重视与肯定,也得到了一些地方政府的支持与鼓励,地方学的研究正向更深更广的方向发展。

梁启超先生在《中国历史研究法》一书中曾谓:"中国于各种学问中,惟史学为最发达;史学在世界各国中,惟中国最为发达。"悠久的史学传统,使研究某一特定区域的史学著作在中国也早有问世,如晋常璩的《华阳国志》对《禹贡》所记之梁州地区的历史和地理的记载,得到了后世学者的高度评价,宋吕大防在《华阳国志序》中言道:"蜀记之可观、未有过于此者。"梁启超先生则称《华阳国志》为"有义法,有条贯,卓然著作之林"的"方志之祖"。隋唐之后方志学的兴起,一郡一县,皆有志书,且版本不一,传世众多。虽然古代中国方志之学蔚为大观,但在现代的地方学研究当中,并非一地一县皆可名"学",这也告诉我们,方志学与地方学不能完全等同,虽然都以某一特定区域为研究对象。此种变化,实与史学发展趋势相同步。现代史学的兴起,不再以记载为主,更多是侧重分析,尤其是社会史的兴起,更趋向于研究一地区的整体状况,而非简单的史料搜集。这也是地方史的研究,每个地区都有,但冠以"学"的地方学研究,并非遍布于每一个地理区域。

是否可以冠以"学"?自 20 世纪敦煌文献发现后,学界便开始探讨。20 世纪 80 年代地方学研究兴起后,地方学名目繁多,如敦煌学、藏学、徽学、西夏学、北京学、上海学、武汉学、南京学、杭州学、西安学、广州学、兰州学、青岛学、开封学、温州学、扬州学、泉州学、洛阳学、安阳学、三峡学、鄂尔多斯学、河西学、关东学、泰山学、故宫学、潮学、齐学、鲁学、浙学、楚学、吴学、晋学、关学、巴蜀学等。更多的学者也开始探讨如何才能称之为"学"。虽至今学界并未得出能称之为"学"的标准,但一致的看法是,并不是所有的地方史研究都可以名"学"。本文不拟对此问题进行深入探讨,而是从目前的现实出发,结合晋学研究,将我们对新时期地方学研究的一些思考提出来,以求方家斧正。我们认为,新时期地方学研究应着重注意以下四个方面。

一　新史料的搜集与发现

王国维先生曾说："古来新学问起，大都由于新发现。"[①] 近百年前的论断，直到今日，仍然掷地有声，斯为确论。地方学的兴起，从一定意义上说，也得益于新史料的发现。如敦煌文献之于敦煌学，徽州文书之于徽学，新出土楚简之于楚学。没有大量的新史料的发现，冠以"学"的基础便不太坚实，也容易在学界引起争议，当大量新史料被发现之后，"学"的呼声便与日俱增，直到最后被学界认可。新史料的发现，并非刻意求之便可得到，需要历史的机缘。现在新史料的挖掘，很大程度上依赖于考古发掘，如楚学研究近年来的不断升温，便得益于考古发掘出的大量楚简。但新史料的发现，在当代并非仅有考古一种途径获得。当代民间仍有大量史料值得人们去搜集，例如邯郸学院于 2013 年入藏了十多万件华北地区乡村历史文献，地域上涵盖河北、山西、山东、河南四省，因以太行山区为重点，所以命名为"太行山文书"。这批文书内容之广、数量之多，涉及多个领域，具有重要的文献价值。诸如此类的文献，在民间为数不少，如能大批量的发现，对促进地方学的研究，尤为重要。许多地方学研究进展缓慢，不得不说是受制于新材料。如晋学研究，虽然也曾有新材料，如侯马盟书的发现，但因盟书本来不多，而且内容相对集中，加之可以辨认的又很有限，虽曾引起学界的重视，却无法带动晋学研究的巨大进步。

新材料，成为地方学研究进程中，非常重要的一个制约因素。新时期地方学的研究，仍应关注新材料的搜集与发现，这既是能否冠以"学"的一个非常重要的基础，也是地方学能否取得重大突破的关键因素之一。

二　研究重点突出，以点带面

地方学的研究，应有重点，而且应突出重点，以便能使地方学的研究受到全国学术界的瞩目，从而使地方学得到学界的认可。在重点研究的基础上，对该区域的其他方面进行研究，以点带面，从而使地方学成为真正

---

① 王国维：《最近二三十年中国新发见之学问》，《清华周刊》1925 年第 1 期。

研究该地从古至今的学问。没有重点，便不能引起学界的重视，从而使地方学的发展受到限制。地方学研究的重点，应该是最能代表区域文化特色的时段与内容，或者是新材料相对集中的时段与内容。如"徽州文献包括文书档案、谱牒、典籍等类型。它们的数量之多，是其他地域难以比拟的；他们的特色和价值，也是非常突出的。而由于徽州地处山区，历来较少战争破坏，在它的地界上又保存着大量的物质文化遗存，它们互相印证，构成了研究古、近代徽州及至明清时期中国文化的最丰富也是最直观的标本"①。当今的徽学研究，已突破了明清时段，对宋元及其以前的徽州文化也已进行了富有成效的研究。敦煌学的研究重点，则径直以敦煌文献为研究对象，涉及敦煌文献的方方面面，而到目前，已不仅仅限于敦煌文献，对于敦煌石窟、敦煌地区历史也多有涉及。楚学的研究近年来则集中于先秦时期的楚国，这无疑是围绕近年来出土楚简展开的研究。徽学、敦煌学、楚学重点突出，以点带面取得的成功，也得到了学界的认可，值得其他地方学研究借鉴。

晋学研究的渐起，也得益于 20 世纪 80 年代山西师范大学晋国史的研究。1980 年，山西师范大学历史系建立"晋国史研究室"，晋国史的专门性研究自此在全国率先起步，并逐步发展为全国晋国史研究的重镇。2003 年，山西省大力推进"文化强省"战略，鉴于山西师范大学晋国史研究和地方学研究的团队力量和影响，决定依托这支队伍建立"山西省晋学研究中心"。结合其他地方学研究的成功经验，晋学研究也不能放弃其重点——晋国史的研究。晋国史研究奠定了此后山西历史文化的基调，形成了三晋自己的特色，在整个山西区域发展史中具有轴心意义，因此这一时段的研究不应放弃，不仅要结合新发现的考古材料，加强晋国历史的研究，更应深层次地发掘晋文化的品质和性格，从而为构建晋学理论框架及晋学学科体系奠定坚实的基础。

三　构建地方学学科体系

如冠之以"学"，则就应按学科对待。构建地方学的学科体系，也便

---

① 赵懿梅：《徽学：一门新兴的显学——"徽学的内涵与学科构建"研讨会综述》，《探索与争鸣》2004 年第 7 期。

成为地方学研究中非常突出的问题。学科体系的构建，对于一个学科正规化、科学化有着重要意义。许多地方学都着力构建自己的学科体系，大致而言，多数地方学都从三个层面构建自己的学科体系。第一个层面是基本资料的收集与整理。第二个层面是利用现代各个学科的知识进行分门别类的研究，也包括各学科的交叉综合研究。第三个层面是精神方面的提炼与概括。学科体系的构建，是地方学发展到一定阶段，必须要进行的一项工作。如晋学研究，我们对何谓"晋学"作了界定，我们认为，晋学是对晋地历史与文化进行多学科、全方位研究的学问。其时空范围，当是自远古至近代以来的晋地文化，包括远古文化、晋文化、三晋文化、河东文化和山西文化。其研究的内容，当是在这个时空范围内所表现出来的千姿百态的文化事象及其演变和它们的研究史，包括民族文化、考古学文化、思想文化、宗教文化、语言文化、民俗文化、艺术文化、制度文化、体育文化、科技文化、文化地理、文化事业、比较文化以及政治与文化、经济与文化、军事与文化，等等。因此，它是宏观研究与微观研究的统一。① 在明确了"晋学"为何的前提下，如何构建科学的晋学学科体系就成为摆在晋学研究面前的迫切问题。近些年来，晋学研究也关注到学科体系构建问题，山西师大林宏跃先生曾著文指出：晋学的区位综合性属性决定了其构建晋学体系的多层面性。首先是理论层面，即晋学的基本理论。重在阐释晋学这一学科的内在关系、本质特征及其特殊规律的基本概念、原理，是对晋学系统化了的认识，归纳起来，主要包括晋学的学科定义、学科性质、学科特点、研究对象、研究方法、研究范围、研究目的以及晋学的形成与发展等。其次是晋学史料学层面，即晋学基本资料的搜集、整理、公开与研究。第三是学科层面，即各个分支学科的基础性研究。第四是综合层面，即对晋学精神、理念、价值方面的概括与总结及其应用研究。② 构建学科体系，将会使地方学的研究起到事半功倍的效果，也会使地方学研究更加科学化，避免在研究过程中，出现种种研究随意化、庸俗化的情况，使地方学研究步入健康的轨道，研究成果能经得起学界的检验。

---

① 张有智：《关于"晋学"研究的战略思考》，《山西师大学报》1999 年第 3 期。
② 林宏跃：《晋学学科体系构建》，《光明日报》2009 年 12 月 14 日。

四　服务地方，争取支持

　　地方学既然是研究某一地区的学问，则服务地方是其重要功能之一。研究服务于地方，可以使研究成果为地方社会经济发展提供智力支持，从而突显出地方学研究的价值和意义所在。服务是地方学研究不断发展的动力，也是地方学研究的生命。地方学研究要保持不断发展的势头，就要坚持以服务地方发展为宗旨，使地方学研究与服务地方经济社会发展有机地结合起来，这样，地方学研究就会引起政府的重视，赢得社会各界的支持。

　　不可否认，学术研究，除遵循学术本身规律外，外界的支持对于学术研究也非常重要。地方学研究的进一步发展，获得各方支持，是非常有必要的。因此寻求各方支持，尤其是地方政府及国家的支持，对地方学的发展，影响颇大。如敦煌学近些年的发展，就离不开国家的支持。齐鲁文化近年来迅速发展，也离不开国家及地方的大力支持。而晋学近年来发展迟缓，原因众多，但没有得到地方及国家的有力支持，也是造成其缓慢发展的非常重要的原因之一。地方学研究，能服务于地方，也能获得地方支持，如此，则地方学研究步入良性循环的状态。

　　以上，就新时期地方学研究的一些思考作一说明，这些思考仅限于如何完善地方学研究，如何进一步推动地方学研究，尤其是在借鉴其他地方学研究的成功经验基础上，如何使晋学研究步入一个新的阶段。不妥之处，还请方家指正。

Reflections on the Local Studies in the New Age
—A Case Study of Jin Studies

Zhang You-zhi, Xie Yao-ting

Abstract：Increasingly importance has been attached to Local Studies by the academic community and local government. Being an important field of academic research, it also provides strong intellectual support for the development of social transformation. According to the past and present situation of Jin studies, four aspects should be paid for high attention: the first one is to collect and find new historical materials; the second one is to stress the key point in the research course; the third one is to build the discipline system for local studies; the fourth one is to serve for Local Society and strive for government support.

Keywords: local studies; construction of discipline; Jin Studies

试论地方学中"地区"划分大小与分合研究

——以泉州学与潮州学为中心

吴榕青[*]

摘　要：对于地方学研究来说，地方（区域）的划分应当合理，大小适中。其关键是要看各位学者的具体研究兴趣、视野与题目。开展地方学研究关系是：研究的空间越大，对其总体性及前瞻性的把握越好；而研究的空间划分得越小，研究结论便越细致精确。本文以泉州学与潮州学为例，认为二者可各自独立研究，并行不悖，也可整合成"闽南学"进行更大范围的地方性研究。

关键词：地区划分；泉州学；潮州学

2007 年 6 月 9 日，国家正式批准建立闽南文化生态保护实验区。按照初步构想，闽南文化生态保护区的保护范围为泉州、漳州、厦门三个设区市的相关文化遗产。如果"闽南"作为政区地理概念的话，当然不包括粤东的潮汕、汕尾（海陆丰）地区，但如果成为一种地域文化的概念，设立文化生态区并开展充分研究，完全有理由，也有必要将粤东的潮汕地区整合起来。开展泉州学或闽南学（闽台文化）研究，可以将"大闽南"合并宏观考察，并将"泉州学"与"潮州学"分开研究。

泉州与潮州同为国家级历史文化名城，其共同的历史文化要素非常之多。

* 吴榕青，韩山师范学院中文系副教授，兼任广东历史地理研究会理事，潮汕历史文化研究中心青年委员会副主任、潮汕历史文化研究中心特约研究员（汕头）、潮州市潮州文化研究中心特约研究员。本文在撰写过程中，得到李国平君的大力协助，谨致谢忱！

　　泉州作为"东亚文化之都"，要呈现的内涵很多，但首选应当是南音，它是"人类非物质文化遗产代表作"，泉州、潮州的侨批及正在申报的"海上丝绸之路"世界文化遗产等，这些都引起笔者撰写此小文的念头。

　　潮州籍国学大师饶宗颐教授在第三届潮学国际研讨会（1999）上说："我在1993年开始提倡潮学研究，是由于个人认为，国家的历史研究应该从地区性做起。……我们的国家更庞大、历史更悠久，假如不从地区做起，就没办法写成比较可靠而且可以传之永久的全国性历史。通史实际上都是很'普通'的，碰到一个专题，往往都会出毛病，从微观的方法看，应该从地区做起。这是我提倡潮学的理由。"① 现在，即使是从全国性角度出发的研究，也开始考虑到地区差异的问题。

一　地方学中"地区（区域）"范围大小的划分

　　时间与空间，是历史、地理的两个最重要的要素。时间概念是时代、阶段；空间概念是地域、区域。空间可以大到整个世界，也可以缩小到一个洲、国家、地区，甚至更小到一个村落或社区（街区）。本来学问研究是没有地域的界限，划分地方（区域）只是为了方便研究，使得研究更加深入透彻精确，在此基础上，或能对整体史、国家乃至世界文化、世界史皆有相当大的裨益。

　　在1945年后的美国，当时所谓地区研究的"地区"是指一个大的地理区域，这个区域被假定为在文化、历史和语言诸方面具有某种一致性，但并非一成不变的，存在许多变化形式。区域划分的标准有政区的、自然的、文化的，更多的是综合各种标准而划分的。自然区域如：长江流域、珠江流域、韩江流域等；文化区域如：吴越（苏南浙北沪）、齐鲁、巴蜀、楚等；行政区域从大至小如：广东省—潮州市—饶平县—大城所城等。以广东省的范围为例，有官方机构组织的著作如《广东通史》，某些学者群提倡"华南研究"，很多人又提出"岭南"历史文化的概念。甚至，对于同一个区域的研究，也随着研究者的视角而一直在变化中。如对

---

　　①　饶宗颐教授在第三届潮学国际研讨会开幕式上的讲话（1999年10月），吴榕青根据录音记录整理，经饶宗颐教授审阅订正。

"华南研究"，赵世瑜的理解是：广东、福建、台湾、海南，包括这些地区接壤的江西、广西、浙江的边缘地区，可视为这个空间范围之内，"对这个地区的社会、文化、历史的研究，即华南研究"①。

陈桂炳教授强调：闽南民俗不能简单地被理解为"闽南的民俗（文化）"。他指出闽南与潮州虽分属不同省份，却具有许多共同或接近的文化因素——广东潮州人世代传承的清明节吃"薄饼"、冬至节吃"冬至丸"等民俗，与闽南人无异；闽南话与潮汕方言，是源与流的关系；不管是潮汕的"驷马拖车"，还是泉州的"皇宫起"，两地民居多是三进以上的大厝等。②

目前地方学的研究，大概分为两大类，主要是第一类居多：

1. 以地域为分界：敦煌学、徽州学、泉州学、温州学、潮州学、闽南学、海南学等，不胜枚举。

2. 以族群为分界：客家学是综合研究，然而与地域也有密切关系，其立足于本土闽粤赣边所谓的"客家大本营"。专题方面有徽商、晋商、潮商研究等。需要一提的是，为避免"闽南"一词实体的混淆，中国大陆及中国台湾部分学者试图用"河洛"或"福佬"概念来指称这一族群与地域，但未能取得共识。以下是饶宗颐教授在 1993 年 12 月首届潮州学国际研讨会上的讲话：

> 潮州地区人文现象，有需要作为独立而深入探讨之对象，应该和"客家研究"同样受到学人的重视。因此，潮州学的成立，自然是顺理成章不用多费唇舌来加以说明；更有一个充足理由，客家学以梅州地区为核心，在清雍正十年嘉应直隶州未设立以前，整个梅州原是潮州所属的程乡（后来分出镇平、平远），长期受到潮州的统辖。大埔、丰顺二县，亦属潮州所管。北京的潮州八邑会馆，只说客家语的大埔没有加入，但大埔仍是潮属的一邑，至近时方才割出独立。所以研究雍正以前的潮州历史，梅州、大埔都应该包括在内，这说明客家学根本是潮州学内涵的一部分，不容加以分割的。

---

① 赵世瑜诸位学者笔谈，见《华南研究资料中心通讯》第 15 期，1999 年 4 月 15 日。
② 谢海潮：《陈桂炳教授谈：走出"福建南部"的闽南民俗》，《福建日报》2013 年 9 月 27 日。

凡此种种，俱见潮州文化若干特殊现象，已不仅是地方性那样简单，事实上已是吾国文化史上的重要环节与项目。①

饶老这个讲话经过整理之后，早已成为"潮州学"正式发起的宣言。黄挺教授也曾讨论了客家学与潮州学、客家族群和潮州族群之间的差异与联系，揭示两个族群文化存在互相融合的状况，同时指出"作为族群认同标志的文化特质，在族群分立的边缘区域，并非清晰易辨，反而是混融不清的"②。

（一）泉州学的研究机构、刊物及部分成果

目前在泉州本土的官方研究机构：一是中国泉州学研究（泉州市）；二是泉州师范学院泉州学研究所；三是中国海外交通史研究会/泉州海外交通史博物馆。此外，另有一个民间的泉州地方戏曲研究社。

1991 年 2 月，联合国教科文组织"海上丝绸之路"考察队在泉州进行考察活动，总负责人迪安博士在新闻发布会上代表考察队指出：泉州具有丰富的历史、文化、宗教遗产，应当设立一个专门的学科泉州学来进行研究，像研究敦煌学一样，使泉州学成为一个国际性项目。1991 年 4 月，市委常委会议研究决定成立泉州学研究所，同年 11 月 8 日，在泉州海交馆举行成立大会。③ 但是，遗憾的是，时隔多年，泉州学才得到应有的重视。2004 年 6 月，市委宣传部向市委报告启用泉州学研究所并配足人员。主要工作任务是：以弘扬大泉州文化为主旨，进行泉州学的研究，并为推动这一研究起组织、联络、协调、服务作用；汇总国内外泉州学研究成果，开展学术交流；搜集、整理有关文献资料；牵头编撰、出版泉州学系列丛书和刊物。④

2006 年 5 月 13 日，泉州师院举办了本院泉州学研究所（其前身为泉州历史文化中心）成立十周年纪念大会暨学术研讨会，来自省社科联、省社科院、厦门大学、福建师大、华侨大学、汕头大学、韩山师院、漳州师院、泉州市委宣传部泉州学研究所以及泉州师院等单位的 80 多位专家，

① 饶宗颐：《何以要建立"潮州学"？》，《潮学研究》第 1 辑，汕头大学出版社 1994 年版。
② 黄挺：《潮客关系简论——以潮汕地区为例》，《韩山师范学院学报》2005 年第 1 期。
③ http://www.cnqzx.com/。
④ 摘自《泉州学研究所简介》中国泉州学研究网站 http://www.qzwb.com/qzx/content/2006 - 08/22/content_ 2163987. htm。

共同庆祝该院泉州学研究所成立十周年，并就如何进一步推进泉州学研究，使之推向全国、推向世界进行深入探讨。该院泉州学研究所陈桂炳所长介绍了自 1996 年该院泉州学研究所成立以来所取得的成绩，并且指出今后的研究应"立足泉州，依靠本省，联手台湾，放眼世界"；抓好五个"一"，那就是要成立一个研究基金会，建立一个泉州学研究资料库，出版一套《泉州学研究丛书》，申办一个学术期刊，形成一支专职与兼职相结合、相对稳定的研究队伍。福建师范大学胡沧泽教授则针对第三届闽南文化研讨会上有人提出漳州搞个漳州学、厦门搞个厦门学、泉州搞个泉州学，而闽南又有个闽南文化研究，就存在冲突的观点，认为在闽南文化的几大分支当中，泉州比厦门、漳州都要早，应站在与闽南文化相联系的角度，高举闽南文化这个大旗帜推进泉州学研究。①

陈桂炳教授后来对泉州学作了学术史回顾，指出：

> "泉州学"是一门科际的综合性学科，其学科意识初现于 1926 年，学科名称则至 1980 年才提出。1991 年泉州市中国泉州学研究所成立后，一度出现泉州学研究热，可惜不久就寂寞了。1996 年，泉州师专（今泉州师院）泉州学研究所成立，肩负重任，继往开来。2005 年，在泉州市委的重视下，泉州市中国泉州学研究所恢复了活动。目前两个研究所互相配合，且发挥各自之长，正努力开创泉州学研究的新局面。②

但他谦虚地承认，尽管经过 80 余年的辛勤耕耘，"真正成熟的泉州学还没有建立起来"③。

自 2001 年以来，在福建省炎黄文化研究会的协助下，已经成功组织举办了至少六届海峡两岸"闽南文化学术研讨会"，会后都出版了论文集。

关于近三十年的泉州学成果（主要是专著及论文集），因笔者寓目不多，未免会挂一漏百，祈请诸位方家体谅。

---

① 林丽珍：《泉州师院泉州学研究所成立十周年纪念大会暨学术研讨会会议综述》。
② 陈桂炳：《泉州学散论》第一篇《泉州学导论》，华夏出版社 2009 年版，第 1 页。
③ 同上。

　　泉州师范学院方面成果如：资深的地方史专家吴幼雄著《泉州宗教文化》（鹭江出版社 1993 年版）、《泉州事迹研究》（合著，厦门大学出版社 1998 年版）。已出版陈世兴、林华东等主编的《泉州学研究》（2002 年以来）若干辑；另，林振礼著《朱熹新探》（中国广播电视出版社 2004 年年版）、陈桂炳著《泉州学散论》（华夏出版社 2009 年版）。

　　中国泉州学研究所（泉州）近年编著不少好书，如《〈平闽十八洞〉及其研究》（九州出版社 2011 年版）、《李亦园与泉州学》（九州出版社 2012 年版）、《回望泉州学》（九州出版社 2013 年版）等，既有学术史的回顾，又有对未来发展的展望。而其于 2007 年创办的综合性刊物《闽南》，发行至今已有 7 年之久；同时出版《泉州学期刊通讯》（1991 年创办，2007 年复办），加强宣传力度。

　　泉州的海交史博物馆研究所，多年来对泉州学作了不少的贡献。特别是搜集、整理及研究泉州"海上丝绸之路"的宋元大港"刺桐港"，学术气魄很大。1991 年联合国教科文组织"海上丝绸之路"考察队在泉州进行考察活动，也促进海交史博物馆"泉州学"研究力度加大，使"泉州学"更能够跟国际接轨。其创办高水平固定连续性学术刊物《海交史研究》，在学术界影响很大。另外还有王连茂、叶恩典整理《泉州·台湾张士箱家族文件汇编》（福建人民出版社 1999 年版），李玉昆、李秀梅著《泉州古代海外交通史》（中国广播电视出版社 2006 年版），协助中国航海学会等编《泉州港与海上丝绸之路（1—3 辑）》（中国社会科学出版社 2002 年版），等等。

　　泉州地方戏曲研究社近三十年来，也整理了大量的戏曲、南音文献，如《泉州传统戏曲丛书》，共 25 卷约 900 万字，大大嘉惠了国内外的研究者。后来，该机构继续整理出版被"遗忘"的文献《明刊闽南戏曲弦管选本三种》等，表彰了长期钟情于泉州戏曲的英国龙彼得教授为闽南戏曲研究做出的贡献。

　　厦门市闽南文化研究所（会）也做了大量的闽南（泉州学）研究及史料整理工作，如坚持主办《闽南文化研究》，整理出版谢云声著《闽歌甲集》（列为"闽南文化资料丛书"，内部资料，1999 年）、《渡江书十五音》等珍贵的历史文献。另一方面，积极做好闽南文化的传承工作，出版了幼儿园、小学配用的《闽南方言与文化》（教师教学参考手册）。

　　另外，国家也组织了不少国际研讨会，并将会议论文结集出版。如黄少萍主编《闽南文化研究》（中央文献出版社 2003 年版）。至于海外学者的泉州学（闽南学）研究颇有质量，早些年如李金强著《区域研究——清代福建史论》（香港教育图书公司 1996 年版），近年如台湾著名旅美学者汤锦台著《闽南人的海上世纪》（台北果实出版：家庭传媒城邦分公司发行 2005 年版）等。

（二）潮州学的刊物及主要成果

"潮州学"是 1993 年 12 月在首届潮州学国际研讨会上，由著名学者饶宗颐教授正式提出来的。笔者所理解的潮州学（简称"潮学"），是以潮汕地区（汕头、潮州、揭阳三个地级市）为中心地域范围的整体性、综合性的区域研究。该研究从历史角度出发，可涉及地区的经济、人口、社会、政治、宗教、教育等不同时期人类活动的各个范畴；以文化视觉而言，区域形成的方言（潮州话）、风俗（包括居住方式——潮州民居，衣食特征——潮州菜、潮州工夫茶，民间信仰、风俗习尚等）、文学艺术（尤其民间方面——潮州工艺、潮州音乐舞蹈、潮剧、潮州歌册、歌谣等）都在研究范围内。总之，一切有关潮汕的人文现象，都可供潮学研究。① 在通常情况下，"潮汕历史文化"或"潮汕文化"研究的领域，与潮州学大体一致。潮学的包容性要更大些，更重要的是可以与中国其他的区域研究如徽州学（徽学）、泉州学等的命名相接轨。

随着粤东韩山师专（师院）、汕头大学两所高校分别于 1989、1990 年相继成立潮汕文化研究室（后改为研究中心）、潮汕文化研究中心，组织出版、发表了相关的研究成果，潮州区域研究才逐渐走上规范化。1991 年底，在省政协主席吴南生同志的倡议下，由有志于潮汕历史文化研究工作的各界退休人士自愿组成的一个民间学术团体——潮汕历史文化研究中心在汕头市成立，通过筹措基金，征集、出版地方文献及研究成果，建立资料库，支持学术会议的召开，大大地推动了潮州学研究。2002 年 10 月，韩山师院潮汕文化研究中心易名为潮学研究所（即今潮学研究院），加大了推进开展潮州学研究的力度。

潮州学研究还有专门的发表平台。《韩山师专（师院）学报》（1989—1999 年）10 年间，每年出版一期"潮汕文化"专辑，现在改为

---

① 吴榕青编著：《潮汕历史文化讲义（初稿）》，2002 年，内部资料，第 1 页。

"潮汕文化"或"潮学研究"专栏，继续发表相关的研究文章；《汕头大学学报》则从 1987 年起，开辟"岭东人文"（后改为"泛韩江研究"）专栏至今。专门的《潮州学研究》于 1993 年创刊。据黄挺、陈占山等学者的不完全统计，20 世纪的最后 10 年里，在国内外刊物上发表的有关潮汕历史研究学术论文已超过千篇。① 据汕头大学特藏部的统计，至 2006 年，有潮汕历史研究资料 574 篇（种）；潮汕的信仰崇拜研究论著 11 种，论文 221 篇；潮汕华侨研究论著、论文 527 种；潮汕侨批研究 406 篇；潮汕教育史论著资料 510 篇（种）；潮汕方言论著资料 976 篇（种）；潮剧研究资料 879 篇（种）。

二　闽南学与泉州学、潮州学研究之关系：典型文化特质举要

（一）潮州话：潮州使用闽南语至迟始于 12 世纪

周振鹤认为现代汉语南方方言的地理分布格局是在宋末奠定的，他推测出闽语分布在福建路（今福建省）境内除汀州、邵武军外的福州、泉州、兴化军、建宁府和南剑州 6 个地区。② 这一方言格局与今天情形大体一致。③ 虽然作者未把与福建南部为邻的隶属广南东路的潮州（约相当于今潮汕地区三市及梅州市属的丰顺、大埔二县）直接列入闽语区范围中，但他指出作为闽南话一种的潮州话与粤语、客家话一同构成现代广东省三大方言区的界线与历史政区界线部分重合，实际上承认了潮州归属闽语区始于南宋，这是很有见地的。关于宋代闽语的分区，刘晓南根据现存宋代福建籍士人的诗（韵文）集，拟测当时闽方音特点的地域分布与闽语次方言的分野，认为存在三大次方言区：1. 闽北次方言区（建州、邵武军）；2. 闽南次方言区（泉州、漳州）；3. 闽东次方言区（福州、南剑州、兴化军），与现代闽方言分区格局基本相同④。刘晓南认为"宋代闽南方言在福建境内区域与现代大致一样"⑤。

① 黄挺、陈占山：《潮汕史·引言》，广东高等教育出版社 2001 年版，第 4—5 页。
② 周振鹤：《中国历史文化区域研究》，复旦大学出版社 1997 年版，第 23—24 页。
③ 参见陈太章、李如龙《闽语研究》，语文出版社 1991 年版，第 1—57 页。
④ 刘晓南：《宋代闽音考》，岳麓书社 1999 年版，第 235—240 页。
⑤ 同上书，第 240 页。

据目今所见材料，潮汕地区流行闽语（闽东、南语）的时间至迟出现在 12 世纪中后期。南宋淳熙年间（1174—1189），福建兴化军（治在今莆田市）人余崇龟作《贺潮州黄守》四六文称"眷今古瀛，实望南粤，虽境土有闽广之异，而风俗无潮漳之分"，他又在另一处文中写道："初入五岭，首称一潮。土俗熙熙，有广南福建之语；人文郁郁，自韩公赵德而来。"① 在闽籍的作者看来，当时潮州是两广（岭南）人文最发达的地区之一，民众语言同时呈现出广南路（今广东、广西地）与福建路的特征；潮州和漳州接壤，虽分属广南东路与福建路两个不同的政区，但两地的语言习俗几无差别。从间接材料来推测，成片的闽语随着移民而进入广东沿海平原地带应在很早就已发生。② 前述材料表明潮州与漳州其语言几可相通；而宋代以降，人口压力相当突出的泉州、莆田，它直接向潮州输送移民在数量上当远超漳州，其交通的频繁不下于漳州，故当时潮州在语言上也与泉州可大略相通。况且泉、漳、潮语言地理分布连成一片，潮州归入闽南方言区自无疑义。

明代中后期，王士性对潮州的文化地域归属有一段精彩的论述，常为学者所援引，云：

> 潮州为闽越地，自秦始皇属南海郡，遂隶广至今，以形胜风俗所宜，则隶闽者为是。……其俗之繁华既与漳同，而其语言又与漳、泉二郡通，盖惠作广音而潮作闽音，故曰潮隶闽为是。③

（二）戏剧与说唱文学

唐、五代时期，文献已载福建有百戏活动。至南宋，福建东南沿海地区，杂剧、百戏（演乐曲）在年节、社日、庙会定期举行，成为民众祭

---

① （宋）王象之：《舆地纪胜》卷一〇〇"潮州"，中华书局 1992 年影印本，第 3120—3121 页。第二段文，《舆地纪胜》引书缺，据《元一统志》引作《余崇龟文集》，知同为余文。余崇龟为南宋前期人。

② （宋）苏辙：《苏辙集·栾城后集》卷五《和子瞻次韵渊明劝农》诗并引云"予居海康，农亦甚惰，其耕者多闽人也"（中华书局点校本 1990 年，第 944 页）；《舆地纪胜》卷一一六"雷州"，第 3452 页。万历《雷州府志》卷五："有东语，亦名客语，与漳，潮大类，三县九所乡落通谈此。"（书目文献出版社影印本，1990 年）

③ （明）王士性：《广志绎》卷四《境内诸省》，中华书局 1981 年版，第 101—102 页。

祀、娱乐的一种重要活动；兴化、漳州地区尤其盛行。① 在泉州，真德秀于嘉定年间任知州时，劝谕州民众曰："莫喜赌博，好赌坏人，莫习魔教，莫信邪师，莫贪浪游，莫看百戏。"②

　　明代的许多地方志都记载潮州演戏的风靡。尤其是在广东范围内，至迟在嘉靖初年，这种被官方认为浪费与败坏名教的风俗非常典型。广东御史戴璟颁布《正风俗条约》，其第十一条是针对潮州府而"禁淫戏"③。稍后时期，陈懋仁《泉南杂志》载："优童媚趣者，不吝高价，豪奢家攘而有之。蝉鬓傅粉，日以为常。然皆土腔，不晓所谓，余尝戏译之而不存。"④ 陈懋仁是浙江镇江嘉兴人，明万历间（1573—1619）任泉州府经历，故称泉腔为"土腔"。清代乾、嘉以后，泉州"兹则迎神庆寿，辄演数十台，浪费数百金"。有人认为："物力易穷，其何堪此妄用哉！且舍正业而就戏台，积日累夜，易惹风波，其何堪此浪坏耶！愿主持风化者，起而革之。"⑤ 士大夫或正统的文人坚持说："演剧须演古忠义，不可如前点淫戏：《荔镜传》、《会真记》、《潇湘店》、《相国寺》，戏谑荒淫乱人意，真男假女好姿首，千媚百态无不有，看他微笑转秋波，勾尽少年魂不守，即使人心坏，又使风俗败。劝君戏剧须改良，优孟衣冠寓劝诫。"⑥

　　如果说"陈三五娘"的戏剧只能被认为是产生于泉、潮的故事，很难指出两地孰先孰后，那《金花女》却可以确定是首先产生于潮州的戏剧故事。《重补摘锦潮调金花女》二卷，傅芸子"以为此盖晚明民间模仿南戏体裁未成熟之作品"⑦，是很公允的。明确标明"潮调"，这个故事模仿《荆钗记》的痕迹非常明显，讲的是发生在清州刘永与金花悲欢离合的故事，而实际上与潮州的许多地名吻合，应该是潮州本土创作的作品。明清以来，金花女的故事只局限在潮州、闽南和台湾等地区传播。⑧ 泉州

　　① 方宝璋：《空巷无人一国狂——从刘克庄诗词看南宋莆田杂剧百戏》，《文史知识》2000年第 3 期。

　　② （宋）真德秀：《西山文集》卷四十《文》，四库全书文渊阁本。

　　③ （明）戴璟修：嘉靖《广东通志初稿》卷十八《风俗》，广东省方志办影印嘉靖刻本2003 年。

　　④ （明）陈懋仁：《泉南杂志》二卷，丛书集成初编据宝颜堂秘笈本排印史地类第3161 册。

　　⑤ 马振理倡修，戴希朱、苏镜潭纂：民国《南安县志》卷九《风俗志二·戒戏》。

　　⑥ （清）古丰人：《泉俗刺激篇》，啸云山馆印行，光绪戊申刻本，第 8 页。

　　⑦ 傅芸子：《东京观书记》，载《正仓院考古记·白川集》，辽宁教育出版社2000 年版，第147—148 页。

　　⑧ 周纯一：《从万历刊本金花女到歌仔簿金姑看羊》，《民俗曲艺》1988 年第 54 期。

的南音也有金花女一目。薛汕记录的台湾歌仔册中，就有"《节女金（原误印为"全"）姑歌》：上下两本，约三千五百字。（讲）金花牧羊守节义，成全刘永得中状元的故事"。① 金花女的戏剧或说唱文学，产生于潮州，传入闽南，而后再进入台湾。

《苏六娘》也应是首创于潮州的剧目。其中的《桃花过渡》一折，后来也成为梨园戏的一出传统剧目。其剧本中，桃花唱的"灯红歌"为：

> 正月点灯红，（众和）顶炉烧香下炉香，君今烧香娘点烛，（众和）保佑二人结成双。……二月君行舟，（众和）娘子寄君买香油，是多是少共我买，（众和）是好是坏共君收。……三月君行山，（众和）君你行紧娘行宽，君衫长来娘衫短，（众和）放落手袖把君挽。……②

潮剧《苏六娘·桃花过渡》桃花所唱的灯笼歌：

> 正月点灯笼，（和）上炉烧香下炉芳，君今烧香娘插烛，保贺阿伯你大轻松。（和）二月君行舟，（和）娘今叫君买香油，是加是减共娘买，是好是劫共君收。三月君行山，（和）君今行猛娘行宽，君今衫长来娘衫短，衫长衫短来相瞒（和）。（后略）③

两者只有个别词句有差异，可断定梨园戏的唱词必定搬用潮州戏的。

从戏神、组织、声腔、曲牌方面来看，梨园戏、莆仙戏、潮剧传统都供奉戏神田（公）元帅。④ 清代兴化府仙游县有"七子班"童伶规制。⑤ 有学者认为，潮剧童伶班制的形成，与福建梨园戏"七子班"有很大的关系。⑥

地下文物的出土和流失在国外的戏曲本子的发现，可以与文献的简述

---

① 薛汕：《书曲散记》，书目文献出版社 1985 年版，第 160—161 页。
② 根据何淑敏、施教恩口授，参考约莫、林贤殿整理本，纪生执笔整理；福建省戏曲研究所编《福建传统喜剧选》，第 88—99 页。
③ 陈阮惜传唱，陈华记谱，见《潮剧志》，汕头大学出版社 1995 年版，第 201—203 页。
④ 康保成：《中国戏神考（上）》，《中山大学学报》1998 年第 6 期。
⑤ （清）陈盛韶：《问俗录》卷三，书目文献出版社 1983 年版，第 76 页。
⑥ 林淳均：《潮剧童伶考》，《潮学》，内部资料，1995 年第 5、6 期。

相印证。今影印出版《明本潮州戏文五种》（广东人民出版社 1985 年版），收集有明代写本两种，即宣德写本《刘希必金钗记》、嘉靖抄本《蔡伯喈》；刻本三种，即嘉靖刻本《荔镜记》（附刻《颜臣》）、万历九年（1581）刻本《荔枝记》、《重补摘锦潮调金花女大全》（附刻《苏六娘》），合共有七种。台湾吴守礼教授编印的"明清闽南戏曲"四种，收入后三种刻本。这些剧本、剧情，无不显示出闽南与潮州戏剧活动在地域上的亲密关系。

1975 年，潮州出土了宣德七年（1432）写本《刘希必金钗记》，使这个早已失传的宋元南戏的明初本子重现人间，它无疑是研究南戏的重要资料，同时也反映了潮州演戏酬神之盛。而福建泉州的梨园戏传统剧目中一直流传有《刘文龙》一剧。而潮州出土本第四十六出现"福建布政使司邓州府南阳县信女萧三氏"① 文字，可见存在从福建地区传入之痕迹。

《荔镜记》（即《陈三五娘》）是明清时期乃至近代泉、漳、潮州最流行的剧目之一。至今仍流传自嘉靖至光绪多种版本，嘉靖本特别提到是将潮、泉二部校正重刊。有趣的是，在明清时期的地方志上，同时留下有关潮州与闽南两地官府禁演《陈三五娘》的记载。明清时期的潮州府揭阳县："搬戏诲淫，其流至于为偷为盗。尤可恨者，乡谈《陈三》一曲，伤风败俗，必淫荡亡检者为之，不知里巷市井，何以翕然共好。及邑令君陈鼎新首行严禁，亦厘正风化之一端也。"② 清代泉州府同安县厦门："厦门前有《荔镜传》，演泉人陈三诱潮妇王五娘私奔事，淫词丑态，穷形尽相，妇女观者如堵，遂多越礼私逃之案。前署同知薛凝度禁止之。"③ 当时市民阶层对该剧喜闻乐见，与官府的深恶痛绝形成鲜明的对比。

广泛流传于闽南、粤东及台湾地区的陈三五娘文学故事，经久不衰，经海峡两岸学人的研究，成果蔚为大观。④ 明嘉靖《荔镜记》和万历、顺

---

① 陈历明：《〈金钗记〉及其研究》，广西师范大学出版社 1992 年版，第 186 页。

② （清）雍正《揭阳县志》卷四《风俗》，书目文献出版社 1991 年影印本，第 329—330 页。

③ （清）道光《厦门志》卷十五《风俗》。

④ 主要研究成果有：龚书辉《陈三五娘故事的演化》，原载《厦门大学学报》（1936 年 6 月）；蔡铁民《明传奇〈荔支记〉演变初探》，《厦门大学学报》1979 年第 3 期；陈香《陈三五娘研究》，台湾商务印书馆 1985 年版；刘美芳《陈三五娘研究》，台湾私立东吴大学硕士论文，1993 年；陈益源《〈荔镜传〉考》，《文学遗产》1993 年第 6 期；施炳华《〈荔镜记〉音乐与语言之研究》，台北文史哲出版社 2000 年版。

治、光绪三个版本的《荔枝记》戏文，经台湾吴守礼先生几十年校理与研究，已取得丰硕的成果。① 但同时也存在着待发之覆。

在所有关于陈三五娘的文学作品如歌谣、说唱、戏曲、小说、传说等诸种形式中，今天能够看到的最古老版本却属戏曲类型，其中有刊刻于明嘉靖四十五年（1566）的《荔镜记》，现存有两部，分别藏于英国牛津大学和日本天理大学；后者为天壤间孤本，仅藏于奥地利国家图书馆。今存嘉靖本《荔镜记》其卷末还留下一段告白：言"因前本《荔枝记》字多差讹，曲文减少，今将潮、泉二部，增入《颜臣》……嘉靖丙寅年"②。当时的书商能潮泉合编，说明该两种戏文其内容与音乐的肯定非常相近。

据报道，泉州市洛江区政府正在将"陈三五娘"传说申报国家级非物质文化遗产，有关部门计划在陈三故里的朋山岭至河市一带，建造陈三五娘文化公园，当地政府正在谋划陈三故里的文化旅游，以使闽台粤共同文化遗产发扬光大。包括一年一度的元宵夜游灯，可以规划发展成为狂欢节、情人节。陈三五娘的爱情传说要衍生出旅游业。③ 2007 年 9 月，福建泉州的"陈三五娘传说"等 21 项入选第二批省级非物质文化遗产名录。④ 随后，由潮州市湘桥区申报的"陈三五娘传说"也于 2009 年入选广东省第三批省级非物质文化遗产名录。⑤

广泛流传于闽南、粤东及台湾地区的陈三五娘文学（故事），历久不衰，主人公陈三、五娘，籍贯一在泉州，一在潮州，而且戏剧的发生地主

---

① 主要有：《现存最早的闽南语文献——荔镜记戏文研究序说》，《神田博士还历纪念书志学论集》（1957 年）；《荔镜记戏文研究——校勘篇》（国科会研究报告，1961 年）；《荔镜记戏文研究——韵字篇》（国科会研究报告，1962 年）；《万历本荔枝记——校勘篇》（油印本，1967 年）；《顺治刊本荔枝记研究——校勘篇》（油印本，1968 年）；《清光绪刊荔枝记校理》，"定静堂丛书"第三函，台北台湾学生书局 1978 年版。这些成果现在已重新结集排印出版：《明嘉靖刊荔镜记戏文校理》、《明万历刊荔枝记校理》、《清顺治刊荔枝记戏文校理》和《清光绪刊荔枝记戏文校理》，列为"闽台方言史资料研究丛刊"第（1、2）（3）（6）（8）种，台北从宜工作室 2001 年版。

② 吴守礼校注：《明嘉靖刊〈荔镜记〉戏文校理》后附之"原本影照"，台北从宜工作室2001 年版。

③ 子超：《陈三五娘传说申报文化遗产》（《泉州晚报·海外版》），转引自"东南在线"网站，网址：http：//www.sebc.com.cn/gb/20070621/jryw105207.html。

④ 网上资料来源：http：//www.fjta.com/news/xydt/200709/2007091116079.shtml。

⑤ 网上资料来源：http：//www.gd.gov.cn/govpub/zfwj/zfxxgk/gfxwj/yf/200910/t20091020_104893.htm。

要是在五娘的家乡潮州，元宵灯会是发生在潮州城（当然泉、潮习俗非常接近）。如果撇开广东省潮汕地区是不全面，而介于泉、潮之间的厦门、漳州也是陈三五娘文化存在及其保护不可或缺的一环，如漳州年画、竹马戏即有陈三五娘题材。如果舍弃这些地区显然也是不妥的。而从资料收藏及研究而言，台湾地区是相当重要的，也是做得较为充分的。

海峡两岸文化界、学术界在处理陈三五娘资料、收集整理及研究这个问题上的态度就不尽相同。国内影印本《明本潮州戏文五种》未收入泉州本的清顺治、光绪两种《荔枝记》（广东人民出版社 1985 年影印本），而《泉州传统戏曲丛书》第一卷未收入明万历潮州本的《荔枝记》。倒是台湾的吴守礼先生把它们一起收录在《明清闽南戏曲四种》中，列为"定静堂丛书"第三函（台湾学生书局 1978 年版）。因以"闽南"一词来涵盖"潮州"而招致饶宗颐教授的善意诘难。这些资料及校理成果现在已重新结集排印出版：《明嘉靖刊荔镜记戏文校理》《明万历刊荔枝记校理》《清顺治刊荔枝记戏文校理》和《清光绪刊荔枝记戏文校理》，列为"闽台方言史资料研究丛刊"共 5 种（台北从宜工作室 2001 年版）。简言之，在保护陈三五娘文化资源及收集所有相关的文艺作品如歌谣、说唱、戏曲、小说、传说等诸种资料上，应该考虑到其流布地域的整体性。

台湾学者王顺隆认为："根据现存的文献资料显示，远自清道光年间，在闽南地区的乡镇里，流行着一种以通俗汉字记叙闽南民间歌谣的小册子，其内容多为叙述历史故事的长篇叙事诗，或与当时社会风俗有关的劝世歌文。就其印版来分，从最早期的木刻版，再演进成石印版，更有后来铅印版的大量发行。从其具有商业价值和存世书目的数量上看来，在当时必定风行一时。这些以闽南方言文字所写下的弹词系统俗曲唱本，就是所谓的'歌仔册'（亦有称之为'歌仔簿'，或'歌簿仔'者，目前尚无一固定的称呼。此种歌本与现今市面上所贩售之流行'歌本'，虽同用一语词，但所指事物迥异。以下所称'歌仔册'，专指早期的闽南语歌仔唱本）。"他又指出，"歌仔"起源于何时尚未考出，但盛行于清末的厦门、漳州二市及龙溪、海澄、漳浦……似无争议。……"歌仔"也随着移民传到了台湾，台湾宜兰源起的"歌仔戏"，主要就是沿袭了"歌仔"里的部分曲牌，再加上其他地方曲艺的精华，才成为"歌仔戏"的。[①] 在 1949 年以前，厦门的锦歌说唱（锦歌）被称为歌仔唱（以叙事为主）、歌仔（以抒情为主），至 1957 年上京汇报演出时，才定名为"锦歌"。[②] 虽然厦门地区的歌仔唱（锦歌）在民国初年已开始用南琵琶、洞箫、二弦、三弦等乐器做伴奏，但清末时期仍仅用一把月琴。但厦门的歌仔（说唱）是从漳州龙溪、海澄等地传播来的，早期也不一定存在伴奏乐器，仍与"东山歌册"属同类的民间说唱文学。

学界大体都承认"东山歌册"亦称"潮州歌册"，是一种无器乐伴奏的民间文学的通俗唱本，吟诵者可根据故事情节发展的需要，适时变换曲调节奏，增强艺术感染力。它源于广东潮州，明洪武年间传入福建东山岛，主要分布在东山各乡镇以及云霄、诏安、澎湖列岛以及台湾南部。"东山歌册"之唱本来源潮汕，理所当然是用潮州方言编写的，而非狭义的以厦门话、泉州话、漳州话为代表的闽南方言，但在当地吟唱时是否改用闽南方言之东山方音，笔者尚不确知。"东山歌册"实际上就是潮州歌册，流行于漳州南部地区，一如潮剧。近年来，仍有不少东山县的人过来潮汕地区收购旧版歌册。有人声称"东山歌册""为福建东山独有的地方曲艺"是不符合实情，只是一厢情愿罢了。

（三）歌谣、民间故事、风俗

1. 歌谣

明代中叶的《广东通志》已记下当时潮州"里巷村落之俗歌"包括畲歌、采茶歌、竞渡歌三大类，并各录下一例。其中一首畲歌是这样的："一群鸟子阒轮困，飞来飞去宿田墩。那个父母不惜子，那个公婆不惜孙？"[③]

20 世纪 30 年代出版的《闽歌甲集》收集有流行闽南的儿歌 105 首，其中有一首是这样的：

---

① 王顺隆：《谈台闽"歌仔册"的出版概况》，载《台湾风物》43 卷 3 期（1993 年 9 月）。

② 吴福兴：《厦门锦歌说唱（锦歌）由来、演变与兴衰》，载福建省炎黄文化研讨会、泉州市政协主编《闽南文化研究》，海峡文艺出版社 2004 年版。

③ （明）黄佐：嘉靖《广东通志》卷二十《风俗·潮州府》，广东省方志办 1999 年誊印本。

　　一只鸟仔肥膈膈，飞来飞去宿田墘。底人父母不惜子，底人父母不惜孙？孙亦知，知阿大妗骂我时时来，今有犹是公妈在，公妈死后我不来。不来待你来，阮个咸鱼不会生秀才，阮饭钵亦不会生蛤蛉。①

近代以来尚流传的潮州歌谣有：

　　一只鸟仔颔伦伦，飞来飞去歇田墘；地人父母唔惜仔，地人公妈唔惜孙。"孙也知，知阿大妗骂我时时来。今日犹是公妈在，公妈死后我唔来。""唔来待你唔来，阮个门脚唔会生草栽，阮个咸鱼唔会生秀才，阮个饭钵唔会生尘埃。"②

　　近代以来分别流传于闽南和潮汕地区的这首歌谣基本相同。我们又惊奇地发现它们各自的开头四句七字句与明嘉靖《广东通志》的记录几乎一致。因此可以估计，这个歌谣早在明代中期已流行于潮州及漳、泉州，而且一直很好地流传下来。明嘉靖《广东通志》虽然仅录下开头四句而已，却留下宝贵的可供印证之材料。

　　2. 民间故事

　　闽南地区流传着"被他作弄得黄尾的俗语故事"③。故事的大意是：上古时候，无论何人背后都有一根长约六七寸的尾巴，如果一个人的尾巴变大变黄，就预示他（她）快要死了，是很灵验的。有一失去丈夫的富有老妇，生性吝啬，舍不得花钱。有一个孩子就用一个办法来捉弄她，在她经常坐着的石臼搞了黄土水，使她的尾巴染黄了。老妇以为快要死了，就尽量花掉她的钱财，后来她知道是被人作弄了，就恨恨地把后面的尾巴割掉。又有老辈人说，现今的人没有尾巴，就是从那老妇人开始的。潮州亦有类似的"黄尾相耽误"的故事。④ 传说，上古时候，人长着长尾巴，有一天大家下田去犁田耕地，尾巴染上了黄泥，大家一看，尾巴变色了，

---

　　①　谢云声编：《闽歌甲集》卷上"儿歌"，广州：国立中山大学语言历史学研究所1928年编印。
　　②　丘玉麟选注：《潮汕歌谣集》，广东人民出版社1958年版，第68页。
　　③　飞津仙子述，见黄振碧编辑《闽南故事集》，上海泰东图书馆1928年版。第30—32页。
　　④　蔡英豪编著：《潮汕熟语集释》（内部刊物）1988年，第163页。

都以为就要死了，于是众人抱头哭了一场，最后把打来的猎物吃个精光，坐着等死，可是等了一天又一天，却每个人都活着，才知这是尾巴染黄误了人，于是下决心把尾巴割掉了。

闽南种豆时，有鸟呼："弟弟尔在么？"俗传昔有继母，以生、熟豆种分给己子及前子播种，诚非豆芽萌不得归。弟知母欲逐兄，阴换豆种去。旬日，兄归弟不归，出觅弟，遂化鸟。里人李禧诗云："哥哥行不得，弟弟尔在么？彼鸟犹知爱兄弟，人世燃其奈尔何？"① 潮汕也有类似故事，只是没有弟对兄仁义说教味道，继母害人子最终害了己子。潮州《乌豆鸟》故事大意是：从前一个继母珍爱自己的亲生孩子，而视前妻生的儿子为眼中钉，想方设法害死他。一年开春，她分给兄弟各一篮子豆种，给前妻之子的是煮熟的，给自己亲生的是生的。然后让哥哥带弟弟到深山里去播种，限定哪个的种子发芽才可以回家。因为弟弟看到哥哥带的是熟黑豆可以吃的，弟弟就将生的跟哥哥换。最终导致弟弟因熟豆不发芽滞留在山里被老虎吃掉的悲剧，而哥哥也因继母的责骂，不断到山里寻找弟弟，最终变成凄厉呼喊"弟弟"的乌豆鸟。② 据考，浙江沿海一带也有类似的故事。

泉州流行江夏侯破风水的传说，民间把泉州的兴盛归结为当地风水的作用，把这座城市后来的衰落归咎于皇帝派来的钦差大臣江夏侯的恶毒破坏，最后他也得到应有的报复。③ 在潮汕，很多地方流传着林鉴丞破潮州风水的类似传说。④ 此外，闽南地区有虎姑婆的故事、冬生娘仔的故事、憨子婿的故事等，在潮州故事也可看到类似的故事原型。⑤

3. 儿童拜七娘妈（夫人妈）或公婆母与"准成年礼"习俗

七娘妈是闽南、潮汕旧时小孩拜奉的保护神，而且从出生一直保佑到15、16岁。其习俗的来源应同一。潮汕至今仍流行以外祖母为主角，为15虚岁男女操办"出花园"的礼俗，寓意该少年从此长大成人了。

---

① 厦门市地方志编纂委员会办公室：民国《厦门市志》卷三十五《杂录》，方志出版社1999年版，第708页。

② 《潮州民间故事集成》（内部资料），第433—434页。

③ 吴藻汀：《泉州民间传说》（第2集），泉州志编委会重印本，1985年，第1—5页。

④ 陈景熙：《"林监丞破潮州风水"传说与"排他"集体无意识》，《潮学研究》1997年第6辑。

⑤ 飞津仙子述，见黄振碧编辑《闽南故事集》，上海泰东图书馆，1928年"闽南民间文艺研究社出版丛书之一"。

这种习俗的来源应当很古老，可能源于七夕乞巧。但笔者目今仅能看到一则明代的材料，福州"近世冠礼惟礼法之家偶一举行，民间男女年十六，延巫设醮，告成人于神，谓之'做出功'，是失礼愈远矣"①。泉州："七夕乞巧，陈瓜豆及粿，小儿拜天孙，去续命符。"② 潮州府惠来县"七夕，用酒果并杂色花纸剪裁衣服，供养九子母——俗谓'床前母'"③。南澳在七月七日这一天"家家各祀睡床，以祝公婆生，男女年十五就床而食，谓之'出花园'"④。揭阳、潮阳县在七夕"祭房中神，报产育功"⑤。

4. 工（功）夫茶——"潮与闽南好尚符"（清黄钊诗）

"工（功）夫"之名，原为茶叶之一品种。直至清嘉庆、道光年间，尚有用"工夫茶"来称出产于武夷山的一种中等茶叶品种。⑥ 它后来变成特指考究的茶叶、雅致的器具以及形成的一套冲饮程式。⑦ 以文人士大夫为先导的人们对茶叶品质、器具精巧的讲究，当至迟在明末清初已出现于福建及粤东一带。⑧ 乾嘉以来，有名有实的工夫茶品饮已广泛流行于闽南粤东（以泉、漳、潮为中心）一带，并且逐渐在各种人群中推广开来。

潮州府澄海县"或嗜食茶，以武彝（夷）小种为上，拣焙次之，工夫中芽又次之，产安溪为下。锡瓶磁碗，精洁整齐，时勤拂拭，俗谓茶具"⑨。

清道光《厦门志》卷十五"风俗篇"："俗好啜茶。器具精小，壶必曰孟公壶，杯必曰若深杯。茶叶重一两，价有贵至四五番钱者。文火煎之，如啜酒然。以饷客，客必辨其香味而细啜之，否则相为嗤笑。名曰工

---

① （清）道光《重纂福建通志》卷五十五《风俗·福州府》引（万历）《府志》。

② （清）乾隆《泉州府志》卷二十《风俗》，第23页。

③ （清）张珽美：雍正《惠来县志》卷十三《风俗》；乾隆《潮州府志》并引。

④ （清）乾隆《南澳志·风俗》卷，乾隆四十八年刻本。

⑤ （清）乾隆《揭阳县志》"风俗"；（清）光绪《潮阳县志》"风俗"。

⑥ （清）梁章钜《归田琐记》卷七"品茶"："静参谓茶名有四等，茶品亦有四等，今城中州府官廨及富贵人家竞尚武夷茶，最著者曰花香，其由花香等而上者曰小种而已。山中则以小种为常品，其等而上者曰名种，此山以下多不可得，即泉州、厦门人所讲工夫茶，号称名种者，实仅得小种也。又等而上之曰奇种，如雪梅、木瓜之类，即山中亦不可多得。"（中华书局1981年版，第145—146页）。

⑦ 黄光武：《工夫茶与工夫茶道》，《中山大学学报》1996年第1期。

⑧ 清初广东诗人陈恭尹《茶灶》诗"白灶青铛子，潮州来者精"。

⑨ （清）嘉庆《澄海县志》卷六"风俗"。

夫茶，或曰君谟茶之诮。彼夸此竞，遂有斗茶之举。有其癖者，不能自已。甚有士子终岁课读，所入不足以供茶费。"施鸿保《闽杂记》："漳、泉各属，俗尚功夫茶。茶具精巧：壶有小如胡桃者，曰孟公壶；杯极小者，名若深杯；茶以武夷小种为尚，有一两值番钱数圆者。饮必细啜久咀，否则相为嗤笑。"道光年间，寓居潮州的客籍人黄钊曾作诗，其诗序明言："潮人嗜茶，器具精细，手自烹沦，名曰功夫茶。"① 不久，这种饮茶风尚也随移民而在台湾流行，甚至远播国内各商埠及南洋。至今，台湾冲茶方法与闽南一带沏"功夫茶"相仿，其冲饮程式也基本如泉、漳、潮三州。

三 "古闽越地"→福建"下四州"→闽南学→
泉州学、潮州学等的整体与分别研究

（一）"古闽越地"或"七闽"地的界定

讲秦汉以前的古地理，从唐代杜佑的《通典》开始，至唐宋时期的地理总志都无一例外把潮州划归"古闽越地"或"七闽地"②。古闽越地的范围，以宋代为断代，除今福建省地外，只有其东北面的温州和西南面的潮州被列入，而今广东省范围内潮州以外的地区都被划为"百越之地"或"南越地"③。实际上是唐宋时代的人对该地区区域历史文化地理归属的推测。今天，考古材料表明，约在距今 2870—3390 年前，闽南、粤东一带（以晋江、九龙江和韩江流域为中心）一直保持着相同或近似的考古文化类型，如具有鲜明特色的浮滨文化。④

由划分地域大小而形成的不同范围地域的所谓地方学研究"学科"，其整体研究与分别研究同样重要。分别研究可以更加深入挖掘史料，精细地考证、考察与思考，整体研究亦不可或缺，分别的小地方（较小的区

---

① （清）黄钊：《读白华草堂诗·菪菪集》卷五，道光十四年刻本。
② （唐）杜佑撰，王文锦等点校《通典》卷一百八十二《州郡十二·古扬州下》："潮州（今理海阳县）亦古闽越地。"（中华书局 1982 年版，第 969 页）；（宋）李昉《太平御览》卷一七二《州郡部一八》引《十道志》："潮州，潮阳郡，亦古闽越地。"（中华书局影印本，第 837 页）；（宋）欧阳忞撰，李勇先，王小红校注《舆地广记》卷三十五："潮州，春秋为七闽地。战国为越人所居。"（四川大学出版社 2003 年版，第 1090 页）
③ （唐）杜佑：《通典》卷一百八十二《州郡十二》，中华书局 1984 年版，第 969 页。
④ 曾骐：《韩江流域史前考古与潮汕文化源》，《潮学研究》第 1 辑，1994。

域）研究往往会造成"只见树木不见森林"，割裂了整体性，导致目光短浅等。

（二）福建"下四州"地域的界定

南宋理学大儒曾引古《（福州）图经》云："闽中八郡，建、剑、汀、邵号'上四州'，其地多溪山之险，福、泉、漳、化号'下四州'，其地坦夷。"① 在《朱子语类》中，朱熹弟子林择之曰："上四州人轻扬，不似下四州人。先生曰：下四州人较厚，潮阳士人亦厚，然亦陋。莆人多诈，淳朴无伪者，陈魏公而已。"② 又有人曰："上四州之俗近于狠，下四州之俗近于顽，非鄙夷尔民而待之薄也。"③ 至迟在宋代人的眼中，福建内陆的山区与沿海的平原地区的文化风俗有不小的差异。

明《永乐大典》引录《图经志》对潮州风俗文化区作简明精彩的描述，使笔者有理由相信，潮州闽方言区的形成在 13—14 世纪，至迟不会晚于 14 世纪中叶：

> 潮之分域，隶于广，实古闽越地。其言语嗜欲与闽之下四州颇类，广、惠、梅、循操土音以与语，则大半不能译，惟惠之海丰与潮为近，语音不殊，至潮、梅之间，其声习俗又与梅阳之人等。④

其文献时间下限为永乐元年（1403），但是上引材料所反映的年代应当更早，可初定为宋元时期。该文追溯了潮州在政区归属与文化归属上不协调的历史地理渊源，事实上当时在民间的语言、风俗习尚方面，隶属广东的潮州与其东面的福州、兴化军、泉州、漳州等所谓福建沿海"下四州"是非常近似的。

概言之，宋元以来福建的东南沿海地区，即所谓的"下四州"——福州、兴化军、泉州、漳州（约今福建省的福州市、莆田市、泉州市、厦门市、漳州市、龙岩市的东部等地域）及广东的潮州（约今汕头、潮

① （宋）王象之：《舆地纪胜》卷一二八《福州》，中华书局影印本 1992 年版，第 3648 页。
② 《朱子语类·杂类》卷一百三十八，四库全书文渊阁本。
③ （宋）高斯得：《耻堂存稿》卷五，四库全书文渊阁本。
④ （明）解缙等：《永乐大典》卷五三四三第 12 页引《（潮州府）图经志》，中华书局影印本 1960 年版。

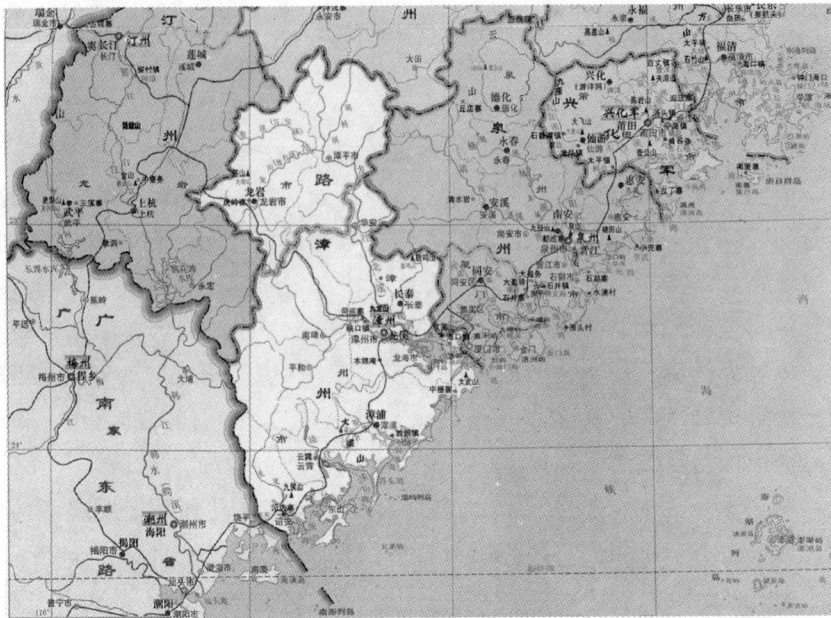

南宋时期的泉、漳、潮州【今闽南粤东地区】（录自《福建省历史地图集》（福建地图出版社 2004 年版）

州、揭阳三市及梅州市的东南部），加上惠州的海丰县（约等于今广东省的汕尾市）构成一个独特的文化区域。若要仔细区分，泉、漳、潮（加上海丰县）三州在文化面貌上的接近程度更高，尤其表现在语言上。由于地缘与血缘的亲近，没有两个分属不同省份的地区像闽南与潮州那样，富有那么多的共同或接近的文化因素。若单从"文化区域"概念出发，"闽南—潮汕"为一共同之文化区域，自可成立。

三　结语：地方学研究的意义与价值

一般来说，地方（区域）的划分应当合理，大小适中，通常以原来属于宋元以来的州（路、府）单位为研究范围。但目今也可以变通，以现行政区的地级市一级来开展地方研究也是恰当的。其关键是主要看各位学者的具体研究兴趣、视野与题目。开展地方学研究关系是：研究的空间越大，对其总体性及前瞻性的把握越好；而研究的空间划分得越小，研究结论便越细致精确。

概言之，一方面，泉州学与潮州学并行不悖，可以各自独立研究，甚至可以加上漳州学（闽台研究）；另一方面，这些通通都可以联合成为整体闽南学（含潮州学、台湾研究，如下图示）。

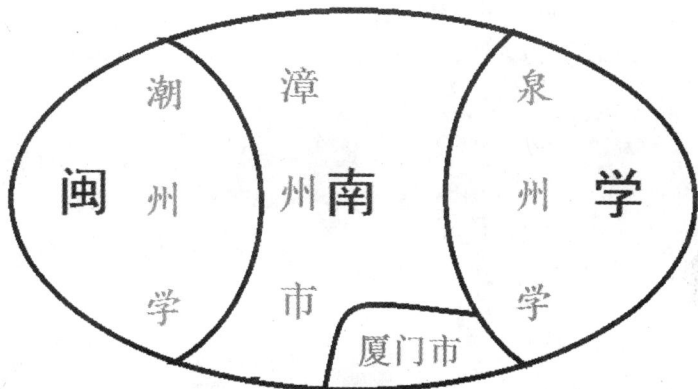

注：泛闽南学包括海陆丰、台湾、雷州、海南岛等使用闽南语地区

笔者认为，地方学研究的意义与价值主要有：

目今地方学在海内外史学界乃至社会科学界形成学术潮流；地方学研究可弥补全国性通史研究的缺陷，能更准确把握时空视角，纠正传统史学的偏差。对史学工作者来说，进行全面、细致收集区域民间翔实史料，成为一种可能和努力方向；区域研究在反映特殊与普遍上、个性与共性上具有独立的学术价值；地方学研究是推进新时期史学，尤其是文化史、社会史研究深入的一条可行途径。

Research on Region's Division in Local Studies

——A Case Study of Quanzhou Studies and Chaozhou Studies

Wu Rong-qing

Abstract：For local studies, region division should be reasonable and in moderate size. It is widely recognized that administrative region units from Song Dynasty as well as prefecture-level cities are taken as the scope of research. The key point depends on the scholars' specific research interests, field and themes. The larger the research scope is, the better to grasp the research on the whole and the smaller the research scope is, the more accurate conclusion you will come to. In this paper, Quanzhou studies and Chaozhou studies ane taken as an example. They can be independently studied, or be integrated into larger local study Minnan Studies as well.

Keywords: region's division; Quanzhou Studies; Chaozhou Studies

从潮州到泉州：两个历史空间的
对话与思考[*]

林　瀚[**]

摘　要：潮州与泉州在政区上虽然分属粤、闽两省，然而在文化传统方面却是一个紧密联系的联合体。无论在语言、生活习惯、民间习俗、社会风气，还是信仰传统等方面，两地都有极大的互通性。我们不仅可以就此进行区域内部的比较研究，还可在海外的泉、潮两地移民社会中开发相关课题。而在地方文献的整理上，两地也有许多可供相互借鉴的地方。

关键词：潮州学　泉州学　合作　交流

一　潮州学与泉州学的提出

潮州学是 1993 年 12 月在第一届潮州学国际研讨会上，由国际知名学者饶宗颐先生正式提出来的。在《何以要建立"潮州学"？——潮州学在中国文化史上的重要性》的演讲中，饶先生阐述了建立潮州学的必要性，指出"潮州地区人文现象有需要作为独立而深入探讨之研究对象，应该和'客家研究'同样受到学人的重视。潮州学的成立，是顺理成章不用多费唇舌来加以说明"[①]。与此同时，饶先生还回顾了潮汕历史文化研究

————————

　* 本文于 2014 年 8 月 20—22 日提交由中国地方学研究联席会、泉州学研究所联合主办的"走向世界的地方学研究"学术研讨会，并得到吴榕青老师的指点赐正，谨致谢忱！
　** 林瀚，泉州海外交通史博物馆助理馆员，潮汕历史文化研究中心青年委员会委员。
　① 饶宗颐：《何以要建立"潮州学"？——潮州学在中国文化史上的重要性》，载潮汕历史文化研究中心、汕头大学潮汕文化研究中心编：《潮学研究》第一辑，汕头大学出版社 1993 年版，第 1—3 页。

取得的成就，并明确潮州学的内涵，列举了内地移民史、海外拓殖史、经济史、民族史、考古、戏剧、语言、华侨史等研究方向，同时还着重提出诸如"潮瓷之出产及外销""海疆之史事""潮州之南明史"等一系列研究专题。而就潮州学研究的意义，饶先生也认为这"已不仅是地方性那样简单，事实上已是吾国文化史上的重要环节与项目"，并且是和整个国家的文化历史分不开的。1997 年在汕头大学召开第二届会议时，开始改为"潮学"。

泉州学之正式提出要比潮州学来得更早，在 20 世纪 80 年代末，陈泗东、傅金星、李亦园等诸位先生便已就"泉州学"的创立提出了思考。1991 年 2 月，联合国教科文组织"海上丝绸之路"考察队来泉州进行文化考察，该项目协调员、总负责人杜杜·迪安博士在新闻发布会上代表考察队提出，泉州具有丰富的历史、文化、宗教遗产，应当设立一个专门的学科——泉州学来进行研究，正像研究中国敦煌学一样，使泉州学成为一个国际性项目。同年 11 月 8 日，泉州学研究所在福建省泉州海外交通史博物馆挂牌成立，这也宣告"泉州学"的诞生。

然而在泉州学的含义及研究范围上学界很长时间未能统一，直到李亦园先生《"泉州学"的新视野》一文发表，指出所谓泉州学是"一种以泉州地区的历史文化、人文活动、生态环境为研究对象的科际综合学问"[1]。至此，关于何谓泉州学的争议才稍稍平息。李先生在文中还从大传统与小传统的角度切入，指出泉州学在文学、宗教、海外交通、家族与宗族、教育史、方言、戏曲、民间风俗、族群与性格、医药疾病史、少林与武馆、综合艺术史等方面可以继续发掘的方向，除却官方、士绅的大传统叙述，更应留心民间、民众的小传统记忆。

作为国内较早开展起来的区域性研究，潮州学与泉州学在前辈学人的努力下，根据地方实际，各擅胜场，取得不同程度的成绩。由于笔者的生活空间以及学术经历的关系，对潮州学及泉州学有些许感触，现就

---

[1]　李亦园：《"泉州学"的新视野》，原载《泉州学研究》，福建教育出版社 2002 年版，现收入泉州泉台民间交流协会、泉州学研究所编《李亦园与泉州学》，九州出版社 2012 年版，第 3—26 页。

自身一些体会，向各位师长请教，荒疏偏颇处，亦请诸位尊长有以
教我。

二　政区分域与文化联动

　　泉州与潮州在政区上虽然分属闽、粤，然而在文化传统方面却是一个
紧密联系的联合体。关于闽文化南渐的影响，蔡鸿生、谢重光、黄挺、吴
榕青诸位师长都曾撰有专文对此进行揭示。[①] 谭其骧先生认为，"文化区
域的形成因素则主要是语言、信仰、生活习惯、社会风气的异同"[②]。唐
代的潮州在地理形势及军事统辖的归属上曾有过在福建与广东之间游移不
定的现象，而后又因五代十国时闽国、南唐与南汉的对峙，闽粤交接的汀
漳潮三州仍分属于不同的政治分区，故而在宋代的有关地理志书的描述
中，我们可以发现潮州在文化上有不断向闽南地区趋同的现象，这其中也
与福建东南沿海向潮汕地区大批移民，汀赣人亦多往梅州侨寓垦荒的情况
有关。[③] 从下表所载风俗描述中，我们也可看到东南沿海的泉、漳、潮与
韩江流域的汀、梅、潮在文化分域上的变化。

---

　　① 具体可参见蔡鸿生《关于"海滨邹鲁"的反思》，载《潮学研究》第一辑，汕头大学
出版社 1993 年版，第 238—245 页；谢重光《宋代潮州主要从福建接受外来文化说》，《潮学研
究》第六辑，汕头大学出版社 1997 年版，第 35—46 页；黄挺《潮汕文化源流》，广东高等教
育出版社 1997 年版；吴榕青《试论历史上潮汕与闽南在文化区域上的同一性——以方言、妇
女服饰、戏剧、民间歌谣及故事为例》，载汕头市潮汕历史文化研究中心、厦门市闽南文化研
究会、中共诏安县委员会编《闽南文化与潮汕文化比较研讨会论文集》（内部资料），2005 年
3 月。
　　② 谭其骧：《历史人文地理研究发凡与举例》，《历史地理》第十辑，上海人民出版社 1992
年版，第 22 页。
　　③ （宋）王象之撰，李勇先校点《舆地纪胜》卷一百二《梅州》中引《图经》云："郡土
旷民惰，而业农者鲜，悉藉汀、赣侨寓者耕焉。故人不患无田，而田每以工力不给废。"（四川
大学出版社 2005 年版，第 3438 页）。王象之《舆地纪胜》成书于南宋嘉定十四年（1221），故
可知在此之前，已有大量的汀赣移民进入梅州境内。

表 1　　　　　　　　宋代地理总志所见汀梅潮漳泉五州风俗情形

州属	风俗情形	文献出处
汀州	与福州同	《太平寰宇记》卷一百二《江南东道十四·汀州》
	其地与赣、潮、梅接，崇山复岭，民生尚武。……闽有八郡，汀邻五岭，然风声气习，颇类中州	《舆地纪胜》卷一百三十二《汀州》
	民生尚武。"四六"文称：虽居南粤之穷陬，实有中州之雅俗。析福抚二州之山洞，肇创此州；接梅潮两郡之邻封，独推雅俗	《方舆胜览》卷十三《汀州》
梅州	与南海同	《太平寰宇记》卷一百六十《岭南道四·梅州》
	《寰宇记》云："与南海同。"然梅州本自潮州割程乡县，则其风俗当与潮州同。……郡俗信巫尚鬼，舍医即神，劝以药石伐病，则慢不之信	《舆地纪胜》卷一百二《梅州》
	土旷民惰，其俗信巫尚鬼。"四六"文称：析隋唐之一县，虽号偏州；介汀赣之两间，颇存犷俗	《方舆胜览》卷三十六《梅州》
潮州	与南海同	《太平寰宇记》卷一百五十八《岭南道二·潮州》
	潮之士笃于文行，延及齐民。"四六"文称：土俗熙熙，有福建、广南之语；人文郁郁，自韩公、赵德而来。虽境土有闽、广之异，而风俗无漳、潮之分	《舆地纪胜》卷一百《潮州》
	士笃于文行。"四六"文称：土俗熙熙，无福建广南之异；人文郁郁，自昌黎赵德而来	《方舆胜览》卷三十六《潮州》
漳州	同泉州	《太平寰宇记》卷一百二《江南东道十四·漳州》
	建州于泉、潮之间，以控岭表。……地旷而土沃，其民务本，不事末作，而资用饶给	《舆地纪胜》卷一百三十一《漳州》
	其民务本，俗故穷陋。"四六"文称：维漳为郡，临漳古邦。与潮相邻，闽峤穷处	《方舆胜览》卷十三《漳州》

州属	风俗情形	文献出处
泉州	泉郎即州之夷户，亦曰游艇子，即卢循之余……其居止常在船上，兼结庐海畔，随时移徙，不常厥所	《太平寰宇记》卷一百二《江南东道十四·泉州》
	地推多士，素习诗书，其人习诗书，儒雅之俗多与江淮类，风俗淳厚。其人乐善，素号佛国；民淳讼简，素号易治	《舆地纪胜》卷一百三十《泉州》
	风俗淳厚，名贤生长，民淳讼间，其人乐善，素习诗书，多好佛法。	《方舆胜览》卷十二《泉州》

故至迟在南宋中期，潮州地区的文化已与闽南地区逐渐趋同，而同处韩江流域的梅州在风声气习上则日趋向汀赣地区靠拢。宋元以降，这一文化格局又基本被稳定地继承下来。《永乐大典》卷五三四三"风俗形胜"引《（潮州府）图经志》对潮州的风俗尤其是语言亦作了简明而又精彩的描述：

> 潮之分域，隶于广，实古闽越地。其言语嗜欲与闽之下四州颇类，广、惠、梅、循操土音以与语，则大半不能译。惟惠之海丰与潮为近，语音不殊，至潮、梅之间，其声习俗又与梅阳之人等。[1]

方言作为一个民系的文化载体，能较好地表现出不同民系的文化差异。潮州在政区上虽隶属于广东，但在语言及风俗上却与福建东南沿海的"下四州"[2] 相类，而又与省会广州，以及西北部的惠州、梅州、循州的"土音"无法直接沟通；此外，惠州海丰县的语言与潮州相近，界于潮梅之间的居民，其语言与风俗又与梅州相似。"潮、梅之间"，大致为今之大

---

① （明）解缙等：《永乐大典》卷五三四三第 12 页，参见《古瀛志乘丛书》第一辑，2000 年，第 23 页。

② （宋）王象之撰，李勇先校点《舆地纪胜》卷一二八"福州"引《图经》云："闽中八郡，建、剑、汀、邵号'上四州'，其地多溪山之险。福、泉、漳、兴号'下四州'，其地坦夷。"（四川大学出版社 2005 年版，第 4024 页）。

埔、丰顺二邑。[①] 是故至迟在此一时期，已大致奠定了今日的方言格局。到万历年间，潮俗已是“其风气近闽，习尚随之，不独语言相类矣”[②]。潮州文化这种在地缘上“亲闽疏粤”[③] 的现象，在明代地理学家王士性的《广志绎》一书中被首先提出：

> 潮州为闽越地，自秦始皇属南海郡，遂隶广至今，以形胜风俗所宜，则隶闽者为是。……潮在南支之外，又水自入海，不流广，且既在广界山之外而与汀、漳平壤相接，又无山川之限，其俗之繁华既与漳同，而其语言又与漳、泉二郡通，盖惠作广音而潮作闽音，故曰潮隶闽为是。[④]

王士性这一段对潮州自然地理及人文地理的阐述，是相当精到的。在传统社会，行政中心对地域内部有着较强的向心力，由于生活及日常活动的需要，境内居民操持的方言也会有向州府县治靠拢的趋向。在持续的移民浪潮以及泉潮士人互为地方官师的推动下[⑤]，泉、潮两地无论在语言、生活习惯、民间习俗、社会风气，还是信仰传统等方面都有极大的互通性，开展泉、潮关系史的研究不仅可能，而且显得十分必要。如潮汕十五岁“出花园”的成人礼与泉州十六岁生日礼俗就可兹比较，而这一风俗是否有早期越人习尚的遗存，也值得我们加以探究。

---

① 到清末，杨少山在其所写的《潮州竹枝词》中曾有词句描述潮客方言分域的情况：“产溪水接鳄溪流，日日篙工问渡头。一自隬隍分界下，乡音土俗不相侔。”（见《三渔集约钞》第二集之《澹如书室诗集约钞》，为杨世华据民国五年刻本重排油印本 1996 年，第 97 页）。

② （明）万历《广东通志》卷三十九《潮俗》，第 18 页，参见《古瀛志乘丛书》第二辑，2005 年，第 80 页。

③ 关于此一现象，蔡鸿生先生曾撰文加以阐发，可参见《关于“海滨邹鲁”的反思》，《潮州学研究》第 1 辑，汕头大学出版社 1993 年版，第 238—245 页。

④ （明）王士性：《广志绎》卷之四《江南诸省 · 广东》，中华书局 1997 年版，第 101—102 页。

⑤ 关于这方面的研究，可参见叶恩典、丁毓玲《试析明清时期闽南人向粤东地区的移动》，《潮州学研究》第 3 辑，汕头大学出版社 1995 年版，第 137—153 页；叶恩典《古代泉潮人士互为异地任职之浅见》，《潮州学研究》第 7 辑，花城出版社 1999 年版，第 44—55 页。

三　新时期潮、泉两地对旧方志的整理之比较

"方志，地方史也，亦国史之要删也。从事方志者，非从国史入，则所见也隘；治国史者，非自方志出，则所得也肤。"① 这是饶宗颐先生在《潮州志汇编》所作序文中提到的，一方面指出了方志与国史的辩证关系，另一方面也充分肯定方志的地位，即"国史之要删"。常建华先生也曾指出：地方志是研究地方史、区域史的基本资料，是研究历史的重要切入点。近期随着区域史（地方史）研究的盛行，从方志入手具有了方法论的新意义，对于开展整体历史研究、微观历史研究、基层社会研究、民众研究等具有重要价值。方志也是连接国家与社会的重要纽带，是透视二者关系的一个窗口。随着文化史与社会史的互相渗透，社会文化史兴起，重视人们对事物的看法，考察修志人员的观念，方志作为文本本身也成为研究的对象。②

自20世纪以来，汕头市及属县曾誊印、翻印、点校过不少旧志，但与潮汕地区所存方志数量相比，仍不完备。在1999年春节座谈会上，曾楚楠先生转达了饶宗颐先生翻印清康熙林杭学《潮州府志》的委托，基于方志在地方存史及区域研究中的重要地位，潮州市地方志办公室开始了编印工作，最初也曾尝试点校出版，然而基于人力、经费、时间等方面的考虑，最后不得不放弃原先设想，转而摸索出"扫描缩小影印"的办法。经过一年多的努力，清康熙《潮州府志》终于在2000年7月出版，并在社会上产生良好的反响，这也开启了潮州翻印旧志的序幕，该志也列为《古瀛志乘丛编》第一集第一册。随后，又从《永乐大典》、《古今图书集成》、明《广东通志》中辑录出潮州部分，并编印清乾隆府志、清康熙《饶平县志》二种，清修《海阳县志》三种，至2002年10月止，第一集编印工作完成，计出版志书10部11册。

2003年春节座谈会上，与会专家学者认为仍有继续编印下去的需要，拟以潮州府辖县中每县选取一部旧志加以整理出版，列为《古瀛志乘丛

① 饶宗颐：《潮州志汇编序》，原载《潮州志汇编》，香港龙门书店1962年版，后收入黄挺编《饶宗颐潮汕地方史论集》，汕头大学出版社1996年版，第331页。

② 常建华：《试论中国地方志的社会史资料价值》，载《中国社会历史评论》第7卷，天津古籍出版社2006年版，第61—72页。

编》第二集，此次也补印了府志的明嘉靖、清顺治两个版本，至此，现存各种版本的《潮州府志》全部刊印完备，同时还翻印了万历《潮中杂纪》《东里志》，辑录了《明清一统志》《万历广东通志》中的潮州部分，合为一辑，在属县志书方面，原则上每县选取一种版本加以整理，明隆庆《潮阳县志》，清康熙《澄海县志》，清雍正《揭阳县志》、《惠来县志》，清乾隆《普宁县志》《丰顺县志》《大埔县志》，民国潮州"三山志"加以编印，计十四种十二册。

此外，将饶宗颐先生于民国编纂的《潮州志》单独作为《古瀛志乘丛编》第三集，以 1949 年刊行版式，以大 32 开本编为 10 册，其中志书内容为第 1—8 册，另据档案及有关资料增编为卷首、志末各一册，总共 10 册，并于 2005 年 8 月 29 日举行《潮州志》重刊首发式。在 2009 年春节，饶宗颐先生又将藏于香港的《潮州志》"古迹""金石""人物""宦绩"四门志稿托林英仪先生带回潮州，由潮州海外联谊会主持编印，2011 年 12 月《潮州志补编》点校出版，至此，除部分尚未寻得刊印外，民国《潮州志》概貌基本略见。

表 2   潮州历代方志重印计划汇表

辑次	方志名称	重印时间
古瀛志乘丛编第一集	清康熙林杭学《潮州府志》	2000.7
	《永乐大典·潮州府》	2000.8
	《古今图书集成·潮州府部汇考》	2001.1
	清康熙刘抃《饶平县志》四卷本	2001.2
	清乾隆周硕勋《潮州府志》二册	2001.8
	清光绪卢蔚猷《海阳县志》	2001.8
	清康熙金一凤《海阳县志》五卷本	2002.2
	清康熙刘抃《饶平县志》二十四卷本	2002.2
	清雍正《广东通志潮事选》	2002.4
	清雍正张士琏《海阳县志》	2002.10

辑次	方志名称	重印时间
古瀛志乘丛编第二集	清顺治吴颖《潮州府志》	2003.8
	明嘉靖郭春震《潮州府志》、万历郭子章《潮州杂纪》合刊	2003.10
	清雍正陈树芝《揭阳县志》附明崇祯《揭阳县志》艺文残卷	2003.12
	清康熙王岱《澄海县志》	2004.4
	明万历陈天资《东里志》	2004.6
	明隆庆黄一龙《潮阳县志》	2005.2
	《明清一统志、万历广东通志·潮州府》	2005.9
	民国潮州"三山志"	2006.10
	清雍正张珽美《惠来县志》	2007.4
	清乾隆萧麟趾《普宁县志》	2007.8
	清乾隆葛曙纂修、光绪许普济续修《丰顺县志》	2007.10
	清乾隆蔺璿《大埔县志》	2013.2
古瀛志乘丛编第三集	卷首	2005.8
	第一册：沿革志、疆域志、大事志	
	第二册：地质志、气候志、水文志、交通志	
	第三册：实业志（一至四、六、七）	
	第四册：兵防志、户口志、教育志	
	第五册：职官志	
	第六册：艺文志	
	第七册：民族志、山川志、实业志（五）	
	第八册：风俗志、戏剧音乐志	
	卷末	

续表

辑次	方志名称	重印时间
潮州志补编	第一册：古迹志（上）	2011. 12
	第二册：古迹志（下）	
	第三册：金石志	
	第四册：人物志	
	第五册：宦绩志、外编	

在翻印旧志方面，潮州史志办主要从三方面开展工作：寻找底本、编辑整理、扫描缩印；其中编辑整理最为烦琐。为了做好该项工作，潮州市地方志办公室工作人员从修版、拼残、纠错、补漏、替佚、摘录六方面进行编辑处理。① 由于这批旧志的整理和编印，不仅潮汕地区各市及高校图书馆有藏，潮州学研究者也可以通过购买、交换、赠送等形式获取，这为学者的利用及研究提供了便利，也极大地推动了潮州学研究的发展。

泉州自 20 世纪 80 年代以来也曾陆续出版过一些旧志，有油印本，也有点校本，然而却未能系统出版，目前在泉州各大公藏机构如市图书馆、研究中心等也未见齐备，学者在研究利用方面颇受掣肘，这从某种程度上也影响了泉州地方史研究的进展。在此就当前所掌握的泉州地区现存府县方志状况加以汇总，并制成表 3：

---

① 黄继澍：《浅谈扫描缩印是地方整理翻印旧志的实效形式》，载汕头大学图书馆编：《潮汕文献保护与研究学术研讨会文集》，天马出版有限公司，2012 年，第 13—22 页。

表 3　　　　　　　　　　泉州地区现存旧方志汇总①

府县	志名	编纂者	卷数	纲目	刊印时间	收藏地
泉州府	（万历壬子）《泉州府志》	阳思谦修，黄凤翔、林学曾、李光缙、何乔远	图 1 + 24 卷	分 8 纲	1612	中国国家图书馆、福建省图书馆、日本早稻田大学图书馆
	（乾隆癸未）《泉州府志》	怀荫布修，黄任、郭赓武纂	1 + 76 卷	分 46 门	1764	泉州市图书馆、上海图书馆、日本国立国会图书馆
晋江县	（乾隆乙酉）《晋江县志》	方鼎修，朱升元纂	1 + 16 卷	分 11 志 67 目	1765	上海图书馆、福建师范大学图书馆、晋江市档案馆
	（道光辛卯）《晋江县志》	胡之锓修，（梅石书院掌教）周学曾、尤逊恭纂	1 + 77 卷	未刊稿本 22 册		福建省图书馆、泉州市文管会、福建师范大学图书馆
	（民国戊子）《晋江新志》	庄为玑撰	初撰 4 卷，重编 5 卷		1948	泉州市图书馆、福建省图书馆、福建师范大学图书馆

① 是表收录以 1949 年之前为断代，县份以清末为准。

续表

府县	志名	编纂者	卷数	纲目	刊印时间	收藏地
永春县	（嘉靖丙戌）《永春县志》	柴镰修，林希元纂，徐衡校	9 卷	分 7 篇	1526	上海图书馆、中国国家图书馆古籍馆、福建省图书馆
	（万历丙子）《永春县志》	许兼善修，朱安期纂	12 卷，今存 9 卷		1576	中国国家图书馆古籍馆、福建省图书馆、福建师范大学图书馆
	（康熙癸亥）《永春县志》	郑功勋修，蔡祚遇、宋祖墀、王延聘纂	10 卷	分 10 门 50 目	1692	中国国家图书馆、福建省图书馆、福建师范大学图书馆
	（乾隆丁丑）《永春州志》	杜昌丁修，黄任、黄惠纂	1＋35 卷	分 24 目	1757	福建师范大学图书馆、上海图书馆、永春县政协
	（乾隆丁未）《永春州志》	郑一崧修，颜璘、林为楫纂	1＋16 卷	分 13 目 84 子目	1787	永春县文管会、福建师范大学图书馆、中国国家图书馆
	（民国乙丑）《永春县志》	李俊承捐修，（卧云楼主人）郑翘松纂	28 卷		1930	永春县文管会、福建省图书馆、泉州市图书馆

续表

府县	志名	编纂者	卷数	纲目	刊印时间	收藏地
德化县	（嘉靖庚寅）《德化县志》	顾可久橄修，许仁修，蒋孔炀纂	10卷	分39目	1534	中国国家图书馆、福建省图书馆、德化县方志编纂委员会
	（康熙丁卯）《德化县志》	王夏声应橄辑稿，范正辂修，林汪远据王稿重订	16卷	分32门	1687	上海图书馆、福建省图书馆、德化县方志编纂委员会
	（乾隆丁卯）《德化县志》	鲁鼎梅修，王必昌纂	1+18卷	分16志83目	1747	中国国家图书馆、福建省图书馆、福建师范大学图书馆
	（乾隆庚戌）《德化县续志稿》	蒋履初修，杨奇膺承修，江云霆纂	1卷	分14纪	1792	中国国家图书馆、中国科学院图书馆、福建师范大学图书馆
	（民国丁丑）《德化县志》	方清芳修，王光张纂，朱朝亨承修，苏育南承纂，杨喻仁印行	19卷	分16纲95目	1940	德化县档案馆、福建省图书馆、泉州市文管会
	（民国丁亥）《德化县志》	钟国珍修，苏育南纂			草稿未刊	德化县

续表

府县	志名	编纂者	卷数	纲目	刊印时间	收藏地
大田县	（万历辛亥）《大田县志》	刘维栋修	图 1 + 31 卷	分 4 纲 31 目	1612	日本国立国会图书馆、中国国家图书馆、福建省图书馆
	（康熙）《大田县志》	叶振甲原修，黄廷昌、戴冠纂	1 + 10 卷	分 8 纲 50 目	1685，1693	日本内阁文库
		周卜世增修				中国国家图书馆、福建省图书馆、大田县档案馆
	（乾隆丁丑）《大田县志》	李慧修，叶铭、林虎榜纂	1 + 12 卷	分 24 类	1759	福建省图书馆、福建师范大学图书馆、中国科学院图书馆
	（民国）《大田县志》	范维开局，梁任修稿，陈朝宗承修，王光张总纂，田鹤、林韶光、廖逢明、范震生。林赓飏分纂	1 + 6 + 1 卷	分 37 门	1931	中国人民大学图书馆、大田县档案馆、福建省图书馆、福建师范大学图书馆

续表

府县	志名	编纂者	卷数	纲目	刊印时间	收藏地
南安县	（康熙壬子）《南安县志》	刘佑修，叶献论、洪孟缵纂	20 卷，附 2 卷	分 10 纲	1672	福建省图书馆、福建省博物院、日本国立国会图书馆
	（民国）《南安县续志》	马振理、宋城、郑恩隆先后主修，戴希朱初纂；陈国辉承修，苏镜谭、陈蓁承纂	1 + 50 卷	分 12 纲		南安市档案馆、南安市文管会、福建省图书馆
		后编，杨家鼎纂	8 卷		1974	厦门大学图书馆
	（民国壬午）《南安县志》	李天锡修，汪煌辉纂	28 卷 + 8 卷		未刊残稿	南安市档案馆
惠安县	（嘉靖庚寅）《惠安县志》	莫尚简修，张岳纂	13 卷	分 26 目	1530	中国国家图书馆、福建省图书馆、惠安县图书馆
	（万历辛亥）《惠安县续志》	杨国章修，曾熙丙、危用中、林宏简、黄士绅纂	4 卷		1612	日本国立国会图书馆、日本东洋文库
	（康熙辛亥）《惠安县志续补》	彭翼宸修，黄贞吉纂	不分卷		1671	清抄本藏福建省图书馆，传抄本藏福建师范大学大学图书馆
	（雍正庚戌）《惠安县志》	王泽椿修，张步瀛纂	1 + 33 卷		1730	厦门市图书馆

续表

府县	志名	编纂者	卷数	纲目	刊印时间	收藏地
惠安县	（嘉庆癸亥）《惠安县志》	吴裕仁修纂	36卷		1803	福建师范大学图书馆、厦门市图书馆、福建省图书馆
	（道光甲午）《惠安县续志》	娄云修纂			1834	上海图书馆、中国科学院图书馆、福建省图书馆
安溪县	（嘉靖壬子）《安溪县志》	黄怿初修，林有年初纂草志	10卷	54目		天一阁、安溪县档案馆、福建省图书馆
		汪瑀续修，林有年、李钥同续纂成志	8卷	53目	1552	
	（康熙癸丑）《安溪县志》	谢宸荃修，洪龙见纂	图1+12卷		1673	中国国家图书馆、安溪县、福建省图书馆
	（乾隆丁丑）《续修安溪县志》	庄成修，沈锺、李畴纂	1+12卷	分34门	1757	安溪县档案馆、福建省图书馆、中国国家图书馆

续表

府县	志名	编纂者	卷数	纲目	刊印时间	收藏地
同安县,包括厦门、金门两岛	(康熙壬辰)《同安县志》	朱奇珍修,陈声远、叶心朝、张金友纂	1+12卷	分17门	1713	中国国家图书馆、福建省图书馆、福建师范大学图书馆
	(乾隆丁亥)《同安县志》	吴镛修,陶元藻纂	1+30卷	分36门	1768	厦门市图书馆、上海图书馆、福建省图书馆
	(嘉庆戊午)《同安县志》	吴堂修,刘光鼎纂	1+30卷	分36门	1798	福建省图书馆、福建师范大学图书馆、上海图书馆
	(民国戊辰)《同安县志》	林学增修,吴锡璜纂	1+42卷		1929	福建省图书馆、福建师范大学图书馆
	(乾隆己丑)《鹭江志》	薛起凤主纂,黄名香、杨国春修	4卷		1766	福建省图书馆、厦门大学图书馆、福建师范大学图书馆
	(道光壬辰)《厦门志》	周凯修,凌翰、林焜熿纂	16卷	分13门106目	1839	厦门市图书馆、厦门大学图书馆、泉州市文管会
	(民国戊子)《厦门市志》	杨景文承修,苏云逸总纂,副总纂李禧主纂	1+35卷		1948	李禧家、厦门大学图书馆、福建省图书馆
	(道光丙申)"初修金门志"	周凯初修,林焜熿初纂			未刊	

续表

府县	志名	编纂者	卷数	纲目	刊印时间	收藏地
同安县，包括厦门、金门两岛	（同治癸酉）《续修金门志》	刘松亭续修，林豪（焜熿子）续纂			1874	厦门市图书馆、厦门大学图书馆、北京大学图书馆
	（光绪壬午）《金门增志》	洪曜离增纂	16 卷	分 12 门 76 目	1882	福建省图书馆、厦门市图书馆、中国国家图书馆
	（民国辛酉）《金门县志》	左树夔修，刘敬纂	1 + 24 + 附 2 卷	分 20 门 122 目	未刊稿写本	福建省博物院、福建师范大学图书馆、厦门大学图书馆

资料来源：郑宝谦主编：《福建省旧方志综录》，福建人民出版社 2010 年版。

　　在此也向泉州市地方志编纂委员会提议呼吁，是否可以仿照潮州整理编印旧志的方法，对泉州旧志加以系统整理，如此项工作得以施行，不仅为嘉惠士林之善举，同时于地方文献之保护亦是一大功德事。

四　潮州学、泉州学的世界性影响与价值

　　人们常说"海内一个潮州，海外一个潮州"，"有潮水的地方就有潮人"。在历史上，潮州先民因生活所迫漂洋过海，故有"下南洋"之举。在泰国、新加坡、马来西亚都曾留下潮人先辈筚路蓝缕、开荒拓土的身影，此后又定居当地，逐渐形成海外潮人社会。泉州又何尝不是如此。这便有了潮州学、泉州学的另一个面相，即海外潮州学、海外泉州学研究的开展。

（一）侨批研究

　　由于移居海外，基于对故乡的情结，海外潮州人、泉州人也将原乡的

方言、习俗、信仰等带到移居地，同时又在当地联合组成同乡组织，互帮互助，互相扶持。虽是山海阻隔，但这些海外移民并未与原乡断了联系，只要有机会，都是向乡中亲友寄送钱物，在有可能的情况下也尽量还归故里。早期华人"过番"在外，异国他乡谋生虽然不易，但仍克勤克俭，将省吃俭用留存下来的钱物寄送回家，并附上家书，有时虽只是极为简短的几句话，但心系桑梓的情怀却不减一分。在当时国际金融邮政机构或尚未建立，或极不完善的条件下，海外华人通过"水客"、"客头"和私营商号的侨批馆、侨批局等机构将钱物递送回乡，这也就是我们现在看到的一封封留存亲情记忆、融书信与汇银于一体的"侨批"。

关于侨批的价值，饶宗颐先生于 2000 年 12 月 22 日在潮汕历史文化研究中心所做的"潮州学讲座"中曾有过精彩的论述：

> 有人说，徽州学能成立，因为它有某一种特殊的材料。徽州学我们国家已承认，国际上也承认。徽州特殊的是有契据、契约等经济文件，而且保存很多，历史一过就很不容易找到了。现在徽州商人也已确定，研究那些契约就是研究徽州商人及其活动，大家都承认了它在经济史上是很大的课题。我们潮州可以和它媲美的是侨批，侨批等于徽州的契约，价值相等。价值不是用钱来衡量的，而是从经济史来看的……这些资料如果把它公布出来是很新鲜的，可以看出那时候潮人在那些国家及其活动，还可以从潮人的活动看到那个国家的经济和政治。但世界上侨批的资料还没有人知道，没有人注意。①

在这次演讲中，饶公将侨批与徽州文书作了比较，认为其史料价值是相等的，对于构建潮人世界经济贸易网络有着不可替代的文献价值，而且这也是可以直接与国际学者进行对话的世界性课题。就目前潮汕侨批保存状况来说，潮汕历史文化研究中心保存最多，其收藏数达 12 余万封（主要为复印件），其中原件 3.6 万封；自 2005 年以来，潮汕历史文化研究中心也以时间为序，按县别、乡镇、家庭加以整理，并与广西师范大学出版

---

① 饶宗颐：《在潮汕历史文化研究中心的潮州学讲座》，潮汕历史文化研究中心编《潮汕历史文化通讯》第 20 期，2000 年 12 月，第 34 页。

社合作出版了《潮汕侨批集成》，计划编辑出版 124 册，目前已出版第一、二辑共 72 册。除此之外，近年来汕头大学图书馆也对侨批进行积极收集和整理，目前汕头大学图书馆馆藏侨批也近 5 万封，汕大图书馆当前也正通过网络平台，将之进行数字化处理，并建立侨批资源全文数据库，以期长期保存并资源共享。① 侨批数据库建成后，用户可以通过网络进行访问及利用，并可以按照寄批人、收批人、寄批地、收批地、年代、批款等子项目进行海量筛选，这也将极大提高研究者对侨批数据的获取效率，学者也可以据此做更为广阔而深入的研究。而在汕头市档案馆中，也收藏有与侨批相关的档案近两万件，民间藏家邹金盛、蔡少明、麦保尔、张美生、陈郴等诸位先生也有一定存量的收藏，保守估计，潮汕一地公私所存侨批当在 20 万件以上。

在饶公的建议下，潮汕历史文化研究中心又于 2004 年 4 月 24 日建成国内首家以侨批为主题的文物馆——"侨批文物馆"，用以展出侨批实物及相关历史图片、资料；2013 年 7 月 27 日，侨批文物馆经过扩容乔迁新馆，新馆位于汕头开埠发源地的外马路 18 号，由汕头老建筑——原中国银行汕头分行旧址改建而成。相比于原处于潮汕历史文化研究中心大楼 400 平方米展厅的老馆，新的侨批文物馆总共有三层，展厅面积也达到了 2000 平方米。这对于侨批文化的推广及普及，将起到极大的推动作用。

2007 年 1 月，在广东省十届人大五次会议上，陈汉初、谢铿、魏森新提交了《关于"潮汕侨批"申报世界记忆遗产的建议》②，此后潮汕侨批与五邑银信、梅州侨批被捆绑整合为"广东侨批档案"。2008 年，福建省政协委员林少川先生在省政协会议上提交 20082135 号提案《关于"闽南侨批"申报"世界记忆遗产"的建议》③，2010 年 2 月 22 日，经国家档案局公布，《侨批档案》（包括广东、福建侨批）入选第三批《中国档案文献遗产名录》。2012 年 5 月，又入选《世界记忆亚太地区名录》，2013 年 6 月 19 日，在韩国光州召开的联合国教科文组织世界记忆国际咨

---

① 金文坚：《侨批资源数字化工作的意义和实践》，载汕头大学图书馆主编：《潮汕文献保护与研究学术研讨会论文集》，香港：天马出版有限公司 2012 年版，第 23—29 页。

② 陈汉初：《从"尺素雅牍"到世界遗产——侨批华丽转身知事录》，载潮汕历史文化研究中心编：《侨批文化》第十九期，2013 年，第 15 页。

③ 林少川、吴镇国：《地方学研究新探索——以泉州学研究为例》，载泉州学研究所编著：《回望泉州学》，九州出版社 2013 年版，第 9 页。

询委员会第 11 次评审会议上,"中国侨批"成功入选《世界记忆名录》,这既是国际社会对侨批价值的肯定,同时也对侨批的收藏、保护、研究提出更高的要求。

"侨批上所记录的寄批人姓名地址、收批人姓名地址、汇款种类、款项数额及所附信件,是研究华侨史、移民史、金融史、邮政史、交通史、对外经济贸易史及中国近代史的重要资料。"[1] 目前泉州也已出版《泉州侨批业史料》《闽南侨批史纪述》《闽南侨批史话》《回望闽南侨批》等资料,作为著名侨乡,泉州地区也保存有许多侨批实物,如何将之搜集并影印出版,或做数字化处理,并考虑是否可与汕头大学图书馆侨批数据库联网,这些都是亟待推进的事务。在 2014 年 10 月 31 日至 11 月 1 日,由中国历史文献研究会、汕头市潮汕历史文化研究中心联合主办,中山大学历史人类学研究中心、华侨大学华侨华人资料中心、汕头大学图书馆协办,新加坡国立大学中文系、泰国华侨崇圣大学潮学研究所支持的"世界记忆遗产·侨批档案研讨会"在汕头市龙湖宾馆成功举行,这也是"侨批档案"入选《世界记忆名录》后,学术界首次举办的侨批专题国际学术研讨会。泉潮两地学界在侨批研究方面还需加强交流,互相合作,一起推动侨批研究向更深更广方面发展。

(二) 海上丝绸之路研究再"启动"

2013 年 9 月,习近平主席访问了哈萨克斯坦、乌兹别克斯坦、塔吉克斯坦、吉尔吉斯斯坦中亚四国,在哈萨克斯坦纳扎尔巴耶夫大学发表演讲时提出了"丝绸之路经济带"战略构想;10 月,习主席在印度尼西亚国会演讲时又提出:中国愿同东盟国家加强海上合作,使用好中国政府设立的中国—东盟海上合作基金,发展好海洋合作伙伴关系,共同建设 21 世纪"海上丝绸之路"。党的十八届三中全会,更是明确提出"推进丝绸之路经济带、海上丝绸之路建设,形成全方位开放新格局"。

泉州古称"刺桐",是国家历史文化名城,也是中国对外开放港口城市之一,在海上丝绸之路历史上发挥着重要的作用。早在公元 6 世纪,就已经有泉州与南海国家友好往来的文献记载,而到唐代,更是发展成为我国四大港口之一,"市井十洲人"的诗句就是这一时期泉州港市繁盛的最

---

① 潮汕历史文化研究中心编:《潮汕侨批集成》第二辑,广西师范大学出版社 2011 年版。

佳体现。宋元时期，泉州更是一跃成为与埃及亚历山大齐名的世界大港。中古时期，马可·波罗、伊本·白图泰、马黎诺里、鄂多立克等著名旅行家均在其著作里留下泉州的身影，并以优美的笔触描绘了当时泉州的繁盛与开放。而随着经济往来与文化交往的日益频繁，泉州也日益成为东西方文化的聚集地和交汇点。文化的碰撞与交融，也造就了泉州多元文化并存的城市特色。

历史上，潮州也曾是海上丝绸之路的一个节点，其中南澳一岛，更为中外学界所熟知及关注。南澳地处粤东、闽南交界海域，扼闽广之要冲，峙漳潮之关锁，因其在海上交通上的重要地位，为"外洋番舶必经之途，内洋盗贼必争之地"①，往来商船大多经过此地，这也可从历代保存下来的针路簿中"南澳"条的记载中得到印证。明代这里更是成为倭寇海盗啸聚之所，私商停泊聚集之地，郑成功也曾以此作为抗清据点。官方与民间、官军与盗匪、私商等各种势力均在此一小岛上演各种博弈与妥协的剧目。2007 年 5 月下旬，南澳县云澳镇渔民在南澳岛东南三点金海域的乌屿和半潮礁之间进行生产捕捞，无意间发现一条满载青花瓷器的沉船，并打捞出一批青花瓷器。2009 年"南澳 I 号"明代沉船水下考古抢救性发掘项目启动，并于 2010 年及 2011 年对"南澳 I 号"古沉船进行发掘。据勘探资料显示，沉船保存基本完好，水深在 27 米左右，初步判断现存船体长度约 27 米，最宽的隔舱长度 7.5 米，船载货物以瓷器为大宗。"南澳 I 号"作为潮汕地区第一次进行正式水下考古发掘的明代沉船，为探索中国海外交通贸易中的造船、航海、外销瓷等领域提供了新的线索与可靠的基础性资料，具有重大的学术意义。沉船的发现，引起中外学界的高度重视，而这也将潮汕海上丝绸之路的研究推向新的起点。

丝绸之路，既是经贸往来之路，也是文明对话之路；既有陆路，也有海路。泉州作为中古时期东方第一大港，既应承继历史传统，又需顺应时势之变。海上丝绸之路研究作为泉州学界一直关注及耕耘的方向，依托福建省泉州海外交通史博物馆及《海交史研究》，在学界中有很高的知名度。然而我们也需看到，随着国家对海洋文化的重视，一些相关的博物馆、研究机构及刊物也开始出现。在博物馆方面，2009 年 12 月 24 日广

---

① （清）蓝鼎元撰，郑焕隆校注：《蓝鼎元论潮文集》之《潮州海防图说》，海天出版社 1993 年版，第 53 页。

东海上丝绸之路博物馆开馆，上海中国航海博物馆 2010 年 7 月开馆，中国国家海洋博物馆也将于近年在天津开馆；在研究机构方面，2014 年 5 月 22 日，在广东省委宣传部的支持下，"广东海上丝绸之路研究院"在广东省社会科学院正式成立并举行了揭牌仪式；2014 年 6 月 5 日，"21 世纪海上丝绸之路研究院"在中山大学成立；同一天，经海南省政府批准，中国南海研究院"海上丝绸之路"研究所也正式挂牌成立。在刊物方面，广东省社会科学院的广东海洋史研究中心主办的《海洋史研究》辑刊，上海中国航海博物馆创办的《国家航海》等都是后起之秀，值得学界留意。除此之外，浙江省海洋文化与经济研究中心为浙江省首批哲学社会科学重点研究基地之一，以宁波大学依托，也于 2006 年 4 月成立，其所创办的《浙江海洋文化与经济》研究专辑也颇值留心。

五　结语

当我们做潮州学与泉州学研究的时候，不仅需要对过往资料进行细致的发掘及整理，同时还需要跳出地域性的限制，将视野放宽，与国内及国际的学术主流进行对话。正如我们的研究虽然是立足"地方"，但是最后我们的成果必须是超越"地方"，不然就是自说自话，因此我们也需要有更为宽广的学术关怀。由于泉潮两地有着相通的文化传统，不管是在语言、习俗、宗教信仰等方面都有相近之处，故而我们不仅可以进行区域内部的比较研究，就是在海外潮州学、海外泉州学方面，也有很多可供联系的课题，相信在以后随着两地学界的交流与合作日益增多，潮州与泉州两个历史空间的学术对话也会越来越深入，成果也会越来越扎实，这也是我们所乐见的。

From Chaozhou to Quanzhou：The Dialogue and Reflection of Two Historical Space

Lin Han

Abstract：Though Chaozhou and Quanzhou respectively belong to Guangdong and Fujian province according to the administrative division，they could be closely linked by cultural traditions. There exists great mutual intelligibility be-tween Chaozhou and Quanzhou on language, habits, customs, social ethos, faith and traditions. Hereby we can not only conduct comparative studies inside the region, but also have many related subjects in overseas immigrant societies of Quanzhou and Chaozhou. Moreover, the two places also hare more a lot in comon in the collating of local literature.

Keywords: Chaozhou studies; Quanzhou studies cooperation; communi-cation

闽南学学科体系的理论框架

陈 耕[*]

摘 要：闽南文化正在受到越来越多的关注，以其为研究对象的闽南学也正处于建设之中。本文认为闽南学学科体系的理论框架，至少应当包括以下十一个方面内容，即概念研究、学术史研究、方法研究、历史研究、本体研究、文化类型学研究、系统与结构研究、多视角研究、比较研究、应用研究、未来学研究。

关键词：闽南学；学科体系；理论框架

自 20 世纪 80 年代开始，闽南文化及其研究受到越来越多的关注。进入新世纪以后，随着人们对经济全球化背景下国家文化安全和文化多样性发展的思考，随着经济发展和人民对文化需求的不断增长，特别是随着 2007 年我国第一个文化生态保护区——闽南文化生态保护实验区的设立，闽南文化研究的学术活动更加活跃，成果更加丰富，思路更趋一致，各级政府也更加重视。在这样的时候，提出建构闽南学学科体系，应当是适时的、必要的和重要的。

事实上，不管我们提不提，闽南文化的研究和发展实践已经提出，我们已经落后。文化即人，对闽南文化的研究已经和正在从对具体的文化事象的研究，深入到对闽南人的研究，进而延伸到对闽南人的社会和闽南民系的研究。一门研究闽南民系历史、现状和未来并揭示其发生、发展规律的新的人文学科——闽南学正在产生。

---

* 陈耕，福建省民间戏曲学会会长，厦门市闽南文化研究会会长，国家一级编剧。

作为一门独立的学科，闽南学具有自己独特的研究对象和范畴。它的内涵就是全面而系统地研究闽南民系的源流，及其所创造的闽南文化，包括社会经济、语言习俗、文化艺术、心理情感、民系意识等发生、发展及其演进过程，揭示这一民系及其文化的发展规律和未来趋向；其外延则是从考古学、历史学、社会学、民俗学、语言学、人类学、艺术学等众多学科的视角出发，全面地、多方位地研究闽南民系、闽南文化与汉民族共同体及中华民族大家庭、大文化，乃至世界其他文化的关系，分析闽南民系的个性特征形成的文化心理机制及其在文化人类学上的意义，并进而科学地分析闽南民系、闽南文化对汉民族、中华民族，对汉文化、中华文化、世界文化的重大贡献。

闽南学的上述研究对象和范畴是其他有的任何一门学科所无法包容的。因此，它完全应该是一门独立的学科。

任何一门学科的发展，都是该学科沿着共同的逻辑程序，在两个方面的深化和展开：一方面是该学科研究对象的深入和扩展；另一方面是该学科自身理论的建设和发展。前者是后者的基础，后者又反过来指导前者。学科的理论建设离不开具体研究对象的扩大和拓展，但是离开学科的理论建设，具体问题的研究也就难以深入揭示事物的实质及其内在的发展规律。两者相辅相成，不可偏废。

因此，要使闽南学真正发展成为一门独立的学科，必须要建立一套完整的符合国际学术惯例的学科理论体系。它不仅有待于对闽南民系全面、深入、细致的研究，也有待于考古学、历史学、民俗学、语言学、文化人类学等诸多学科对闽南学的积极参与和支持。这是需要假以时日的。但这绝不是说，今天的闽南学就可以不需要一套理论体系，用于规范本学科的研究。恰恰相反，为了推动这一新学科的发展，需要尽快地根据已有的闽南问题研究成果，根据文化人类学、文化生态学等的有关理论，建立闽南学的学科理论体系。

在闽南学研究刚刚起步的今天，闽南学学科体系的理论框架，至少应当包括以下十一个方面内容。即：概念研究、学术史研究、方法研究、历史研究、本体研究、文化类型学研究、系统与结构研究、多视角研究、比较研究、应用研究、未来学研究。

一　概念研究：厘清并统一闽南学所涉及的
一些基本概念，使这些概念具有稳定的
内涵和明确的指代

任何一门学科都有其特定的概念和术语，这些概念和术语有的是被系统地阐释过，有的则是长期以来相沿成习，约定俗成的，它们都具有稳定的内涵和明确的指代。从某种意义上说，一门学问能否发展成为一门独立的学科，它所涉及的一些基本概念是否稳定明确，是一个至关重要的因素。在对闽南民系、闽南文化的研究中也涉及一些基本概念，如闽南人、闽南民系、闽南文化、泛闽南文化、闽南文化区域，这五个概念是构成闽南学研究对象最重要的基本概念。但在以往的研究中对这些基本的概念尚缺乏系统的论述，使其缺乏稳定性的明确指代。尤其是闽南民系及其文化的发展播迁，由泉州、漳州而厦门，由闽南而台湾、南洋，更广泛地讲，还有龙岩、潮汕、浙南、海南、雷州半岛等。这就造成一些基本概念的含混不清。如闽南文化也被称为福佬文化、河洛文化、闽南方言文化、闽台文化等。从某种意义来说，相当一段时期闽南问题的研究之所以一直停留在较低的学术水平上，与这些基本概念的模糊性和随意性是有内在关联的。所以厘清和统一相关的基本概念，即所谓"正名"，是当务之急。对闽南学的构建来说，概念研究具有以下几方面的作用。

（一）明确研究的对象

闽南学是研究闽南民系及其文化的一门社会科学，研究的对象是闽南民系及其文化。在进行学术讨论与理论架构之前，就必须对"闽南民系"和"闽南文化"这两个基本概念加以界定。同时对福佬文化、河洛文化、闽南方言文化、闽台文化这些类似概念进行必要的辨析。

迄今关于闽南文化大致有五种定义。其一，将闽南文化定义为福建漳州、泉州和厦门闽南地理区域的文化；其二，定义为闽南方言区域的文化，因而也称之为闽南方言文化；其三，定义为古代中原河洛地区传承下来的文化，称为河洛文化；其四，定义为闽南人的文化，有的称为福佬文化；其五，定义为闽南和台湾的文化，称为闽台文化。

首先是闽台文化。这个概念一直到今天，在民间和官方的使用频率都

很高。但是这个概念固然考虑到行政区划和地理因素对于文化区域形成的影响，但是明显存在着含混的缺陷。因为福建除了闽南文化至少还有福州文化、客家文化、闽北文化、畲族文化；台湾虽然闽南人占了近八成，但至少还有客家文化、原住民文化。大陆其他省籍的人也有相当比例。何况，闽南文化除了闽台，还传播到东南亚华侨、华裔聚居地。

定义为闽南方言文化，则如刘登翰先生所批评："方言虽是地方文化的突出特色，但不等于就是文化的全部。用方言文化来概括文化结构中有形的物质文化和介于物质和精神之间的制度文化，就很难在概念上十分周全。"① 确实有不完整不准确的毛病。

将闽南文化定义为闽南漳、泉、厦地理区域的文化，应当说是有一定道理的。闽南文化本就是在这一地理区域中产生。但是，随着闽南人的移民，闽南文化已播迁台湾等地，其文化区域已超越了地理地域的局限。这样的定义就产生了涵盖不周的缺点。

虽然闽南文化的发展历史还有许多需要商榷的地方，不过，多数研究者比较一致的看法，认为闽南文化是晋、唐中原河洛文化播传闽南并与当时的闽南原住民文化相撞击、相融合而开始孕育；经唐、五代逐渐形成，至宋成熟，形成了闽南文化的基本架构。明末清初因战乱大批人移民潮汕、浙南和台湾；清中叶更形成"唐山过台湾"的高潮；清末民初，还有一次移民南洋的高潮。总之，从明成化后的四五百年间，随着大批的移民，闽南文化已播迁闽南漳、泉、厦之外的诸多地域，而且在那里扎根，有了新的发展，丰富和扩展了闽南文化的内涵。因此，闽南文化显然已经不仅仅是漳、泉、厦这一地域的文化了。

同时，古代中原播传而来的河洛文化，经晋唐以来一千多年的变迁发展，又融汇了原住民的文化，吸收了阿拉伯文化和南洋文化，闽南文化已经形成了独特的性格特征，再称其为河洛文化，显然也是不准确的。

闽南文化应定义为所有闽南人所创造和拥有的文化，亦即闽南民系文化。

至于福佬文化，只要你在客家地区生活过，你就知道"福佬"乃客家之语，是客家人对闽南人、福州人、莆仙人甚至潮汕人的统称。从福建的情况看，没到过客家地区的闽南人，大部分搞不清"福佬"是什么

---

① 陈耕：《台湾文化概述》，海峡文艺出版社 1993 年版，第 3 页。

意思。

总之，闽南文化不是一个地域文化的概念，而应是一个民系文化的概念。就好像客家文化一样，它非指某一地区的文化，而是客家人的文化。文化即人，闽南文化即闽南人、闽南民系在其所有活动区域创造的文化。

闽南人也是一个必须讨论的概念。住在闽南就是闽南人吗？血缘基因决定是否闽南人吗？深入去想，就会发现问题很多。因为这其实牵涉到一个认定标准的问题，更牵涉到闽南人、闽南民系究竟在什么时候形成的问题。

中国汉族的认同，早在魏晋南北朝时就不是以血缘而是以文化为认同标准。闽南人的认定，应当有三个条件：一、语言；二、生活习俗；三、心理认同。最重要的是第三点。是否三点必备或三缺一、三缺二，都是可以也应该讨论的。但没有第三点，恐怕就不行。

不明确这一概念，关于闽南民系、闽南文化的讨论，就可能产生许多问题。

（二）框定研究的范围

泛闽南文化，是潮汕历史文化研究中心在 2004 年 12 月 "首届闽南文化与潮汕文化比较研讨会" 上提出来的概念。他们在研究潮汕文化时，发现潮汕人、潮汕文化与闽南人、闽南文化有着深厚密切的渊源，并从闽南方言的中心区域（如泉、漳、厦、台）和流播区域（如潮汕、海南、海陆丰等）的诸多文化现象，提出上述流播区域的文化为泛闽南文化。①

这里也就提出了闽南文化区域，即闽南文化边界的问题。这也是一个有争议和必须明确的概念。

闽南民系由于在明清以后不断向外播迁，已经不仅仅局限于福建的泉州、漳州和厦门三地。为了生存，为了发展，闽南人不畏艰险，几百年来闽南人不断向外迁徙：向东跨过黑水沟，到达台湾，还有许多人漂洋过海，辗转南洋群岛；向西南往广东的汕头、潮州、揭阳、汕尾以及海南等地；向北到达浙江南部，向西到达江西等省区，至今这些地方还分布有讲

---

① 李衍平：《关于泛闽南文化的若干思考》，《闽南文化与潮汕文化比较研讨会论文集》，第 1 页。

闽南方言的分散县、镇、村。因此，如果我们明确闽南民系的概念，那么就不会仅仅局限于福建闽南地区，尽管这是闽南文化的祖地重要区域，我们的视野将随着闽南人的足迹所向，探询更广阔的民系发展空间，特别是福建闽南、台湾和东南亚这三个闽南人主要的聚居地。但是闽南文化的研究是否要延伸至潮汕，乃至更广阔的区域，换言之，研究的边界是否需要约定俗成？这都是应予讨论的。

（三）明晰其学科范畴，确立学术讨论的基本前提

民系概念有助于避免过去由于强调种族、血缘、地域而造成的无谓争论，有利于学术讨论的良性互动。毕竟，文化认同的价值核心更具有合理性。我们对闽南民系的研究可以突破目前地域研究的局限，从而更加全面地对闽南文化形态进行分析与评价，更为准确地把握其发生发展规律。从闽南学的学科定义及其内涵和外延来看，闽南学不是闽南史，也不是闽南地区政治、经济、文化等内容的汇编或简单相加，它是一门以民族学、文化人类学等的基础理论为基础，融汇了众多社会人文学科的综合性学科。它的研究涉及领域广阔，是一项庞大而复杂的系统工程。

总之，对闽南人、闽南民系、闽南文化、闽南文化区域、泛闽南文化五个基本概念讨论研究、系统阐述，使它们具有稳定的内涵和明确的指代，是闽南学研究的基本前提。

二　学术史研究：全面而又系统地总结闽南学研究的已有成果，客观、公正地评价各家各派的学说

任何一门学科，都不是一个人或几个人，甚至不是一代人能够完善起来的。它需要几代人的努力。从某种意义上讲，一个学科的发展，既是一个时代的学者对其前辈已有成果的全面继承，又是这一个时代的学者对其前辈已有成就的突破。

现代对闽南文化的研究，始于20世纪20年代厦门大学林语堂、张星烺、陈万里、顾颉刚教授等人；继之有郑德坤、林惠祥、谢云生、庄为玑、陈泗东、陈国强等前辈。中国台湾、新加坡、菲律宾亦有不少学者投

入其中。他们的不懈努力为闽南学的建立打下了深厚基础，催生了闽南学的诞生。他们的研究成果不仅是我们今天开展研究的出发点，也是我们在建构闽南学学科体系过程中不可或缺的参照系。当然，毋庸讳言，时代的局限是任何个人无法超越的。在以往的研究中，也存在诸多不足和问题。这就需要我们站在今天社会人文学科已经达到的高度，客观、公正地评价各家各派的学说，继承其经得起考验的、有创见的成果，扬弃其偏见与疏漏。唯其如此，我们的闽南学研究，才能既站在前人的肩膀上，又能不为前人的陈说、偏见所左右。

（一）古代的闽南文化研究及资料

历代方志和古人志记为我们留下了大量宝贵的历史史料和早期的研究成果。其中既有"以观民风"的官方编撰，如明清两代各地大量的府志、县志等，也有地方官员、文人雅士、乡野耆老的奏章文书、志书、笔记、游记与文集，如宋代洪迈的《夷坚记》、赵汝适的《诸蕃记》，明代何乔远的《闽书》、张燮的《东西洋考》，清代施琅的《靖海纪事》、丁日昌《抚闽奏稿》、陈盛韶《问俗录》、苏廷玉《温陵盛事》，民国李禧的《紫燕金鱼堂笔记》，等等。著述者既有热心乡土的当地人，也有外来的视野，其中以游宦闽南者居多。

其次，闽南的名胜古迹，有诸多碑刻、楹联、民间传说掌故。这些未见诸史书的资料也是闽南文化研究丰富的资源。

再次，台湾省、东南亚，乃至欧、美、日等国家，也有大量闽南文化的资料。如荷兰的莱顿大学，就有大量荷治台湾时期和东印度公司巴达维亚的闽南文化资料。而最早的南音曲本则被收藏在日本和英国的博物馆中。

此外，在国家的档案馆中也有许多关于闽南、台湾、东南亚华侨的档案史料。所有这些都是我们今日进行闽南文化研究重要而宝贵的资源。

（二）现代意义上的闽南文化研究

如果从20个世纪20年代厦门大学国学研究院的研究算起，现代意义上的闽南文化研究迄今已有100年。这100年大致可以分为发端、发现泉州、发现闽南、发现文化四个阶段。

1. 发端

现代闽南文化研究的发端，当始于 20 世纪 20 年代厦门大学国学院对泉州古迹和中外交通史料的调查。事情起因于 19 世纪外国史学界对刺桐港究竟是漳州、杭州、扬州或泉州之争议。最早是西班牙人阿耐斯到了泉州考察，并于 1911 年著文认定刺桐港为泉州。接着德国人艾尔风也来到中国，来到厦门大学，然后于 1926 年 11 月 30 日与厦门大学国学院张星烺、陈万里两教授同赴泉州考察。11 月 5 日张、陈两教授回厦门，向国学院报告了他们在泉州考察伊斯兰圣墓、蕃墓碑、承天寺等情况，张教授后来写作《泉州访古记》。1936 年张星烺发表的《中西交通史料汇编》中有相当部分是关于泉州的。

随着厦门成为五口通商的重要口岸，中外交流日益频繁，不少外国传教士到闽南传教生活，因此一些外国人对闽南的方言、文化也产生了兴趣，并且有一些著述，如 Douglas，Cairstairs 编写的 *Chinese-English Dictionary of the Vernacular or Spoken Language of Amoy*，*with the Principle Variations of the Chang-chew and Chin-chew Dialects* （《厦英大辞典》），Field A. Mostyn. 的著作 *Approaches to Hsia-men* （《通向厦门之路》），等等。

1926 年 12 月 3 日厦门大学国学研究院的顾颉刚、林幽、容肇祖、孙伏园等发起组织"风俗调查会"，并决定"本会调查风俗先从闽南入手"，同时组织一批文章在"厦门大学国学研究院周刊"发表。其中有林惠祥的《闽南下等宗教》、容肇祖的《厦门的偶像崇拜》、黄天爵的《海澄疍户》、高子化的《云霄械斗记》、林幽的《风俗调查计划书》和《儿童游戏的种类及家庭经济》、林惠柏的《闽南乡村生活》、顾颉刚的《天后》《厦门的墓碑》和《泉州的土地神》、林语堂《平闽十八峒所载古籍》，等等。可见闽南文化研究从一开始，其学术水平就定格在相当高的水准上。

1930 年厦门漳州分别成立了中山大学民俗协会厦门分会和漳州分会。厦门分会在谢云生先生筹划下，于《思明日报》开辟专刊，出版了《民俗周刊》50 期。此外还出版了《厦门民俗学丛书》数十种。其中有谢云声《福建故事》八集、吴藻汀《泉州民间传说》两集、伍资远《郑成功传说集》等。漳州分会 1931 年成立，主持为翁国梁兄弟，出《民俗周刊》30 多集，刊行《漳州民间故事集》两册、《漳州歌谣》一本。

在此期间，厦门大学的叶国庆先生继续闽南的研究，1928 年在泉州惠东做民俗调查，并在 1930 年发表《滇黔粤的苗猺僮与闽俗之比较》。

对闽南民系形成与古闽越族的关系提出了自己独到的见解，至今仍有启发意义。林惠祥先生创办了厦门大学人类博物馆，1931 年他在厦门蜂巢山和南普陀东边山坡发现史前石器遗物，撰写《厦门史前遗物研究》。1936 年他率郑德裕、庄为玑发掘泉州唐墓。他的《南洋民族与华南民族的研究》等论著，把考古学与民族学相结合，运用到我国东南与东南亚文化关系的研究中，至今仍被学界奉为圭臬。此外，厦门大学的罗常培、周辨明、黄典诚等先生对闽南方言的研究也取得了重要的成果。

2. 发现泉州

抗战爆发，闽南文化研究几乎停顿，直到 1949 年后才又重新起步。从 50 年代到 70 年代，这一时期主要研究力量除了厦门大学，还有泉州、厦门、漳州及福建省其他地区的社科工作者。主要成果涉及泉州宗教石刻研究、泉州港宋船的发掘和研究、闽南方言的研究、闽南戏曲的研究、闽南古迹的研究、闽南民俗的调查、郑成功研究、闽南考古和历史研究、闽南华侨史研究、闽南族谱研究等。不过，应当说从 50 年代吴文良先生对泉州宗教石刻的研究，到 70 年代庄为玑带领考古队对宋船的发掘，引发全国乃至于全世界关注的，当是泉州历史文化的发现。

3. 发现闽南

20 世纪 80 年代开始中华大地掀起了研究文化的热潮，面对改革开放汹涌而来的西方文化浪潮，中华民族不能不重新审视自己的历史文化，并深刻思考中华文化继续生存发展的未来走向。在此背景下各地关于区域文化的研究，也热烈地展开。从 80 年代开始泉、漳、厦先后成立了漳州历史研究会、漳州师院闽台文化研究所、芗剧（歌仔戏）研究中心、泉州地方戏曲研究所、泉州历史文化研究中心、泉州民间信仰研究会、泉州民俗研究会、厦门市台湾艺术研究所、厦门市闽南文化研究所、厦门市闽南文化研究会等一批机构和团体，编撰出版了许多关于闽南历史、民俗、海上交通贸易等内容的刊物、专著和论文集。泉州的研究主要围绕海上丝绸之路和南戏、南音、南拳，并提出了"泉州学"的概念，着重于泉州灿烂的历史。厦门的研究由于有厦门大学的南洋研究所、历史系、台湾研究所，有厦门市台湾艺术研究所和郑成功纪念馆，更侧重于闽南与台湾、东南亚的研究。成果较为突出的有郑成功研究、歌仔戏研究、台湾历史研究、台湾文化研究、南洋华侨研究、吴真人研究等。漳州的研究引人注目的有陈元光研究、史前遗迹和月港的考古与研究。

厦门大学作为学术重镇，这一时期不仅参与而且主导泉州、厦门、漳州三地的研究。厦门大学的人类学研究所、南洋研究所、台湾研究中心，一直是闽南文化研究的领军。

与此同时，新加坡建立了口述历史博物馆，藏有大量用闽南话讲述的闽南人开发新加坡、马来西亚的口述历史录音带。台湾对福佬音乐、福佬文化的研究论著更是难以胜数。人们的目光已经不仅只关注刺桐港，而且注意到月港、厦门港和闽南人过台湾、下南洋所产生的文化播迁及因此而形成的具有同质性和内聚力的闽南文化区域。

特别应该提到台湾林再复在 1984 年出版的《闽南人》一书。这本书虽然侧重在台湾的闽南人，却是第一个以闽南人——闽南民系为文化研究对象的著作。它使我们研究的眼界，随之从闽南扩展到台湾海峡两岸，到闽南人足迹所到之处，使得闽南文化这个原本是闽南地理区域的文化概念，变为闽南民系的文化概念。我们所说的发现闽南，正是在这一意义上的发现。

顺着这个思路，并在泉州、厦门、漳州、台湾诸多闽南文化研究成果的基础上，继之在 1993 年有厦门陈耕的《台湾文化概述》。全书共 31 万字，其中最长的一章约占全书五分之二的篇幅介绍了闽南文化的定义、区域范围、孕育、形成、鼎盛、衰变、播迁的简要历史和闽南方言、口传文学、物质生活文化、民间信仰、民俗、民间艺术、闽南人的思想性格等闽南文化独特的内涵与表征。

这个介绍虽然很粗疏，并有许多缺失，却是第一次在理论上描述了闽南文化的概貌，并且把闽南文化对台湾文化的形成、发展、变迁所起的重要作用，首次做出概括和描述；尤其是对日据时期闽南文化在台湾的特殊发展及其所产生的影响，提出了独到的看法。

其后，有大量关于两岸文化同根同源的论著文章问世。但其中大多是以福建和台湾两个行政区域的文化联系为脉络，并冠以闽台文化关系之作，与我们从文化区域的立场，其实有相当的差别。有不少虽冠以闽台，但其实讨论的只是闽南文化区域内的问题。

4. 发现文化

20 世纪 90 年代，随着闽南地区人均收入跨过了一千美元的关键线，人们的需求焦点开始从物质生活转向精神生活；随着经济全球化浪潮的汹涌而来，经济全球化背景下的民族文化、区域文化的生存与发展问题益发突显，文化和文化建设逐步成为人们所关注的焦点。

在文化问题上，"西方文化中心论"和由达尔文的"进化论"发展而来的"机械进化论"曾长期占据主流的话语权。

20世纪90年代初随着苏联瓦解和东欧国家的改变颜色，以美、苏两霸对抗的冷战结束了。佛朗西斯·福山（francisfukuyama）的著作《历史的终结和最后一个人》提出：西方式的自由民主的意识形态已经成为压倒一切的意识形态，西方式的自由民主体制可能形成"人类意识形态进步的终点"和"人类统治的最后形态"，这也就是"历史的终结"，因为历史不再会发展出更新的形态。①

佛朗西斯·福山的这一理论，无疑是说人类历史的发展只有在西方的历史中才能说明，而其他地域的历史可以忽略不计，因为西方的意识形态已经成为历史发展的终点。虽然他没有直接主张要采用"文化霸权"的战略，但是他的理论构成了"文化霸权"的意识形态基础，或说论证了"文化霸权"的"历史合理性"。曾经被西方学者自己不断批判的"西方中心论"又不可遏止地跳出来。这样一种理论指导人们在文化上争夺霸权，以巩固自己的国际地位和维护自己的国家利益。

于是，西方文化挟带着经济和军事的强势，席卷第三世界国家，文化歧视和文化压迫开始抬头。文化帝国理论纷纷出笼，"文化一元论"和"文明冲突论"，认为西方文化高于其他民族国家文化，否认文化的平等、竞争与共存，把西方文化与其他文化对立，企图以西方文化，特别是美国文化强加于第三世界国家和民族，并以其经济、军事的优势，迷惑了相当多的人。在许多第三世界的国家和地区，出现了只重经济发展，忽视自身文化，崇拜西方文化的倾向。在很短的时间里，许多我们童年还鲜活的文化，既有物质的，又有非物质的文化正在快速地远离我们，失去生命的活力。而许多西方的生活方式、西方的节日迅速地传播到发展中国家。世界文化是向一元化发展，还是坚持多元化，是世界能否和平发展、可持续发展的前提。

正是在这种背景下，在世界大多数国家推动下2005年联合国教科文组织第33届会议通过了《保护和促进文化表现形式多样性公约》（美国和以色列投了反对票），用公正严肃的语气明确宣布：坚持"所有文化同

---

① 佛朗西斯·福山：《历史的终结与最后一个人》，时报文化出版有限公司1993年版。

等尊严和尊重原则"①。联合国以坚定的立场、鲜明的态度，宣布"世界文化多样性"，"文化多样性对于地方、国家和国际层面的和平与安全是不可或缺的"，"保护、促进和维护文化多样性是当代人及其后代的可持续发展的一项基本要求"等。② 公约确立了"文化平等"的观念："保护与促进文化表现形式多样性的前提是承认所有文化，包括少数民族和原住民的文化在内，具有同等尊严，并应受到同等尊重。"③

中国积极地参与了联合国教科文组织的世界文化遗产保护和文化多样性保护。2006 年，中国创造性地提出了在"十一五"计划期间建设十个文化生态保护区的构想，并于 2007 年 3 月下旬在厦门召开了"全国文化生态保护工作研讨会"，决定在厦门、漳州、泉州三市建设全国第一个文化生态保护区——闽南文化生态保护实验区。这个决策，极大地推动了闽南文化的保护、传承、创新、交流和发展，当然也极大地推动了闽南文化的研究。

进入新世纪以来，漳州、泉州、厦门、台湾包括龙岩、潮汕、浙南的闽南文化研究者，正在逐步聚合为一个思想群体。这从 2001 年厦门的"第一届海峡两岸闽南文化研讨会"，2003 年泉州的"中国闽南文化节"和"第二届闽南文化研讨会"，2005 年漳州举行的"第三届闽南文化研讨会"，2007 年在厦门和金门召开的第四届、2009 年在台湾举行的第五届、2010 年在龙岩召开的第六届，都可以清楚地看到闽南文化研究这一充满文化自觉充满内聚力的学科动态。从首届闽南文化研讨会对闽南文化定义的探讨，到 2003 年"中国闽南文化节"之"闽南文化论坛"上闽南学学科体系构建设想的提出，到其后各届闽南文化学术研讨会对闽南文化发展历史与现状的探讨，以及 2006 年在厦门召开的、有 15 家学术团体参与的闽南文化论坛，越来越多的学者专家日渐达成共识，倡议加强闽南文化的理论建设，构建闽南学学科体系。

2010 年、2011 年、2012 年在金门和台南数次召开"闽南文化国际学术研讨会"，更体现出闽南文化研究的新视野。这种视野有三个重要的取向，一是把闽南文化研究的对象与范畴，从闽南文化的中心区域闽南、台

---

① 《保护和促进文化表现形式多样性公约》（联合国教育、科学及文化组织大会于 2005 年 10 月 3 日至 21 日在巴黎举行第三十三届会议通过）。

② 同上。

③ 同上。

湾向东南亚甚至更广阔的国际空间扩展；二是为全国乃至国际上更多的学者从他者的视角关注和研究闽南文化打开了窗户；三是台湾的学者提出，21世纪世界发展的重心在亚洲，重中之重在东亚，而闽南文化对东亚有着历史久远的影响，闽南文化必将成为深刻影响东亚发展乃至世界发展的重要因素。这就把闽南文化的研究和整个社会经济的发展联系起来，在一个更加宽广的空间和更加深邃的时间来理解闽南文化的研究，推动闽南文化的发展。

在经济全球化的背景下，一种文化如果只是"养在深闺无人识"，它的命运是难以预测的。闽南文化只有走向世界，敢于在世界万紫千红的花海中争奇斗艳，善于在百花之中汲取营养，才可能扎根闽南、花开两岸、香飘四海，傲立于世界百花丛中。而走向世界，就需要有学科的创立，学术的架构，需要我们共同的努力。

把闽南文化研究提升到闽南学学科体系的建构，把对闽南历史文化的研究发展到对闽南文化创造力和未来学的研究，标志着我们对闽南文化有了更深的认识和发现，更高的自觉，我们的思维领域有了更广阔的天地。

文化的建设和创新，源于对文化的认识。有多少认识才有多少创新。这种认识，不是个人的，也不是文化研究群体一小部分人的，而应当而且必须是整个城市、整个地区、整个民系、民族、国家的认识。把我们对文化的认识和发现，变为整个民系、民族的智慧，这正是今后闽南文化研究群体应当努力的一个方向。

三　方法研究：在吸收和借鉴其他学科方法的基础上，逐步建立相应的闽南学研究方法体系

自从闽南民系及其文化引起海内外学术界的高度重视以来，一代又一代的研究者，在搜集闽南史料、发现和解决学术问题等方面，都积累了不少的经验，各个学科从它们各自的视野和学科任务出发对闽南问题的研究也提供了不少行之有效的方法，解决了一些悬而未决的问题。这些经验、方法和视角都是今天我们建设闽南学研究方法体系应该加以重视和借鉴的。但是这并不等于说我们不需要建构闽南学自己的研究方法体系，虽然这个过程必然是长期的艰巨的。

闽南学拥有自己独立的学科任务，其中最主要的两项。一、要研究闽

南民系及其文化发生发展的历史和现状，总结其经验教训，探索其内在规律，从而对闽南民系及其文化的未来发展做出科学预测。二、由于闽南文化分布于闽南、台湾、东南亚闽南华侨、华裔聚居地，各自面对着不同的政治、经济、社会、人文环境，开拓出不同的文化变迁轨迹，简直就是造物主特设的文化变迁实验。世界上恐怕很难再找到第二个同类型、同境遇的文化了。因此如何充分弘扬闽南文化，凝聚台湾同胞、海外侨胞和华人的向心力，为共同传承、弘扬、创新闽南文化，并展开比较研究就成为闽南学学科长期的研究课题。相信这一研究不但对闽南文化、对中华文化，而且对世界文化的繁荣发展都会有深远的意义。

学科的这两项主要任务决定了我们的研究必须要有与之相符，具有独创性的、科学的研究方法体系。当然在闽南学建立初期，吸收借鉴其他不同学科的研究方法、视角是构建自身研究方法体系的必经之路。一种新学科的新方法，不可能在起步之初就凭空创造。但在所有同志同仁的研究实践中，相信会有逐步形成的一天。

我们认为，尽管仍在摸索之中，但是闽南学研究方法体系的建立，还是可以尝试以下几个思路：

第一，在研究中，在不断客体化研究对象的同时，应当将闽南民系及其文化视为一个系统、开放、动态发展的有机生命体进行研究。这一研究应从两个路径展开，一是静态的结构性研究，其中应特别关注决定文化价值取向的文化结构中核心要素的源起、形成和发展。二是动态的过程性研究。当然，他们不是互不相关的两个极端，而是相互关联、相互影响的同一个问题的两个方面。结构研究使我们可细致入微地剖析文化的各个构成要素，及要素间的关联关系。过程研究则使我们可以从时间的视角来审视文化的变迁，及影响这种变化的因素。二者各有所长，相互不可替代，却可相互补充、相互印证。

第二，在闽南民系历史和文化事项研究中，应该重视几方面的综合考察。首先是逻辑与历史结合的研究，其次田野调查与文献材料的综合分析，还有家族谱牒与正史文献、外文资料与中文资料的相互印证。

第三，闽南学的内容丰富、形态复杂，因此有必要在研究中针对不同门类、范畴和任务，具体分析，有重点、有选择地采用相应的不同方法路径。

第四，要认真研究和学习其他学科的研究方法，尤其是生物生命学科的研究方法。因为文化即人，文化是具有生命规律的生命体。

四　历史研究:准确而又具体地描述闽南民系的形成过程,使闽南学的研究对象具有内在的稳定性

闽南学的研究对象是闽南民系及其创造的闽南文化，了解任何一种文化，都要面临三个基本问题：哪里来（历史）、有什么（内涵）、是什么（核心精神）。因此关于闽南民系与文化的历史研究，是构建闽南学学科体系的基础研究之一。

关于闽南民系的历史变迁，有许多问题值得深入探讨：比如史前闽南地区的人类活动；中原移民对闽南民系形成的作用；古百越文化的遗存；闽南人引以为豪的海洋文化的起源；宋代闽南文化的鼎盛是如何形成的；元代外族入侵对闽南文化的影响；明清闽南人向外播迁的原因、路径和影响；战争和政治对闽南民系及其文化发展的影响；刺桐港、月港和厦门港几个闽南重要港口海洋贸易的兴盛与流变；如何看待闽南历史上的社会问题，如明清的械斗；闽南民系如何实现现代转型，等等。

作为汉民族共同体中的一个重要民系，闽南民系历史流变的研究，将有助于进一步丰富人们对汉民族共同体、对中华民族发展过程的认识。

五　本体研究:全面而具体地开展对闽南文化所涵括的各种文化事象的研究,是闽南文化最基础的研究

闽南文化有什么？这是闽南文化研究三个基本问题之一。事实上对闽南学的研究最早和最普遍的就是对闽南文化具体事象的调查描述和归类分析，其内容至少包含了以下二十个方面的内涵：方言、口传文学、生产技术、民间工艺、行旅交通、建筑、服饰、饮食、民俗、商易、医药、民间信仰、民间艺术、武术、游艺、大众传媒、民间教育、先贤及其学术思想和闽南人的思想性格特征。

这其中有的随时代的变迁已经消亡，成为文物，成为记忆，但它们依然是闽南文化不可或缺的组成。它们所蕴含的智慧，我们今天可能因环境情感的变化而无法体会，但也许未来的某一天，比我们更聪明的后代会从

中领悟智慧的火花，点燃新的创意。比如闽南商易文化中的郊商郊行，而今是再也看不到了。但在清治台湾的二百多年间，正是郊商郊行构建了闽台海峡经济圈，推动了两岸的发展与繁荣。其中的艰辛和智慧，经验与挫折，难道就没有值得我们今天去汲取、去思索并将有益于近日两岸的交往与共荣的智慧吗？

同时，有许多闽南文化在当下依然充满了活力，充满生机、蓬蓬勃勃地发展。如闽南方言的广播、电视节目网络等大众传媒，谁能算准他们明日的发展天地呢？而明日，说不定还会有新的闽南文化，像当年的嘉庚建筑、像当年的闽南语流行歌曲迅雷般跃入闽南人的生活之中，闪亮于中华文化之林。

对于闽南的本体研究，必然要触及另一个基本问题：闽南文化是什么？

这一问题实际上就是上述内涵研究中"闽南人的思想性格核心"，亦即闽南文化的核心精神。

闽南文化的核心精神，是引领闽南人做人要做什么样的人，及追求一个什么样的社会生活，是一种价值取向、理想追求。千百年来它始终引领着我们去探寻其中永生的普世理念。

任何文化的核心精神都在信仰里面，西方文化的核心精神要到基督教的教义里面去找，伊斯兰文化的核心精神要到古兰经里面去找。闽南文化的核心就应该到闽南民间信仰里面去寻找。闽南民间信仰有迷信，但也有好东西。任何事物都是一分为二的。世界上哪有绝对纯洁、绝对正确无误、无暇的东西呢？闽南民间信仰有封建迷信，同时它是最宝贵的文化遗产，寄寓着闽南人的精神寄托和精神追求；也以闽南的方式展现中华文化的核心精神。

闽南最重要的核心精神有两条：一是感恩敬畏，一是悲悯宽容。感恩敬畏天地自然的理念对于我们现在遇到的生态问题的解决有很大的帮助。现在全世界都在探讨怎样建立环境友好型经济，只有与天、地、大自然友好才能可持续发展。悲悯和宽容的精神贯穿着文化平等的观念，不论鬼神，闽南人都平等对待，人生而平等，文化生而平等，这对我们中国人对世界和平都是极其重要的。

六　文化类型学研究:对闽南文化进行文化
类型学的研究,分析其与社会系统及
生存境况的内在关系

　　但是，如果我们的研究还仅仅停留在文化事象的描述和闽南文化的播迁演变，而忽视了对闽南文化自身的文化人类学意义上的研究，那还是不够的。世界上每一种独特类型的文化都有其自身的功能，都是该共同体内的人们为适应自身的生活生存环境而创造出来的。因此，从建构闽南学的意义上来说，对闽南文化的研究，就不应该停留在对闽南民系某些文化事象的直观描述，甚至也不应仅仅停留在对闽南文化与汉民族传统文化和中华文化源流背景的考证上，而应该把闽南文化的方方面面作为一个整体、一个有机生命体、一个文化类型，分析其各种文化事象之间的内在联系，以及这种联系的逻辑依据和历史凭借，进而分析这种类型的文化是如何因应闽南民系独特的社会传统和生存环境而产生、而发展，分析这种文化的独特价值以及在当代社会潮流面前所应采取的应对措施。这些应当是我们研究闽南学的基本学术路径和现实落脚点。对闽南文化进行文化类型学的研究，分析该典型形态的文化与其社会系统及生存境况的内在关系，应当成为闽南学学科建设的重要内容。

七　结构研究:运用系统学和结构理论对
闽南文化进行系统研究和结构研究

　　闽南文化是中华文化这个大系统的一个子系统，和他同处于这一系统的还有许多子系统，这是闽南文化的外结构。在闽南文化系统之中，物质文化、制度文化、精神文化、核心要素，一层层排列，这是闽南文化的内结构。无论是内结构，还是外结构，其间的关系和规律，值得我们深入研究。

八　多视角研究：从学科的不同角度对闽南文化进行全方位、多视角的深入研究

闽南文化内涵极为丰富，闽南学是一门综合性的学科。

闽南人作为汉民族一个独特的民系，闽南文化作为一个具有典型形态的民系文化，其所涉及的一系列问题，是任何单一学科都无法解决的。但是，闽南学又绝不是各个相关学科的简单组合，而是运用各相关学科中适合于研究闽南民系及其文化的理论和方法，采取综合的和跨学科的方式来研究闽南民系和闽南文化。

九　比较研究：从文化区域学的角度研究界定闽南文化区域，并对不同地域的闽南文化展开比较研究

闽南人过台湾、下南洋、徙潮汕、迁浙南的迁移史，使闽南文化区域在地理上并不完全相互毗连，并且在漫长的历史发展中，不同地理区域中的闽南文化也产生了差异性。而近年来，关于文化区域的理论研究和实证研究，在我国越来越受到重视，并产生了不少重要的研究成果。文化区域理论中关于自然环境与文化区域、行政区域与文化区域、经济类型与文化区域、移民与文化区域等研究，以及关于文化区的分类、文化中心与边界分合、文化区域的等级体系及其配置特征、文化的层面与空间系统等理论，对于我们的闽南学研究，显然是非常重要和迫切的。我们应当充分应用文化区域学这些宝贵的研究成果，来提升闽南学研究的水平，并据此对闽南文化区域做出科学的界定，对文化区域内不同地域的文化差异做出科学的分析。当前，尤其应当关注：

1. 闽南文化的空间分布与文化格局：闽南文化区域和泛闽南文化区域的形成、变迁、界定和文化内涵的比较研究；

2. 闽南文化在闽南、台湾、东南亚三个子区域的不同发展及其相互影响；

3. 闽南文化在厦门、漳州、泉州三地的多元发展；

4. 裂变与聚合：闽南文化特殊的发展路径。

十 应用研究:在深入调研的基础上,对闽南
文化进行多方面应用研究

闽南文化发展包含相互联系的七个环节:保护、研究、传承、建设、创新、交流、宣传普及。这七个基本环节环环相扣,缺一不可。它们的循环往复,共同组成了闽南文化发展的轨迹,其中任何一环的缺失,都会导致文化发展的停滞甚至消逝。

我们的理论研究不能关在象牙塔,必须关注、回答现实社会生活给我们提出的问题。当前主要有:闽南文化与闽南文化生态保护区建设;传承创新,推动闽南文化引领厦漳泉同城化;闽南文化和当代道德建设;闽南文化构建海峡两岸交流与合作平台;闽南文化与和谐社会建设;闽南文化与创意文化产业;闽南文化与闽南经济文化化,等等。只有把闽南文化研究紧紧地联系着社会发展的脉搏,我们才能获得各方面更多的支持和帮助,才能使文化和社会经济发展相辅相成。

特别是面对海峡的波涛和人为的阻隔,闽南文化如何发挥维系两岸闽南人重要精神纽带的作用,为民族和解与祖国和平统一做出应有的贡献,是摆在我们所有闽南人面前共同的课题。在某种意义上可以说,只要两岸的闽南人握手言和,祖国的和平统一,就基本可以实现。这是历史给予闽南人的机遇,也是闽南文化不可推辞的历史使命。

十一 未来学研究:开展闽南学的未来学研究,
探索其在新的历史环境中的发展路径

在经济全球化的背景下,中华文化、闽南文化还能不能和怎样才能继续创新发展,这既是一个现实问题,又是一个理论问题。

文化是通过两种不同的方式来发展的:一是"趋同",一是"变异"。"趋同"是一种纵向发展,也就是趋于共同的方向。"变异"是一种横向的开拓,一般有三方面的导向,即融汇外来文化、边缘文化的中心化和与原来互不相干的其他学科杂交。

只有两种方式均衡运用,互相作用,文化才能巩固发展。闽南文化的发展同样离不开"趋同"与"变异"。闽南文化的未来系于我们如何大胆

而又谨慎地运用"趋同"与"变异",开创出新的局面。这一方面留给我们研究和实践的空间是无限的。

在新的世纪,文化建设已成为中华民族伟大复兴至关重要的课题。比较客家学和潮汕历史文化的研究,我们闽南是落后了。所有闽南人应当共同携手为闽南文化、中华文化灿烂的未来努力奋斗。

(本文发表于 2006 年《闽南文化研究》,本次做多处修改)

The Theoretical Framework of Minnan Studies Discipline System

Chen Geng

Abstract: There is growing concern about Minnan culture. Minnan Studies, which dedicated to study the history, the present and the future of Minnan, has come into being. In this paper it is suggested that, the discipline system of Minnan Studies at least should include concept research, academic history research, methods research, historical research, ontology research, culture typology research, comparative research and application research.

Keywords: Minnan Studies; discipline system; theoretical framework

比较研究

韩国地方学研究趋势的变化和发展

李奎泰*

摘　要：本文主要介绍韩国地方学近年的研究趋势和研究活动。通过地方学的研究组织体系和主要研究活动的特色，分析韩国地方学的趋势变化和发展问题。从其研究成果和资料库的建立等来看，韩国的一些地方学已经达到了较稳定性的发展阶段。其中 20 世纪 90 年代以前是地方学的萌芽初期阶段，20 世纪 90 年代是地方学研究方向的探索发展阶段，2000 年以后是组织的体系化稳定化阶段。

关键词：韩国地方学；首尔学；仁川学；釜山学；湖南学；蔚山学；济州学；大邱庆北学

一　绪论

本文主要介绍韩国地方学近年的研究趋势及其研究活动。本文介绍韩国研究地方学的代表性单位，如首尔学研究所、仁川学研究院、釜山学研究中心、济州学研究中心、湖南学研究院等。这些地方学的研究组织体系分为大学的研究机构和地方政府直属研究单位，大学研究机构的研究活动较为偏重于学术性的，地方政府的研究活动政策性较多一些。但是因为大学研究单位在研究力量方面较有优势，地方政府的研究单位则研究经费较为稳定，于是大学和地方政府的研究单位之间合作关系，是目前韩国的地方学研究组织体系的趋势。研究主题和范畴主要是以地方的历史、文化和社会方面的主题为重点，按照各个地方的地方特色探索地方认同性有关的

---

* 李奎泰，韩国加图立关东大学中国学系东亚经济文化研究中心主任。

主题也较多。从其研究成果和资料库的建立等来看，韩国的一些地方学已经达到了较为稳定阶段。若说发展阶段，20 世纪 90 年代以前是地方学的萌芽初期阶段，20 世纪 90 年代是地方学研究方向的探索发展阶段，2000年以后可以被称为组织的体系化、稳定化阶段。

二　韩国地方学研究组织体制

韩国地方学研究的全面活跃与 20 世纪 90 年代韩国地方自治制度（地方自治制度是国民直接通过普通选举选出地方行政首长和地方议会组成的制度）的全面开始同步。无论地方学研究是否以大学或地方的一些学会为中心开始，以后的发展必与该"地方自治团体"（韩国的地方行政单位即地方政府的法律名称为"地方自治团体"）有着非常密切的关系。[①]

地方政府与地方学研究机构的关系在支援研究经费和组成组织两个方面有着重要的意义。研究支援是地方政府用预算编制或委托研究项目的方式给予地方学研究部门研究经费。组成组织是地方政府也组成自己的地方学研究机构。韩国第一级地方行政区（包括首尔特别市共有 16 个）的地方政府，根据《地方自治团体研究院的设立及运营法律》及其《施行令》成立了各地方政府直属的"研究院"。这是一种综合型的地方政府的研究机构，其目的主要是提出各地方的发展政策，有些"研究院"以其直属单位的形式设立了地方学中心，如"釜山开发研究院"成立了研究釜山学的"釜山学研究中心"，大邱庆北研究院开设研究"大邱庆北学"和"岭南学"的"大邱庆北学研究中心"，"蔚山发展研究院"开设研究蔚山学的"蔚山学研究中心"等。

经过 20 年的发展，目前韩国地方学研究组织机制大体上分为两种，即属于大学的研究机关和地方政府所属的研究团体。这里所说的地方学研究机关，仅限于使用地方名称的"XX 学"的组织。目前活跃的地方学研究机关见表 1。

---

① 参见李奎泰《韩国地方学发展——地方政府和民间的合作》，中国北京联合大学北京学研究基地与中国地方学研究联席会联合举办的"地方学与地方文化——理论建设与人才培养学术研讨会"（2011 年 10 月 21 日—22 日）的会议论文集。

表1　　　　韩国一级地方行政区的地方学的研究单位和类型

地方学	研究单位名称	所属机关	开设年度	机构类型
首尔学	首尔学研究所	首尔市立大学	1993	大学研究机构
仁川学	仁川学研究院	仁川市立大学	2002	大学研究机构
江源学	江源学研究中心	江源发展研究院	2003	地方政府研究机构
京畿学	京畿学研究室	京畿文化财团	2005	地方政府研究机构
忠北学	忠北学研究所	忠北发展研究院	1999	地方政府研究机构
釜山学	釜山学中心	新逻大学	2001	大学研究机构
釜山学	釜山学研究中心	釜山发展研究院	2003	地方政府研究机构
大邱庆北学	大邱庆北学中心	大邱庆北研究院	2005	地方政府研究机构
蔚山学	蔚山学研究中心	蔚山发展研究院	2005	地方政府研究机构
湖南学	湖南学研究院	全南大学	1963	大学研究机构
济州学	济州学研究中心	济州发展研究院	2011	地方政府研究机构

各研究机关地方学重点组织因根据财政支持或组织体系分布在大学和地方政府，为了提高研究的效率性，如何统一财政经营和组织经营依旧是大课题。所谓地方学一般是指以特定地方空间为中心，研究在此空间的过去、现在和未来范畴内所有对象的学术活动，研究各地方的各种问题的每个组织或学术团体都可以说是地方学研究的单位。但是韩国各地区地方学研究机关使用各自的特色和名称的现象依然存在，将其统一成一个"XX学"的努力还在进行当中，研究组织体系也难以形成统一，但组织间的合作研究体系还可以。

例如，在首尔研究"首尔学"的不只是首尔市立大学的首尔学研究所，还有首尔市政府直属的首尔研究院、首尔历史博物馆、首尔市史编纂委员会等单位。这些单位都研究首尔的各种问题。首尔学研究所是于1993年6月作为首尔市直属机关的首尔市立大学附设研究所的形式成立的。首尔市政开发研究院是于1992年首尔市政府成立的研究首尔市政问题的研究单位，于2012年改称首尔研究院。首尔历史博物馆及其附属机关韩城百济博物馆、清溪文化馆、汉阳都城研究所一起，一方面具有展示首尔历史和文化的功能，另一方面具有研究历史文化的功能。早在1949年成立的首尔市史编纂委员会，是首尔市政府的直属机构，主要以通史研究的方式研究首尔历史和文化，曾做过"首尔六百年史"的整理研究工作。它们都研究首尔的历史和文化，因此广义上讲都属于"首尔学"，但是对"首尔学"的研究范畴和视野相互不同。除首尔研究所外，其他机构都是由首尔市政府直接组织管理和任命研究人员的直属单位，研究组织规模较大，预算也较稳定，但是其组织的编制和功能不得不随着首尔市政府行政首长的政策基调随时有所变动。相比之下，首尔学研究所设置于首尔市立大学，规模虽然较小，但是确保了研究机关的自律性，不因形式变动有所变动，可以确保"首尔学"的学术认同性上较有利的条件。①

大学研究所，除了大学自己编制的预算之外，还有由该地区地方政府委托方式所进行的各种研究事业而确保的预算以及国家研究项目经费等。比如首尔市立大学首尔研究所除了首尔市政府的财政（含在首尔市立大学预算编制之内）支援之外，这几年获得了韩国教育部直属的韩国研究财团的"重点研究所"研究项目（2010—2019），确保了进行研究的经费。又如湖南学研究院是以 1963 年成立的全南大学湖南文化研究所和2005 年成立的湖南学研究团合并成立的"湖南学"核心研究机关，最近被选定为韩国教育部"人文韩国（KH）支援研究项目事业"，可以有多年财政经费支持进行研究。这些大学研究所除了自身进行研究活动之外，还承担培养地方学专家的非常重要的角色。大学的"地方学"研究机构借用研究力量方面的优势，与所属地方的地方政府或其他社会研究团体结成并保持有机的研究联网，在地方学学科发展上发挥着非常重要的功能。

地方政府设立的地方学研究单位，如釜山学研究中心、大邱庆北学研究中心、济州学研究中心等，都设在该地区地方政府直属的研究机关如"发展研究院"中。这些地方政府直属单位的地方学研究中心，都通过地方政府稳定的财政支持，组织研究和研究联网的各项事业。虽然研究单位的形式和隶属关系有些不同，使用的名称也不一定是"XX 学"，但研究的内容大体上为地方学的研究范畴。比如，2011 年设立于济州发展研究院的济州学研究中心，可算是近期开设的地方学研究中心。它是在分析和汲取韩国国内各种地方学研究现状和研究体系经验的基础上，以制定

---

① 宋仁浩（Song, In-Ho）：《首尔学研究的范畴和视角》，《第二次韩国区域学论坛论文集》。

"济州特别自治道"（"道"为韩国第一级地方行政单位，如中国的"省"）的组织条例的方式建制的。在济州发展研究院的提议之下，济州道地方议会专门制定了《济州特别自治道济州学研究中心设立及支援条例》，以明确其设立目的、事业范围以及预算编制等。这样，在济州道地方政府支持下，济州发展研究院以直属单位的形式开始研究济州学，建立济州学研究资料库，构筑与济州道内的其他研究学术团体机构以及国内外地方学机构合作研究事业的网络机制等。[①]

三　韩国地方学研究活动的特色

韩国地方学以各地区为空间，研究地区历史文化和社会为重要内容。过去 20 多年间，不仅组织体系渐进完善，加强了研究网络，其研究活动和研究成果的数据化和传播机制也有发展。韩国的地方学已经从 20 世纪 90 年代的初期阶段进入发展阶段。目前韩国地方学各方面的研究活动和特色如下：

第一，继续探索地方学的学术基础，如研究目的、研究范畴和研究方法等问题。

地方学基础研究是确立地方学学术认同性的必要工作。韩国所有"地方学"研究单位一成立就非常重视这个问题，持续不断地讨论地方学学术性的特点、研究范畴以及研究方法问题，并以此为基础设定该研究机构的研究方向和研究范畴等。2012 年由首尔学研究所、仁川学研究院、釜山学研究中心、大邱庆北学研究中心、湖南学研究院、济州学研究中心等多家单位联合召开"地域学论坛"（目前在韩国研究地方的学术活动称呼为"地域学"，不称"地方学"）的第一次讨论会，以"全国地区学研究所的过去、现在和未来"为主题，也主要讨论各单位的研究现况、研究范畴及方法论等问题。这种学术基础的讨论，一定涉及地方学的研究目的。其中，各城市或地方的"认同性"的发现和发展问题深受重视。即

---

① 《济州学研究中心运营基本计划（2012—2016）》（2011.9）及《济州特别自治道济州学研究中心设立及支援条例》（2013.03.20. 条例第 1020 号）见于济州发展研究院济州学研究中心网站（http：//www.jst.re.kr/）。

认定对地方或城市认同性的探究，是地方学的"根"，又是"研究的出发点"。① 比如在"釜山学"的讨论当中，"釜山城市的认同性"被定为釜山城市拥有的固有的价值以及与其他城市的差别中被发现的本质性特性。釜山的认同性就是釜山市民做出的文化和储存的历史空间等，包括地方发现的城市形象的总体认识等。② 如"仁川学"也主张仁川学认同性的研究对象，应转换成市民意识里出现的认同性为基础形成的对城市空间的认知。即，仁川认同性就是对仁川市民生活的城市景观和环境、交通、行政、文化特性的研究，这也是仁川学研究的中心对象。同时认为，细致地观察研究城市特性在市民意识里形成怎样的关系将是研究认同性的另一个领域。③

第二，重视研究该地区历史文化的主题。

地方学研究的主要目的在于如何认识地方特色以及该地方的认同性问题，因此历史文化是地方学的基础研究，也是最重要的研究主题。韩国每个地方学的研究单位，是从"文化研究"或"历史文化研究"筹备并发展来的，这也是与以政策研究为中心的地方研究机构不同的地方。比如，首尔学研究所 1994 年至 2012 年出版的论文集《首尔学研究》上发表的论文总计 309 篇，其中与首尔近代之前历史有关的论文计有 230 篇，占全部的 75% 以上。现代部分总计 55 篇，仅占 17.8%，对国外首都进行比较的研究有 21 篇等。④ 按照主题来分，最多的是首尔历史，其次是与首尔有关的文化、文学，再次是首尔宗教、城市规划、建筑等。首尔学研究所每年以"历史城市首尔"为主题召开首尔学专题讨论会，比如，2006 年以"景福宫"，2007 年以"昌德宫"，2008 年以"庆熙宫"，2009 年以"庆运宫"（德寿宫），2010 年以"宗庙"和"社稷"，2011 年以"首尔汉阳都城"等作为研究主题举办了学术会议。目前正在进行的最重要的工作之一是"筹备首尔汉阳都城世界遗产暂定登记"的学术研究项目，另外

① 오재환 （JaeHwan Oh）：《釜山认同性的发现和釜山学》，《第二次韩国地域学论坛论文集》。

② 同上。

③ 김창수 （Kim Changsu）：《仁川学，如何研究?》，参见"仁川学探究"，仁川学研究院 http://www.isi.or.kr

④ 宋仁浩 （Song, In-Ho）：《首尔学研究的范畴和视角》，《第二次韩国区域学论坛论文集》。

还有以"东亚州各国首都近代变化"为主题的国际城市比较研究项目等，这是首尔市政府和国家教育部的委托研究项目。

第三，促进研究的综合化和跨学科研究。

这可以视为研究地区和地方学的普遍去向。因为，地方学的研究对象是地方，地方空间当中的所有问题包括过去历史的、现在进行的和未来可能的，实际上都是研究范畴。不仅包括城市历史问题，还包括文化、社会、城市规划、经济等多方面问题，因此需要通过学科融合或跨学科的方式进行综合型研究。地方学不是独立性的学科体系，是需要包括人文科学和社会科学乃至自然科学在内的所有学问领域都要参与的多学科性研究（multi-displinery studies），并有必要向"跨学科研究（interdisplinery studies）"发展。比如韩国最近成立的济州学研究中心，把"济州学"定为"从历史前期以来经过耽罗时代流传下来的地理为基础形成的，以人文科学、社会科学、自然科学领域为对象的学术性体系，是以实践整合学问来研究确立济州人的认同性，并给予济州人的生活具体的体现做贡献的学问"①。以此定义为基础，分为几个设定研究范畴（见表2）：

表2　　　　　　　　　　济州学研究中心的研究部门分类

人文学部门研究支援事业	社会科学部门研究支援事业	自然科学部门研究支援事业
济州文化史研究	济州人的认同感研究	济州环境、气候、海洋研究
济州海洋文化研究	济州开发史研究	济州汉拿山研究
济州传说研究	济州移民研究	济州地质研究
济州牧民文化研究	济州家族女性研究	济州建筑及城市规划研究
济州村落调查研究	济州长寿福利研究	济州水资源研究
济州生活史研究	济州产业史研究	

资料来源："主要事业"，《济州学研究中心》（http：//www. jst. re. kr）

第四，构筑国际性研究合作网进行与世界各国地方城市的比较研究。

现在韩国所有地方学研究机构都把国际学术会议、国际性比较研究项目以及研究交流定为其主要学术活动范畴，以试图使地方学国际化。比如

---

① "主要事业"，参见济州学研究中心网址 http：//www. jst. re. kr/contents/index. php？mid =0105。

首尔学研究所和北京学研究所的学术交流就是典型的国际研究合作模式；又如仁川学研究院每年都召开"东亚州地区学大会"的国际学术会议。而首尔学研究所的"东亚州各国首都近代变化"研究项目以韩国首尔、中国北京、越南河内和日本东京的近代变化为主题，更体现了国际比较城市研究的视角。

第五，积极进行研究成果传播出版活动、收集整理资料并建立研究资料数据库。

研究成果的传播和建立研究资料数据库是地方学发展的重要指标，也是长期发展的基础。韩国每个研究地方学的单位，都定期出版研究期刊，发行各类地方学专书，经营电脑数据库和资料整理数据库等。每个地方学研究单位网站上都可以阅览有关资料数据。比如首尔学研究所的期刊《首尔学研究》，从 1994 年开始至 2014 年 6 月已经发行 53 集，发表论文 348 篇。除了定期期刊之外，还发行了首尔学"研究汇编"15 卷，发表 100 篇论文；另外发行了"教养丛书"7 卷、"史料汇编"10 卷等。首尔学研究所发行的"史料汇编"，不仅收集整理了韩国国内史料，而且还包括分布于美国、日本、欧洲和中国等世界各国与首尔有关的史料。此外，还发行了"翻译丛书"3 卷，出版了"多媒体资料丛书"3 卷，"首尔学专业丛书"3 卷等；发行了"首尔学目录"等。另外，为了传播研究成果和增进市民对城市首尔的了解，也开办各类讲座等。

其他地方学研究机构也进行与首尔学研究所类似的研究出版和传播事业。比如湖南学研究院建立了《湖南文化 DB》，分自然、有形文化、人物、事件、生活文化、文化和艺术、综合等 100 个主题类型，持续不断地收集资料补充数据库；还有"影像画廊"、"E-Leaning 讲座"和"卡通"，将在其网站中公布，给予地方住民和研究专家随时都可以阅览资料的机会。湖南学研究院还发行了《湖南文化研究》，已经总计 54 集。① 仁川学研究院也已发行了《仁川学研究》共计 20 卷，研究丛书共计 27 卷，资料丛书共计 12 卷，还有研究报告书和教授论丛等，除了出版研究院自己的研究成果之外，还收集仁川学有关的研究资料。② 这些研究结果都通过

---

① 见于"湖南文化原型"，湖南学研究院网址 http：//www. homun. or. kr/honam/sboard3/list. php？ db = mvgallery。

② 参见仁川大学仁川学研究院网址 http：//www. isi. or. kr/study/balgan/main_ list. php？ mode = b_ pfs。

各研究机关的网站对外公开，可使研究者作为研究资料。

还有地方学研究机进行学术研究的传播，开展各种提高居民对地方了解的讲演会，或开设大学教养教育课程等。比如仁川学研究院开设了"区民大学"，首尔学研究所有"市民大学讲座"等，每周定期以有关城市的主题讲座提供给市民。这些活动的目的在于地方学与城市市民和地方住民共享其研究成果，并以提高该地方住民对于地方认识和认同感。

四 结论

韩国的地方学研究经历过去 20 年的发展，现在进入组织的系统化和研究活动稳定的阶段。首尔学、仁川学、湖南学是由大学研究所主管的；济州学、釜山学、大邱釜山学等是由地方政府的发展"研究院"组织经营的，虽然其管理主体不同，但研究方向和活动模式大体上趋同化，于是韩国的地方学可以说打好了基础，并累积了相当多的研究成果。若说发展阶段，20 世纪 90 年代以前是地方学的萌芽初期阶段，20 世纪 90 年代作为地方学研究方向的探索发展阶段，2000 年以后被称之为组织的体系化稳定化阶段。从 2012 年开始这些主要地方学研究机关由首尔学研究所倡议共同创办了"韩国地域学论坛"，开展类似中国地方学联合会的活动，截至 2014 年 7 月已经召开了 5 次会议。通过这些韩国内地方学的研究机关渐渐构造了研究和信息共享的研究合作网络系统。虽然对地方学的学术性、研究范畴和研究方法理论方面还有不少论争，但是随着韩国地方自治制度的发展，各地方的地方学已经成为官方和学术界所公认的发展地方和建立地方认同性的不可缺少的主要渠道，以此树立了其研究角色地位和学术的定位。

The Changes and Development of Local Studies Trend in Korea

Lee Kyu-Tae

Abstract：In this paper, the trends and research activities of Korean Local Studies in recent years is analqed. Research organization systems and major research activities show the Korean Local Studies has reached a relatively stable stage of development. When it comes to the stage of development, the time before 1990s is the initial stage for Local Studies in Korea, and the 1990s is the stage for exploration and development, then after the year of 2000, it can be called the stage of forming system and stabilization trend for the organization.

Keywords: Korean Local Studies; Seoul Studies; Incheon Studies; Hunan Studies; Ulsan Studies; Cheju Studies; Daegu Gyeongbuk Studies

中韩城市历史街区保护比较研究[*]

——以广东为例

刘剑刚[**]

摘　要： 从保护历程、保护政策及保护理念等方面对北京和首尔的历史街区保护进行了比较分析，并结合北京南池子和首尔北村的保护与更新案例剖析了两国历史街区保护与更新的主要方法，最后总结了中韩历史街区保护的比较启示。

关键词： 历史街区；保护；比较研究；中韩

在探索城市文化遗产保护的道路、方向和方法的过程中，北京逐步形成了历史文化名城、历史文化街区和文物保护单位三个层次的保护体系。[①] 历史文化街区是城市中文化遗产和城市生活重叠集中存在的场所，保护、更新、改造相互交织。历史文化街区成为中国历史文化名城保护的重点和难点，也是近十多年历史文化名城保护与建设性破坏两种力量较量的主战场。

中国和韩国有着千丝万缕的联系，相近的文化底蕴、地理位置，使得两国在经济、文化、政治方面历来有着紧密的往来。中国和韩国在城市历史街区的保护与更新问题上，都有各自的探索，值得相互讨论和借鉴。本文选取北京和首尔为例，分析对比中韩两国历史街区保护的政策、方法和策略，归纳两国可以相互借鉴之处以及对北京历史文化街区保护的

---

　* 科研项目：北京学研究基地科研项目《北京白米斜街历史街区空间整合研究》（BJX－KT2014－YB03）。

　** 刘剑刚，北京联合大学应用文理学院讲师。

　① 赵中枢：《历史文化街区保护的再探索》，《现代城市研究》2012 年第 10 期。

启示。

一　北京、首尔历史街区保护的历程

（一）北京历史街区保护历程

1978 年中国改革开放之后，北京历史文化名城保护逐步得到重视。1982 年，北京被列为国务院公布的首批历史文化名城名单。对于历史文化保护区的保护，北京在 1987 年编制分区规划时已经提出。1990 年 11 月北京市政府正式颁布了北京市第一批历史文化保护区的名单。1993 年国务院批准的《北京城市总体规划》（1991—2010）将"历史文化名城的保护与发展"作为单独一章论述，在这一章中把历史文化保护区列为文物保护单位之后的第二层次的保护内容，并提出历史文化保护区是具有某一历史时期的传统风貌、民族地方特色的街区、建筑群、小镇、村寨等，是历史文化名城的重要组成部分。

仅确定名单，没有确定具体的保护范围，保护的要求很难落实，特别是在强大的房地产开发的冲击下，历史文化保护区的环境不断遭到破坏。为此，1999 年北京市城市规划设计研究院编制了《北京旧城 25 片历史文化保护区保护和控制范围规划》，第一次对历史文化保护区划定了保护范围和建设控制地带。2000 年 1 月，北京市城市规划委员会组织北京旧城 25 片历史文化保护区的规划编制工作。2002 年 2 月，北京市政府正式批复了《北京旧城 25 片历史文化保护区保护规划》，确定的第一批 25 片历史文化保护区包括：南池子大街、北池子大街、南长街、北长街、景山前街、景山东街、景山后街、景山西街、东华门大街、西华门大街、陟山门街、国子监街、南锣鼓巷地区、西四北一条至八条、东四北三条至八条、什刹海地区、地安门内大街、琉璃厂东街、琉璃厂西街、大栅栏地区、鲜鱼口地区、五四大街、文津街、东交民巷、阜成门内大街。

2002 年 9 月，北京市公布第二批共 15 片历史文化保护区名单，其中旧城外 10 片历史文化保护区，包括海淀区西郊清代皇家园林，丰台区卢沟桥宛平城，石景山区模式口，门头沟区三家店、爨底下村，延庆县岔道城、榆林堡，密云县古北口老城、遥桥峪和小口城堡，顺义区焦庄户。旧城内增加 5 片，包括皇城、北锣鼓巷、张自忠路北、张自忠路南、法源寺。

北京第一批、第二批历史文化保护区合计 40 片。其中旧城 30 片，总占地面积 1278 公顷，占旧城总面积的 21%；加上文物保护单位保护范围及其建设控制地带，总面积为 2617 公顷，约占旧城总面积的 42%。①

北京旧城历史文化保护区保护规划针对重点保护区和建设控制区分别制订了不同的保护原则。重点保护区的保护原则包括：（一）根据其性质和特点，保护该街区的整体风貌；（二）保护街区的历史真实性，保存历史遗存和原貌。历史遗存包括文物建筑、传统四合院和其他有价值的历史建筑及建筑构件；（三）采取"微循环"的改造模式，循序渐进，逐步改善；（四）积极改善环境质量及基础设施条件，提高居民生活质量；（五）保护工作要积极鼓励公众参与。

建设控制区的整治与控制原则包括：（一）新建或改建建筑，要与重点保护区的整体风貌相协调，或不对重点保护区的环境及视觉景观产生不利影响；（二）进行新的建设时，要严格控制各地块的用地性质、建筑高度、体量、建筑形式和色彩、容积率、绿地率；（三）进行新的建设时，要避免简单生硬的大拆大建，注意历史文脉的延续性；（四）要注意保存和保护有价值的历史建筑、传统街巷、胡同肌理和古树名木；（五）什刹海、大栅栏、鲜鱼口地区的建设控制区参照重点保护区的原则。②

（二）首尔历史街区保护历程

自 20 世纪 60 年代以来，首尔经过 30 多年的快速发展，市区范围逐渐扩大，成为以汉江为界划分为江南、江北两大区域的现代城市。城市在开发江南新区的同时，也启动了对原有旧城区的改造工程——扩建道路、新建高楼大厦，破坏了城市的传统空间结构。20 世纪 90 年代以来，以 1994 年首尔定都 600 周年纪念活动为契机，保护历史文化遗产的发展主题又重新开始受到高度重视。本次开发主要针对朝鲜王宫复原、北村历史街区整治与更新、清溪川历史水系恢复等工程，历史文化遗产保护工作取得了新的成果。

为保护首尔历史城区，扬弃长期实行的以城市改造和再开发为基调的

---

① 王军：《北京名城保护的法律政策环境》，王军《拾年》，生活·读书·新知三联书店 2012 年版，第 40—60 页。

② 《北京旧城二十五片历史文化保护区保护规划》，北京燕山出版社 2003 年版。

老城更新政策，2000 年首尔编制《城市中心区管理规划》，把规划重点放在历史文化遗产保存上，提出通过增加公共投资等途径加强城市中心区的历史文化特征与魅力，提高核心竞争力；同时，通过对重要历史遗产周边景观进行保护，提出近代历史遗产保护政策及财政支援政策，规划历史文化探访路线、保护传统文化街区、历史文化街区等各种策略，为中心区管理提供新方针，为控制北村、仁寺洞等历史街区的无限制开发提供重要依据。① 规划推动《北村保护与再生规划》和《仁寺洞地区单位规划》的编制，促进首尔具有代表性的历史街区的整治与更新，在韩屋修缮支援及有效利用引导、街巷环境整治、公共设施改善、改造开发限制等方面进行卓有成效的探索。2003 年随历史水系清溪川恢复工程的启动，首尔重新修订了 2000 年编制的《城市中心区管理规划》，并于 2004 年更名为《城市中心区发展规划》，重新制定出整个中心区及清溪川周边地区的长期目标和开发原则，明确了持续推动城市中心区管理的目标。

（三）小结

在北京、首尔历史街区保护的发展历程中，可以看出保护内容变化的共同性轨迹：从仅仅关注高价值的历史性文物建筑，到关注周围的历史环境，再到关注一般性历史建筑；从虔诚地保存、严格地复原精品式文物建筑，到从可持续性发展的观念，以更自由更有创造性的眼光看待历史建筑再利用的适应性变化。

同时也可看出，在保护理念方面存在的差异：北京更加关注历史建筑的物质形态层面，首尔同时关注整个历史环境中无形的生活和文化背景；北京更加关注历史建筑的历史艺术价值，首尔同时关注历史建筑在经济、社会、生态方面的潜在价值，视其成为城市发展的一个契机。

二 北京、首尔历史街区保护的法律制度

（一）北京历史街区保护的相关制度

中国在历史环境保护的法律规范上，是统筹于《中华人民共和国文物保护法》（2002）之中的，作为文物保护的上位法，包括了历史文化

---

① 廖正昕：《首尔历史文化遗产保护》，《城市建筑》2007 年第 5 期。

名城、历史文化街区、村镇等的相关保护条例，同时在城市整体规划中必须体现《文物保护法》的相关精神，在具体的建筑工程、工程设计方案的制定时，必须获得城市建设规划部门的许可。在《中华人民共和国城乡规划法》（2007）中，也有关于保护体现城市传统特性的"保护历史文化遗产，保持地方特色、民族特色和传统风貌"的相关规定。为了加强历史文化名城、名镇、名村的保护与管理，继承中华民族优秀历史文化遗产，构建一个比较完善的历史文化遗产保护体系，2008 年国务院发布了《历史文化名城名镇名村保护条例》，在一定程度上是对《文物保护法》和《城乡规划法》的有关要求加以具体化。

2005 年，北京市出台了《北京历史文化名城保护条例》，对北京市历史文化名城保护的管理体制、工作原则、保护内容、保护措施和法律责任等方面作了规定，标志着北京历史文化名城保护走向法制的轨道。

表 1   **北京与历史街区保护相关的法规**

相关法律制度		与历史街区保护相关的内容
《中华人民共和国文物保护法》	第 14 条	保存文物特别丰富并且具有重大历史价值或者革命纪念意义的城市，由国务院核定公布为历史文化名城。 保存文物特别丰富并具有重大历史价值或者革命纪念意义的城镇、街道、村庄，由省、自治区、直辖市人民政府核定公布为历史文化街区、村镇，并报国务院备案。 历史文化名城和历史文化街区、村镇所在地的县级以上地方人民政府应当组织编制专门的历史文化名城和历史文化街区、村镇保护规划，并纳入城市总体规划。 历史文化名城和历史文化街区、村镇的保护办法，由国务院制定。
	第 69 条	历史文化名城的布局、环境、历史风貌等遭到严重破坏的，由国务院撤销其历史文化名城称号；历史文化城镇、街道、村镇的布局、环境、历史风貌等遭到严重破坏的，由省、自治区、直辖市人民政府撤销其历史文化街区、村镇称号；对负有责任的主管人员和其他直接责任人员依法给予行政处分。

续表

相关法律制度		与历史街区保护相关的内容
《历史文化名城名镇名村保护条例》	第 7 条	具备下列条件的城市、镇、村庄，可以申报历史文化名城、名镇、名村：（一）保存文物特别丰富；（二）历史建筑集中成片；（三）保留着传统格局和历史风貌；（四）历史上曾经作为政治、经济、文化、交通中心或者军事要地，或者发生过重要历史事件，或者其传统产业、历史上建设的重大工程对本地区的发展产生过重要影响，或者能够集中反映本地区建筑的文化特色、民族特色。 　　申报历史文化名城的，在所申报的历史文化名城保护范围内还应当有两个以上的历史文化街区。
	第 14 条	保护规划应当包括下列内容：（一）保护原则、保护内容和保护范围；（二）保护措施、开发强度和建设控制要求；（三）传统格局和历史风貌保护要求；（四）历史文化街区、名镇、名村的核心保护范围和建设控制地带；（五）保护规划分期实施方案。
	第 27 条	对历史文化街区、名镇、名村核心保护范围内的建筑物、构筑物，应当区分不同情况，采取相应措施，实行分类保护。历史文化街区、名镇、名村核心保护范围内的历史建筑，应当保持原有的高度、体量、外观形象及色彩等。
《北京历史文化名城保护条例》	第 10 条	北京历史文化名城的保护内容包括：旧城的整体保护、历史文化街区的保护、文物保护单位的保护、具有保护价值的建筑的保护。
	第 20 条	在保护规划范围内不得有下列行为：（一）违反保护规划进行拆除或者建设；（二）改变保护规划确定的土地使用功能；（三）突破建筑高度、容积率等控制指标，违反建筑体量、色彩等要求；（四）破坏历史文化街区内保护规划确定的院落布局和胡同肌理；（五）其他不符合保护规划的行为。
	第 26 条	对历史文化街区内的建筑，应当按照下列规定进行分类保护和整治：（一）不可移动文物依照文物保护法律、法规的规定进行保护；（二）具有保护价值的建筑按本条例的有关规定进行保护；（三）其他建筑应当按照历史文化街区保护规划的要求进行整治。 　　历史文化街区内建筑的具体分类标准、保护和整治的具体要求由市人民政府制定并公布。

（二）首尔历史街区保护的相关制度

1. 历史环境保护相关基本法律制度

韩国对历史环境的法律制度，一共分为两大系统：一是适用于单个文化遗产的《文化财保护法》，另有《都市规划法》中与历史环境相关的保护条例，包括美观地区、高度地区、保存地区、景观地区等与历史文化遗产所处环境管理的相关规定。

表2   **首尔与历史街区保护相关的法规**

分类	依据法律	目的	保护对象	保护方法	规定内容
文化财保护地区	《文化财保护法》第8条	文化财保护	文化财保护有特殊需要的情况	国宝、宝物、重要民俗资料、天然纪念物、保护物等的保护地区指定	按照《都市规划法实行令》第56条，受《文化财保护法》直接管理保护的建筑物及在历史文化上有较大价值地区的建筑物等，依据指定标准，将其指定为文化资源保存地区 国家指定文化财的现象变更或者将可能对保存造成影响的行为，须依据总统令并获得文化财厅厅长的许可
美观地区	《都市规划法》第33条；《都市规划法实行令》第53条	都市美观保持	保持维护历史遗址遗迹、传统建筑物等的美观所指定的地区	对地区美观产生影响的建筑行为禁止，附属建筑物、庭院及大门的形态、颜色或设置的建筑限制或禁止	1. 建筑物的用途，依据首尔市条例和建筑法执行令第1建筑物不能作为娱乐设施所用 2. 建筑物的高度4层以下

续表

分类	依据法律	目的	保护对象	保护方法	规定内容
高度地区	《都市规划法》第33条；《都市规划法实行令》第54条	都市环境构成及土地使用时的高度规定	高度地区内的建筑物	最低最高限制规定	高度地区内依据都市规划法的标准未达到最低高度标准或最高高度标准的建筑物都不能修建（《都市规划法实行令》第54条）
保存地区	《都市规划法》第33条；《都市规划法实行令》第56条		文化财相关重要设施及文化生态方面保存价值较高的地区的保护或保存	建筑物建造及其他设施的建筑限制	文化资源保存地区内适用于文化财保护法的文化财直接管理，需要保护的建筑物和其他设施
景观地区	《都市规划法》第33条；《都市规划法实行令》第52条	都市景观保护	地区的景观保护形成所需要的范围	对都市景观保护造成影响的障碍性建筑物禁止	对都市景观保护造成影响或障碍的建筑物，依据都市规划法制定的标准不得修建

　　《文化财保护法》于 1962 年制定并实施，主要是保护指定文化遗产本身及其周边环境，并对可能改变文化遗产或给遗产保护带来负面影响的建设行为做出限制。[①]《传统建筑物保护法》于 1984 年制定，主要是维持和保存随居住方式变化而不断消失的韩国传统院落式住宅——韩屋及其他传统民宅建筑物的原型。根据该法可以指定"传统建筑物"或划定"传统建筑物保护区"，但由于相关原因该法于 1999 年被废除。《传统寺庙保护法》于 1987 年制定，主要是为保护具有历史意义的传统寺庙及周边地

---

　　① 张毅、徐晨曦：《韩国历史文化遗产保护概述》，《长沙大学学报》2012 年第 5 期。

区，包括划定"传统寺庙保护区"并对周边地区建设及寺庙经营进行管理。

2. "文化地区"制度

韩国从 20 世纪 90 年代中期提出了"文化地区"（Cultural District）、"艺术地区"（Arts District）等概念。所谓"文化地区"是指一般都市中集合的文化基础设施、文化活动及项目、文化景观等基本要素的特定地区。换句话说，就是可具备公演、展览、文化信息、博物馆、文化公共福利设施、露天舞台、小广场等所需设施的空间，是作为都市中进行文化活动、艺术鉴赏的文化生活空间。街区环境、建筑物、造景物、设计、色彩等景观要素优美，具有艺术鉴赏价值的地区，将这一地区范围整体指定为"文化地区"。

"文化地区"制度是从规划上和战略上进行保护和育成的一项制度。文化地区的文化艺术特性依据地区的不同有所差异，所以该制度的重点是保护和发展文化艺术资源，并在实施时依据各地区的多样性特点，采用的地方法也是多样性的，所以"文化地区"的指定和相关规划的制定都是以细致分析各具体地区的特性为基础的。

1999 年韩国文化政策研究开发院对仁寺洞进行了全面考察，在调查后提出的报告书中指出将仁寺洞指定为"文化地区"的必要性，并指出《都市规划法》在保存仁寺洞的传统文化特性之一的"传统手工业"保护上的局限，同时提出了"文化地区"指定的多样性意见。2000 年 1 月《文化艺术振兴法》新增"文化地区的指定及管理"一项，以此作为文化地区指定的依据。

"文化地区"制度可以看作是对历史街区抽象的观念"氛围"的重视，这一制度以各具体历史街区或环境的特性考察为基础，并依据这一地区的文化特性进行保护及开发利用的规划，以此协调历史街区在物理空间（自然环境、建筑格局等）布局形式和非物质形态方面（①语言、文字；②城市的生活方式和文化观念所形成的精神文明面貌，如审美、饮食习惯、娱乐方式、节日活动、礼仪、信仰、习俗、道德、伦理等；③社会群体、政治形式和经济结构所产生的城市生态结构）的保护与利用。

（三）小结

在对北京、首尔历史街区保护相关法律制度的整理上，可以看出两国

在历史街区的保护问题上，是随着对历史文化遗产的"点"上的保护到
"面"上的保护，而不断地做出了制度上的调整，两国对历史文化遗产
"面"的保护上，也有着相似的探索过程。但通过研究比较，韩国在历史
环境的保护上，提出了"文化地区"的概念，这一制度的实施可以看作
是对历史街区保护理念上的进一步深化，在保护过程中既重视历史街区的
物质空间载体，也重视承载于物质空间载体之上的城市文化和生活习俗。
在指定保护规划时，协调历史街区物理空间布局形式和非物质形态方面的
保护与利用。

三 实施案例比较

（一）北京南池子历史文化街区保护与更新实践

2002 年 5 月，南池子作为北京第一个历史文化街区保护与更新试点
项目启动，经一年的建设，于 2003 年 7 月基本完工。

南池子历史文化街区紧邻故宫，位于明清皇城东部，此次修缮改建的
范围北起东华门大街，南至灯笼库南胡同，西起南池子大街，东至瓷器库
南、北巷以西，占地 6.4 公顷。这一地区以清代著名寺庙普度寺为核心，
周围是大片胡同、四合院，其中灯笼库、瓷器库、缎库、捷报处等，是与
皇家政治和后勤活动密切相关的重要历史地段。

项目的规划设计者认为南池子历史文化街区的修缮改建包含了四个方
面的保护。（1）城市街巷肌理保护：传统街巷的位置、走向、宽度和空
间尺度基本不变。（2）历史遗存建筑保护：历史遗存建筑原址修缮或复
建。区内规划保护四合院 22 个。区内其他现状建筑大多非历史遗存或无
历史价值。保护建筑占地（含院落）1.92hm²，保护比例 30%。（3）建
筑风貌保护：建筑群空间形态和建筑尺度基本不变，院落气氛特色基本不
变，建筑造型元素及装饰元素基本不变。规划整合四合院空间 27 个，规
划两层住宅院落式空间 49 个。传统风貌院落建筑比例 96%。（4）历史文
化内涵保护：保持原建筑使用功能或展现原历史文化特征。规划区内以传
统院落式居住建筑为主，街巷保持原有名称。①

---

① 林楠、王葵：《文化传承与城市发展——北京南池子历史文化保护区（试点）规划设
计》，《建筑学报》2000 年第 11 期。

但通过仔细分析可以看出，修缮与改建范围内共有 240 个院落，初步的方案计划保留 9 处院落。其余通过土地重组的方式进行改建，加宽原有的胡同街巷，在保护区中心地带建设 2.9 万平方米的二层单元式四合楼，主要用于居民回迁，周边建设约 1 万平方米的四合院商品房。这个方案遭到批评，认为施行大规模拆除重建的这项工程，将严重破坏历史文化保护区的真实性，并起到极其不良的反面作用。此后，工程一度停止，方案进行修改，被保留的院落增加到 31 个，其余仍是拆除重建。

（二）首尔北村历史街区保护与更新实践

北村位于首尔中心区两处传统宫殿景福宫和昌德宫之间，是首尔旧城区的重要组成部分和反映首尔历史风貌特色的一个重要窗口。历史上北村是上流社会的居住地，居住在这里的主要是贵族、政府高级官员以及军队的将军。当时北村曾经是首都的政治和管理中心。随着经济社会的变革，从 1920 年开始北村发生了较为巨大的变化，原来大的居住单元被划分为许多小的单元。1930 年后高官的大型官邸被重新安排成为小到中型的韩屋（韩屋是韩国传统住宅形式）。20 世纪 60 年代末到 70 年代初，许多大体量的现代建筑建造起来，北村的景观出现了较大变化。韩屋的数量也逐年减少，1985 年有 1518 栋，1990 年减少到 1242 栋，2000 年减少到 947 栋，2001 年减少到了 924 栋。[1]

在这样的形势下，从 2000 年开始，首尔对北村的保护与更新进行了新的探索和研究，逐步制定了新的政策。针对北村面临的三个任务，即保护、发展和更新，首尔市政开发研究院在 2000 年完成了北村保护与更新的初步研究，包括北村韩屋现状调查、居民意见调查和北村综合对策探讨，提出了建立"韩屋登记制度"和政府有关部门、居民代表、专家和汉城市政开发研究院有关人员共同参与北村保护计划的建议，并于同年以市长令的方式公布了北村综合对策，主要包括以下三个方面的内容：（1）实行韩屋登记制度：修改建筑条例和施行规则，成立北村事业团和韩屋审查委员会。（2）由都市开发公社示范性买入韩屋，以推进计划实施。（3）制定环境整合计划，确定了 2001—2004 年 845 亿韩元（约合 7000 万美元）的财政预算。

---

① 路林：《北村的保护与更新》，《北京规划建设》2004 年第 4 期。

2001 年，首尔市政开发研究院制定了详细的北村更新规划。规划的主要内容包括：韩屋登记制度的完善、韩屋的修缮和使用方案、环境整合计划的建立等。规划面积为 79.4 公顷，规划期限近期至 2004 年（北村综合对策财政预算期内），中长期到 2005 年以后。规划提出的北村定位为代表首尔历史文化，特别是传统居住文化的地区，同时也要具有活力。

在北村的保护和更新计划中，除了制定政策外，还制定了相关的技术规范，完善了韩屋的科学管理。大多数韩屋都进行现场实测，建立了韩屋管理数据库，并由北村现场事务所实施现场跟踪管理。制定了包括屋顶、门窗、围墙及内部厨卫等修缮的详细技术指导规范。制定北村的景观管理战略，提出文物周边由政府出资买入，进行开发限制。韩屋密集地区划出历史建筑保全地区，对居民的建设和修缮活动进行引导。扩大整个北村地区的高度限制地带，强化高度限制，对建筑物用途进行详细的规定。

为了促进和带动北村保护和更新计划，首尔市政府买入、修缮和重新利用韩屋，进行韩屋再生的示范。政府买入的韩屋，进行修缮后用于公共用途，对外开放，以宣扬北村的历史文化。目前经政府买入并修缮重新利用的有北村文化中心、韩屋体验馆、民间博物馆、传统工艺作坊等。其中北村文化中心除了展示传统文化活动外，还用于展示和宣扬北村的历史及保护和更新计划。

（三）小结

对历史文化保护区内房屋的修缮和改建，《北京旧城历史文化保护区保护规划》（2002 年 2 月）提出要采取"微循环式"的改造模式，以及循序渐进、逐步改善等原则。《北京历史文化名城保护规划》（2002 年 9 月）提出要采取渐进的保护与更新的方式，以"院落"为单位逐步更新，维持原有街区的传统风貌。按照上述政策法规的要求，对历史文化街区的保护就应该以居民为主体，以院落单位为基础，拆除那些私搭乱建的违章建筑，按四合院故有的面貌予以修缮，内部设施可以现代化。这就从根本上排斥了那种大拆大建的房地产开发方式。显然，南池子的做法与此要求有较大差距。

首尔北村韩屋的保护和更新有以下几点启示。（1）把北村的保护和更新作为一项长期的任务逐步完成。（2）制定出具体的实施性政策，组织专门的政府审查机构，特别是驻现场的机构，按计划逐步深入进行。

（3）在注重保护和更新有形遗产的同时注重保护和宣扬无形遗产（包括传统文化、工艺等）。（4）规划编制和管理人员不只停留在规划研究或审批的阶段，而是一直参与到规划的实施阶段。（5）注重公众参与，如在计划初期，每周五固定为居民座谈和咨询时间，在韩屋修缮的设计和施工中及买入韩屋过程中也注重公众的参与。

Comparative Study of Historic Districts Conservation in Korea and China

——A Case Study of Seoul and Beijing

Lin Jian-gang

Abstract: In this paper compares the historic district conservation from the aspects of process, policy and idea, and analyzes the present situation of historic district conservation, proposing the main methods of conservation and regeneration with the cases study. Comparative enlightenment on historic district conservation of Korea and China is come wp with at the end of this paper.

KeyWords: historic districts; conservation; comparative study; Korea and China

专题研究：新型城镇化与传统文化

城镇化下传统文化的演变与应对[*]

——以广东为例

司徒尚纪　许桂灵[**]

摘　要：近30多年来城镇化潮流席卷我国城乡，在取得巨大成就同时，由于对传统文化保护观念薄弱，在这一过程中出现传统聚落、古建筑、宗族、风俗、器艺、生态等不同形态传统文化受冲击、破坏等现象，导致不同程度的严重后果。在新一轮城镇化背景下，应在生态文明观指导下，建立城镇化与传统文化的整体观，防止传统文化的消失和受损，并采取相应的保护、传承和开发等对策与措施，以保障传统文化的生存和可持续发展。

关键词：城镇化；传统文化演变；应对策略

改革开放以来，城镇化潮流席卷全国城乡，尤以经济发达地区为甚，广东珠江三角洲首当其冲，引起政治、经济、社会、文化、生态等领域的全面变革，在取得重大成就的同时，也产生不少负面效应。这已引起各方面的高度关注，需要重新检讨城镇化的利弊得失，汲取经验教训。在这种背景下，党的十八大报告提出生态文明建设为我国改革发展的战略方针，同时提出新型城镇化的口号，成为今后我国城镇化的发展方向，效果当可预期。基于此，回顾30年多来传统城镇化的特点和经验，比照新型城镇化要求的差异，显得非常必要和迫切。而本文关注的焦点，是在总结传统城镇化引起传统文化变迁基础上，根据新型城镇化要求，提出应对策略与

---

* 基金项目：广东省宣传文化人才专项资金（个人项目，不编号）
** 司徒尚纪，中山大学地理科学与规划学院教授；许桂灵，中共广东省委党校中国特色社会主义研究所研究员。

措施，以供有关方面决策参考。

一 传统城镇化对传统文化的主导观念

近 30 多年来，我国城镇化走的是一条以农村人口、产业、土地向城镇转移为主要内容的道路，对生产力发展、扩大城镇人口和建成区规模、增加就业机会，提高人素质，改变人生活方式等，发挥了巨大作用，取得了非常明显经济和社会效益。但迅猛的社会变革，对农村传统文化也产生剧烈冲击，后果也很严重。这首先应归结于城镇化与传统文化之间，存在不少偏差。主要反映在以下各方面：

第一，在指导思想上，城镇化主要停留在经济和社会领域，并未顾及对传统文化可能产生的冲击和后果。故城镇化的成就也主要体现在经济和社会层面。例如广州城市人口在 1978 年为 168 万人，到 2010 年为 1270 万人，增长 6.6 倍。建成区面积从 1978 年的 68.5km^2 扩大到 2011 年的 990.1km^2，增加了 13.5 倍。这个数字背后伴随着一系列社会经济巨大变迁，传统文化自不能幸免，但并未进入城镇化指导思想上，未占应有位置，失误由此产生。

第二，在城镇化政策上，没有明显规定或突出对传统文化的保护、延续和继承、发扬等问题。结果潮流一来，传统文化被裹挟其中，冲击得支离破碎，后果容后述。

第三，规模巨大的外来工人群体为传统文化载体，进入城市，难免与当地文化发生矛盾和冲突，如果政策滞后，或调适不当，易发一连串社会问题。例如在珠三角，集聚了 3000 万外来工，又以广州、深圳、东莞等城市最为集中，一些地区甚至超过当地人口，文化差异导致社会管理问题不少，为决策者始料不及。

这些应属城镇化顶层设计和政策指引方面的问题，在城镇化快速发展形势下，难免失之考虑不周、指导滞后或片面，甚至粗糙，以及反应迟钝麻木等，由此产生的后果也是不可避免的。

二 城镇化对传统文化的冲击

这首先是三农问题突出，导致农村传统文化根基被动摇，进而削弱它存在和发展的基础。

近年政府为解决农业、农村、农民问题不遗余力，确实取得了良好效果，受到各界的好评。但在城镇化影响下，三农问题依然存在。

首先是农业，取消农业税，对农民是一个自古未有的历史性解放，极大地减轻了农民负担。很多人由此离开土地，当然更多的农民被卷入城镇化潮流，进入城市，农业劳动力大规模减少，很多农田抛荒、弃耕，非常可惜。这已不是个别现象，甚至在许多城市郊区，土地非常珍贵，也一样有农田为野草、瓦砾、垃圾所覆盖。其次为农村，大量人口尤其是主要劳动力转入城镇，农村人口结构产生巨变，留守农村的大部分为老弱妇儿，即使暂在农村的青壮年，也不愿从事农业劳动。笔者在雷州农村看到，当地收割水稻、甘蔗等农活，雇佣贵州人或河南人代收，本地青壮年则游手好闲于乡间，不愿承担农业生产和乡村建设重任。又有进城务工或致富农民在城里购房，成为新一代市民，原来住房年久失修，残破不堪，布满蜘蛛网，不少有价值的古建筑被拆除或移作他用，失去传统建筑价值。很多农村一片萧条冷落，成为"空心村"，与城镇形成鲜明对比。笔者在东江客家地区、雷州半岛、西江、粤北连山、连南等少数民族地区、边远山区等所见这类现象比比皆是。这不是缩小而是扩大城乡的二元结构，城市的繁荣在某种程度上是以农村的凋零为代价的，这非常值得反思。再次是农民，一部分农民因各种建设征地而失去土地；另有主动弃耕，不再依附土地，已失去农民的身份，变为无根的一族。这样做的结果，在短期内可能不致产生严重问题，但我国到底是个农业大国，农民占人口大多数，虽然城镇化力图使他们改变身份，但这不是简单的户籍变更，而广及文化教育、知识普及、道德修养提高等人口素质水平问题，也是人的现代化问题。还有改变农村落后面貌，使之如何现代文明等城乡协调发展等问题。进城后农民多数人对城市缺乏归属感、安全感，难以融入城市社会，被边缘化也由此产生。人口盲流现象也同时出现，在广州、深圳、东莞等城市，盲流人数不少，很多人依靠拾荒为生，造成严重的治安、环境污染等问题。据有人在广州、东莞对外来一族问卷调查，在"是否完全融入城市"回答中，两地有如下答案：

表1　　　　　　　　　　　融入城市感的城市差异①

是否完全融入城市	东莞案例地（%）	广州案例地（%）
觉得完全融入	17.34	15.74
还有一些未融入	53.51	61.28
一点也没有融入	20.66	17.02
不想融入	8.49	3.96

也就是东莞有 82.7%、广州有 82.3% 外来工没有或仅有部分有融入城市感。而另一项"被调查对象对当前居住城市的不适应地方"，则更鲜明地反映了外来工对移入地方文化的冲突和"抵制"。详见表2。

表2　　　　　　　被调研对象对当前居住城市的不适应地方②

调研城市 文化项目	东莞（%）	广州（%）
风俗习惯	13.17	12.54
语言	23.41	19.66
思维方式	6.34	5.98
生活习性	12.20	12.54
人情世故	17.80	21.94
都适应了	23.66	25.64
其他	3.41	1.71

将各项不适应元素综合，则两市约有 73% 比例的人不适应。可以说外来工大部分不能适应当地文化环境，深层根源是文化冲突。即外来工离开原居地，他们所承载的传统文化基本上难以在城市立足，他们又未能认同和接受他们打工的城市文化，成为没有文化根基的一族。这实际上是抽

---

① 陈晓亮：《"打工"的政策：全球化背景下中国城市新移民的地方协商研究——以东莞和广州的工厂为例》，中山大学博士学位论文，2014年，第91页。

② 同上书，第92页。

掉了农村的传统文化基础，使之漂泊不定，无所依附，是城镇化带来的一个隐性文化忧虑。

二是传统农村或社区的宗族文化功能大为削弱，不利于解决族群内部或族群与族群之间的矛盾，也不利于构建和谐社会。以祠堂、姓氏为核心的宗族组织，有很深厚的群众基础和巨大的凝聚力、向心力。旧社会宗族势力甚至把持地方事务、代替政府。在当今条件下，宗族仍是政府以外一种很强的地方力量，特别在广东这种移民社会里，宗族作用显得尤为突出。在城镇化背景下，农村社会由于大量人口流入城市而发生解构，青壮年入城，剩下留守老弱妇儿难有组织、活动能力，宗族组织的功能脆弱不堪，或蜕变为老人会和老人活动中心，发挥不了辅助社会管理功能。更由于农村传统聚族而居的方式被打乱，族群被空间分割；而"城中村"的改造，使大片居屋为"石屎森林"取代。村民上楼成为居民，变成鸡犬相闻、老死不相往来的一族。保留下来的祠堂只作为宗族象征和一种文化符号，失去了作为宗族文化核心的作用。广州颇负盛名的猎德村、杨箕村、石牌村等，经旧城改造后，悉变成现代化城市的一部分，不复有乡村文化景观，村民有事上村委会，祠堂冷落，标志着宗族文化被肢解、稀释，是否需要保留或传承，这都要在城镇化过程中认真思考和寻求正确答案。

三是城镇化造成社会转型，严重冲击文化认同和地方感，传统文化受到严重挑战或失落，但其作用并未泯灭。城区或开发区扩大、新楼盘、住宅区兴起，吸纳大量农村人口入居。这些都是新型文化空间，有各种现代化设备和服务，但它们并不为新移入居民认同。新社区改变了人们的交往方式和人员结构，使原来的熟人社会向业缘社会转变。新移入居民思想还比较守旧，重视昔日情感生活，宗族、家族、乡里、乡亲的传统关系根深蒂固，并在情感世界交流中起主导作用。他们对原来群体的认同远远大于新居地城市居民的认同，其价值取向仍偏重于原来标准。亦即人人新社区，但文化认同、价值取向还是旧的，非一时可以改变。故不少进城后的农村居民，难以适应城市生活，居住一段时间以后，往往要求返回原居地，因那里有他们熟悉的人群和浓浓的乡情，实是传统文化再把他们拉回故乡。所以仅有人口、土地、产业的城镇化而没有文化的城镇化，是临时的、不稳定的，因而是不持久的。

四是农村风俗文化被削弱，功能大为下降，不利于培养地方感和文化认同感。东汉应劭说:"为政之要,辨风正俗为其上也。"① 我国很多节假日,如春节、清明节、端午节、中秋节等都是按风俗活动安排的,风俗是农村传统文化最重要的元素,其力量不容忽视。城镇化以后,农村大量人口入城,风俗活动由此变得冷清、淡化、弱化,只有春节放假,打工者回乡才热闹一时。而城里的风俗活动,无法调动其参与意识。以下一项调查反映了这种变迁。

表3　　　　　　　　　　被调查对象喜欢节日情况②

最喜欢节日	东莞(%)	广州(%)
春节	25.77	25.42
元宵节	8.31	7.71
2月14日情人节	5.32	3.61
妇女节	2.13	3.13
五一节	11.93	15.9
端午节	9.69	9.64
中秋节	6.71	9.64
七夕情人节	3.73	2.89
十一国庆	18.10	14.10
冬节	2.24	2.53
圣诞节	4.37	3.25
其他节日	0.85	0.60
哪个节日都不喜欢	0.85	1.57

外来工只对春节、国庆节、五一劳动节表示认同,其他节日对他们都缺乏吸引力,也不会参与。这同样说明,风俗活动一旦离开它们的原生

---

① 应劭:《风俗通义》序,天津人民出版社1980年版,第1页。
② 陈晓亮:《"打工"的政策:全球化背景下中国城市新移民的地方协商研究——以东莞和广州的工厂为例》,中山大学博士学位论文,2014年,第150—151页。

地，也就失去生存土壤。外来工在城市实际上被排斥在这些活动之外，而原居地风俗活动又不能参与，造成风俗文化的悬空状态，也是一种异化现象。这恰如列斐伏尔（Henri Lefe bvre）指出的，"日常生活表现出一些新的异化特征，第一个即是风俗的消失，而风俗的消失即是节日的消失"①。城镇化对乡村的风俗的冲击即正好如此。

五是农村生态文化受到损害。至少在广东农村，历史上很讲究村落风水，即环境工程，这成了适应自然、以期保证人的好运气的一种空间模式。即村落应"枕山、环水、面屏"，通常是前塘后村作为总体布局方式。池塘常在村落之南、东南或西南方向；与水塘方向垂直的，为纵向巷道，交会于塘边的为滨塘大道或晒谷场。池塘最好为明月形，距巷道3—5米，既有心理因素，亦符合功能需要，可以养鱼、蓄水、洗涤、积肥、消防等，还有调节小气候、美化环境等功能，称为"风水塘"。而滨塘大道平时可作晒场、社交游戏。后山或村背广种树木，以绿化环境。此外，还根据地形特点造桥、建亭、修堤、修建文昌阁、文风塔等，以增加村落锁钥气象和人文氛围，有利于保护祖先人文教化与事物，祈求子孙繁衍，文化兴旺。这种聚落选址和布局，包含很丰富的自然和生态文化内涵，是一种处理人地关系的良好模式，千百年来维持村落生生不息，是传统文化一项瑰宝。

几十年来，村落合并、旧村改造、新宅建设、各种征地、人口外流、土地转让承包等，时时在侵蚀、损坏村落格局和风貌，良好生态环境变得支离破碎、残缺不全，失去了生态文化功能和意义。而被现代化了的"城中村"，则仅是千城一面的建筑物堆砌，不见人文关怀，没有人情味，人际关系冷漠，人成为物的奴隶，根本不可能与生态文化的传统村落同日而语。

六是民间艺术失传，后继乏人。民间艺术植根于农业社会中，反映了民间艺人创造的杰出成果和聪明才智，具有重要的非物质文化遗产价值。如广东陶瓷、刺绣、雕刻、漆器、葵扇、草席、彩扎、剪纸、年画等都享有很高知名度和美誉度。在城镇化冲击下，这些以个体手工劳动为主的民间艺术产品缺乏市场竞争力而萎缩，因大部分青壮年入城而缺乏继承人，

---

① 转引自陈晓亮《"打工"的政策：全球化背景下中国城市新移民的地方协商研究——以东莞和广州的工厂为例》，中山大学博士学位论文，2014年，第153页。

面临着失传危险。如何在这种危局下摆脱困境，走出低谷，是城镇化潮流中要妥善处理好的问题。

三　新型城镇化下传统文化的保护和发展

近代以来世界强国崛起的经验表明，依托工业现代化和城镇化，是走向富强发展的必由之路。我国近三十多年城镇化的成果，已验证了这一道路的正确性，但也不可避免地产生了以上对传统文化的冲击等矛盾和问题。近年，新型城镇化口号被提出，并成为我国社会经济发展一项重大战略决策，正强有力地推动我国城镇化进程。在新型城镇化背景下，如何对待传统文化问题也摆在人们面前。有不少人认为这个新城镇化要以科学发展观为指导，强调城镇化的质量与效益；强调城镇化过程与资源利用和生态环境相协调；强调各社会群体尤其是农民、城市低收入者在其中的普惠性；强调城镇分布空间格局的均匀性、城镇发展动力的内生性以及可持续发展性等。一言以蔽之，就是要以生态文明来统摄新城镇化。在这个主体思想指导下，改变过去城镇化一些模式和方法，以求新的效果，包括城乡一体化，就地城镇化，发展中小城市，限制大城市，以及实行经济、资金、制度安排、生态保偿等一系列政策性规定等，以保障新城镇化的贯彻落实。在这些理念、政策之下，传统文化仍是一个绕不开、必须正确处理妥善解决的现实问题。根据上述存在问题和经验教训，在新型城镇化背景下，宜提出如下建议：

第一，新型城镇化与传统文化是一个统一整体，两者不可分割，不能将两者对立起来，而应通盘考虑，统一规划、建设和实施，并以此作为新型城镇化的一个根本性指导思想。

历史经验显示，城镇化是一个包括人、自然、产业、历史文化、社会、生态等在内协调和可持续发展的过程，传统文化是本根文化，既不能丢，也不要淡化或边缘化，而要与这一过程同步发展，要不断研究可能出现的矛盾和问题，使之得到保护、传承、开发利用和发展，与城镇化同步前进而毫不逊色。

第二，要防止和警惕传统文化在新城镇化中消失或被"化掉"。传统文化实是一个地方、一个族群的灵魂，地方认同、文化认同的根基，一旦消失，后果很难挽回。如很多古建筑被拆除，即使恢复也是假古董；一些非物质文化遗产，失去不可能再生，就像珍稀物种一样，不可复制。故在新城镇化进程中，要预先划定传统文化保护区、保护名单、文化传人，并创造有利条件，保障他们的存在、传承和可持续发展。例如对一些有文物价值古建筑、名村名镇、传统街区、名优特产、工艺、器物、风俗活动、民间信仰，甚至罕见方言等应纳入传统文化之列，采取有效措施加以保护。一个民族或族群，要立于世界民族之林、地域的族群之林，不能没有本根文化，它就是传统文化。

第三，坚持以人为本，提高人的文化素质，并以之作为保护传统文化的根本措施。人是传统文化最主要的载体，人的文化素质高低直接关系到对传统文化的价值判断取向、保护传承和开发利用方向。在新型城镇化中，"人"和"物"是城镇统一体中两个关键要素。"以人为本"就是要以生态文明的理论、知识、制度等来教育、提高人的文明程度，树立正确的生态文化观，使之尊重自然、顺应自然、保护自然、保护历史遗产，实现从"农民"到"市民"转型。为此应加强对农村人口的文化宣传教育，建立农村传统文化信息资源库、各类民间文化遗产博物馆、培养物质和非物质文化遗产继承人、建立名镇名村和传统文化保护区，以及相应的法规制度等。其根本目的在于普遍提高人文化修养，真正成为传统文化的守护者。与"以人为本"的另一面，是"以物为本"，在城镇化中，容易出现见物不见人的状况，只建设千篇一律的高楼大厦和各种设施，而忽视人文精神的培育。在城市创造和拥有巨大物质财富之同时，形成财富崇拜和金钱崇拜的社会风气，造成环境污染、生态恶化的后果，由此付出的代价反过来又抵销了物质文化的富有。所以，在新型城镇化中，只有坚持以人为本，而不是唯"物"至上，才有可能造就一大批生态文明人，自觉而不是自发承担起保护、传承、发展传统文化的重任。

第四，改造传统文化资源，加入现代文化内容，使之跟上时代前进步伐，与新型城镇化同步发展。传统文化是农业文明范畴，有它特定的时代烙印和内涵。如果说在过去城镇化中，受到各种冲击是难以避免的话，那么，面临新一轮城镇化挑战，传统文化也必须做出响应，不是消极地等待，而要积极地自我调适、自我更新、自我提高，充实以时代内容，增强自己竞争力，为自己赢得生存空间和发展机遇，才有可能立于不败之地。实际上，新型城镇化与传统文化发展应是同步进行的。新型城镇化既然是城乡一体化，那么，传统文化无论是乡村的还是城市的，都会卷入这个潮流，分享它的成果，从中得到发展的生机和活力，迈向更高的文化层次，这个前途是毫无疑义的。

第五，加大传统文化资源的开发，纳入新型城镇化轨道。传统文化是一笔宝贵的文化资源，应充分利用新城镇化的机遇，加大开发力度，在保护中开发，又在开发中保护，这应是对待传统文化最好的方式。这包括发展文化产业，发展旅游业，打造地方特色文化品牌，并与名城名镇名村保护结合相，营造良好的传统文化产品市场，加大资金、人才扶持，鼓励群众参与，加强相关法制建设和政府监管等。① 例如广东不少传统文化项目，都列入省级非物质文化遗产，而得到传承。如疍民咸水歌、客家山歌、雷歌、舞狮、舞麒麟、汕头英歌舞、雷州人龙舞。群众性游艺活动如佛山秋色、番禺沙湾飘色、紫泥飘色、市桥水色，以及一些特技表演，如雷州爬刀山、翻刺床、穿令箭、下火海等，甚至古老地名，也归入传统文化保护之列。例如龙川、新兴等，已被联合国有关组织认同为"千年古县"，挂上匾牌，当地人引以为荣，这对强化当地人地方感，作用匪浅。可见传统文化能在这一过程中，作为新城镇化一部分，摆脱过去城镇化中的被动和被冲击状态，而以崭新姿态和装束参与新城镇化建设，并为自己开辟新前程。

四　小结

近 30 多年农村城镇化，在取得巨大成就的同时，由于对传统文化保护和传承意识薄弱也产生不少负面效应，包括由于三农问题而出现乡村本根文化被动摇，宗族、风俗文化被削弱，生态文化受损等。在新一轮城镇化高潮中，在总结这些经验教训基础上，应以生态文明观为主导，树立对传统文化的正确观念，防止其消失或受损，并采取相应对策与措施，使之纳入新城镇化轨道，得到保护、继承和开发利用，走上可持续发展道路。

---

① 参见孔叶《城镇化与农村文化的保护与开发——对湖北省的调查研究》，载《城市观察》2013 年第 1 期，第 89—95 页。

The Evolution and Response of Traditional Culture under The Background of Urbanization

——Taking Guangdong as an Example

Si-Tu Shangji, Xu Gui-ling

Abstract: For nearly 30 years, the urbanization trend has flooded the urban and rural areas in China. While great achievements have been obtained, for the weak of culture protection concept, the damage to different forms of traditional culture such as traditional settlements, ancient architectural structures, customs, arts, and ecology appeared. With the new round of urbanization, the overall concept of urbanization and traditional culture should be established in order to prevent the loss and damage of traditional culture. Corresponding measures for protection, inheritance and development should be taken in order to ensure the survival and sustainable development of traditional culture.

Keywords: urbanization; evolution of traditional culture; coping strategies

城镇化过程中畲肥节核心
象征文化重建研究[*]

林继富　黄　雯[**]

摘　要：在苦聪人移民村——苦聪新村城镇化的过程中，为了解决民族认同与村落认同的危机，作为苦聪人信仰与文化体系核心的畲肥节在苦聪新村被重建。其重建过程是通过对节日时空、节日仪式和畲比谋等节日核心象征文化的重建来实现的，并在苦聪新村中建立起了在原居地节日传统基础上形成的新的节日传统，从而使村民们获得对村落认同与村落成员身份的认同。而苦聪新村畲肥节所具有的新的文化结构、新的意义表达均与时代价值取向相一致。

关键词：节日重建；苦聪人；畲肥节；城镇化

党的十八大提出的新型城镇化是我国调整经济结构、转变发展方式的重大战略举措。在农村人口向城市迁徙的过程中，自然村落在继承和重建的过程中走向新型城镇，因此，村落传统文化的消失、瓦解成为必然，新文化的重建成为必然。文化是新型城镇化的灵魂和内在的精神力量，是来自不同村落居民实现融合、团结的重要元素，这就要求在城镇化过程中，文化的重建必须找到适合所有人接受的文化，这种文化对民众生活的传承、沿袭和发展具有核心作用和关键意义。

本文以云南省镇沅县苦聪新村的畲肥节重建为例，研究苦聪新村因苦

　＊　科研项目：该文为 2012 年主持国家社会科学基金一般项目"民族节日象征符号与文化品牌建设"（项目编号：12BSH043）阶段性成果。

　＊＊　作者简介：林继富，中央民族大学文学与新闻传播学院教授；黄雯（1988—），中央民族大学文学与新闻传播学院民俗学博士在读。

聪人异地搬迁形成的移民村，在城镇化的过程中如何将畲肥节作为民族文化的核心象征来进行重建，由此在新的村落共同体中实现民族身份的认同与文化记忆的传承。

一　苦聪人信仰与文化体系的核心

苦聪人自称"锅挫"，是一个居住在滇南哀牢山地区的民族，曾被外界称为"野人"。1987 年 8 月 9 日，苦聪人被认定为是拉祜族的一支。据统计，全国共有苦聪人约 3 万人，其中镇沅彝族哈尼族拉祜族自治县就有约 1.5 万人。畲肥节，汉语称为祭竜，是苦聪人传统生活中集祭神仪式、接亲待友、跳歌唱曲等多种民俗活动于一体的传统节日，关乎村民一年的生活平稳及生产富足，对苦聪人的日常生活发挥着重要影响，是苦聪人信仰与文化体系中的核心部分。

首先，畲肥节中的祭祀神灵仪式体现了苦聪人朴素的世界观与原始宗教观。传统的祭祀仪式中所祭的神灵包括天神、地神和山神（猎神），汉语统称为竜神。苦聪人在祭祀仪式中祈求神灵保佑村落中的人、牲畜和五谷一年到头平安顺利和丰收，反之，如果对其不敬将受到神灵的惩罚。对于神灵的敬畏之心是保证节日得以薪火相传的最主要文化心理和驱动力。其次，畲肥节是苦聪人的节日体系中唯一一个必须由村落成员共同参与的节日。苦聪人的传统生活方式以村落聚居为主，组成一个密不可分的村落共同体。正因为相信竜神对村落共同体及其成员的护佑功能，村落共同体中的所有成员都必须履行自己作为村落共同体一员的责任，自觉自愿地参与到节日中。另外，畲肥节中还包括接亲待客和跳歌等活动。这些节日活动为村民建立起了一个与村落之外的人群交流的平台，从而使畲肥节成为苦聪人生活中进行人情维系与择偶的重要交际方式。

畲肥节还是镇沅县拉祜族（苦聪人）的法定民族节日。而自 2005 年苦聪人受到外界的广泛关注后，在苦聪人本民族精英和当地政府的共同推动下，畲肥节从苦聪人的传统文化中被重视，并且成为打造成苦聪人文化的一面旗帜。

二　苦聪新村畲皅节的重建

2005 年，新华社记者伍皓、苑坚、王长山撰写的《云南镇沅苦聪人生活依然贫困》一文引起了温家宝总理的关注，温家宝对苦聪人做出了专门批示。苦聪新村便是在这一时代背景之下形成的一个异地搬迁移民村。该村建成于 2007 年，位于县城约十公里处的复兴村村委会驻地，交通便利，共接收安置九甲、者东、和平乡三个乡（镇）特困苦聪人 200 户 998 人，包括 3 个村民小组，是镇沅苦聪人异地搬迁项目中最集中的安置点。

苦聪新村建成后，在充分考虑到苦聪移民搬迁后文化适应的情况下，考虑到畲皅节在苦聪人信仰和文化体系中所具有的核心地位，重建畲皅节成为当地政府部门、民族精英和苦聪新村村民的共同诉求。苦聪新村畲皅节重建的具体过程是在当地政府的支持下，最初由吴小生和罗富良①具体组织筹备和实施的。他们在原有苦聪人畲皅节节日传统的基础上，通过对畲皅节节日祭祀地点的选择、节日活动的定型、节日主持者畲比谋的选定和培训等，在苦聪新村建构新的村落节日传统。自 2007 年举行第一届至今，苦聪新村的畲皅节已成为外界了解苦聪新村，乃至整个苦聪人群体的一个重要文化符号。对苦聪新村内部而言，畲皅节则默默地承担着建立新的村落文化与身份认同的重要使命。

（一）节日时空的确立

苦聪人传统的畲皅节节期一般为每年农历一月或二月的属牛日。在这一时间范围内，不同村落的节期又各有不同。后来，当畲皅节被定为镇沅县拉祜族的法定民族节日时，主要策划者吴小生和罗富良出于对节假日安排的便利性考虑，建议把畲皅节的节期固定为每年农历二月初八，于是形成了畲皅节不同节期共存的现状。苦聪新村作为一个新的村落共同体，本身并没有约定俗成的节期传统存在，而为了便于更多人能在节假日期间到

---

① 吴小生和罗富良是镇沅苦聪人。吴小生曾担任镇沅县副县长、人大常委会副主任等职务，罗富良现就职于镇沅县教育局。他们是苦聪人中受教育程度较高者，又有着文化自觉，扮演着苦聪人地方精英的角色，对于近年来苦聪人的社会发展，特别是文化发展发挥着重要作用。

苦聪新村来参与畲帕节,苦聪新村自 2007 年举办第一届畲帕节时,便将节期固定为每年的农历二月初八。

畲帕节传统的节日空间由祭祀仪式的举行地点和跳歌场所两部分组成。祭祀仪式的举行地点一般固定在村落中的神树下。每个村落中神树的选择必须符合传统规定的条件,通常来说,神树所在地必须高于村落中民房的平行线,被选中的神树必须枝繁叶茂,长势旺盛,以此表示神灵附于其上并给予护佑。节日中跳歌的场所一般选择在畲比谋家的院子里。

在苦聪新村,畲帕节祭祀仪式的举行地点位于苦聪新村第一村民小组上方的神树所在地。神树是由吴小生带领相关政府工作人员、村干部和部分村民一起选定的。他们出于便利性和神树长势的综合考虑,选定了一棵位于村委会所在地的第一村民小组上方、长势较旺的大树作为新村的神树。稍有遗憾的是,由于新村地理环境的限制和选择的有限性,神树所在地虽高于第一村民小组的房屋,却略低于第二和第三村民小组的房屋。神树选定后,吴小生等人又在神树前的空地上竖了一块用大理石制成的石碑,石碑的中间竖着刻有"垰生㭲"[①] 三个字,字的上方有代表苦聪人图腾的猫鱼抽象刻画[②],字的下方则刻有一群载歌载舞的人像。苦聪新村畲帕节中的聚餐和跳歌等活动则在新村委会大楼前举行。楼前是一块水泥铺成的篮球场。村委会大楼右侧的村委食堂用来准备节日用餐。为了便于到神树下举行祭祀神灵仪式,政府还专门拨款修出了一条从村委会前的广场通往村落上方神树的石砌小路。

(二) 节日仪式的定型

苦聪新村是一个由来自不同村落的人建立的村落共同体,村落人口的构成具有异质性。一方面,苦聪新村中的苦聪人来自不同的苦聪人聚居区,其所承载的村落文化传统各有不同;另一方面,在搬迁工程的现实操作过程中,苦聪新村的移民中夹杂有部分由汉族"变身"而来的苦聪人。这就造成了村民们文化传统和民族认同的差异性。因此,为了村落的凝聚力和村民的团结,重构被村民普遍接受的节日仪式传统就成为必要。

---

① 石碑上的"垰生㭲"三个字是苦聪话音译,苦聪话中"垰"就是寨的意思,"垰生门"是祭寨神的意思。

② 在吴小生、罗富良和罗成臻所著的《苦聪人的春天》一书中,将猫和鱼看作苦聪人的图腾。

在重建节日仪式过程中，面临着如何选择、组织、重述的问题。在举办苦聪新村第一届畲吧节时，吴小生和罗富良专门从者东镇学堂村请来了当地有名的畲比谋王永平来主持畲吧节祭祀活动，同时还请来了一些苦聪民间艺人和民众在节日中表演。他们拟定的第一届畲吧节活动议程包括祭祀活动（具体包括用阴阳卦选定神树、畲比谋祭神和祈福、回熟、转老鼠头、看鸡卦、撒神米等）、欢庆活动（具体包括木鼓歌舞、吹树叶、唱山歌、三跺脚表演）、松毛宴、夜间活动（茶艺表演和篝火晚会）。受节日组织者的影响，重建的节日仪式烙上了学堂村畲吧节传统的影子，只是其中的转老鼠头环节在学堂村已经消失，却在哀牢山外的苦聪人移民村得到了"复活"。另外，考虑到节日的观赏性，节日设计者还在最后增加了歌舞和茶艺表演。为了让这一节日仪式在苦聪新村得以传承，组织者选出几个合适的人对节日仪式全程跟随，并记录下流程，以便今后由他们来按照这一节日仪式操办畲吧节。就这样，苦聪新村的畲吧节节日仪式得以初步定型，原本来自不同乡镇的苦聪人开始遵循着统一的节日传统。

（三）畲比谋的产生

畲比谋，是畲吧节的组织者和最高权威，也被称为竜长。苦聪人认为畲比谋是畲吧节中和神灵沟通的人，只有通过畲比谋，他们才能传达自己对于神灵的敬畏和祈福心理。在传统的苦聪人社会中，为了保持畲比谋身份的神圣性，畲比谋的传承有专门的机制。大多数苦聪人村落中实行畲比谋的家族传承制。在任的畲比谋未去世之前，别人不能代替他来行使畲比谋的职责主持祭祀。畲比谋的继任人选由在任的畲比谋来决定，并通过言传身教实现对继任人的培养。

鉴于畲比谋在畲吧节中所发挥的重要作用，选择一位合适的畲比谋成为在苦聪新村重建畲吧节的重要环节。苦聪新村的特殊性，使得传统的畲比谋传承机制在这里无法实行。吴小生、罗富良和村干部商量之后，决定从新村的村民中选定王国富担任畲比谋。王国富来自九甲镇，他被选中有两方面的原因：一方面，他精通苦聪话，又是苦聪新村中的长者；另一方面，他对宗教相关事务较为热心，搬迁前，他曾长期参与老家一座观音庙的祭祀活动。于是，这一原本笼罩着神圣光环的角色就在世俗权威的干预之下产生了。作为苦聪新村的畲比谋，王国富全程跟班学习了第一届畲吧节的仪式过程，以后苦聪新村畲粑节仪式的主持棒就交到了他的手上。与传统苦聪村落中不同的是担任畲比谋这一角色的酬劳，王国富每年可以领取由村里补助的约 100 元钱，而他在履行畲比谋的角色职责时，经常会面临着如何去权衡县领导、村干部、文化工作者等各方面意见的境遇。

三　苦聪新村的节日传统与村落文化认同

文化具有凝聚共识、强化认同、调控秩序、重构价值体系的重要使命。城镇化是为适应产业结构调整和经济发展需求做出的战略调整，是在基于文化认同前提下，以文化自觉为内在的精神力量，以文化创造活力激发人们探索环境友好、社会和谐、个性鲜明的新城市发展空间的主体行为。文化自觉是城镇化的根基，是城镇化过程中人的内在精神动力，代表了城镇化过程中的软实力。新型城镇化之路必须以文化自觉为思想导向，在尊重文化发展规律的前提下，挖掘先进文化基因，传承文化传统，营造文化归属感，为新型城镇化发展提供有力的文化支撑。苦聪新村畲粑节的重建正是试图通过重建民族核心象征文化，来唤起村民在快速城镇化过程中的文化自觉，营造村落文化的认同感和归属感。

（一）新的节日传统

苦聪新村新建畲粑节之初，节日的设计者吴、罗二人按照自己家乡的节日传统绘制了节日蓝图并据此实施。但自节日记忆场被建构之后，在记忆场上发生的一切活动都因记忆主体具有主观能动性而具有了变异的潜力。事实证明，自 2007 年苦聪新村举办第一届畲粑节至今，随着节日被不断重复操演，节日主体在记忆场域中也不断地对节日进行调整，使之更契合于他们的当下生活。

至 2013 年苦聪新村举办第七届畲粑节时，与第一届相比已发生了一定的变化，通过几年时间逐步过渡为如今这一较为稳定的节日传统。苦聪新村的畲粑节与传统的畲粑节相比，其祭祀神灵仪式相对简化，聚餐和娱乐环节被加强；神圣权威地位下降，世俗权威具有了更多话语权等，苦聪新村的畲粑节成为一个更为开放的节日。

（二）村落认同文化

认同是与文化和身份紧密相连的概念，身份的认同需要通过文化来得以实现。人们通常把文化身份看做某一特定的文化所持有的，同时也是某一具体的民族与生俱来的一系列特征。① 王明珂说："需要强调族群文化特征的人，常是有族群认同危机的人。"② 畲耙节在苦聪新村的重建，是苦聪新村文化认同与身份认同缺失所引起焦虑的一个折射。苦聪新村的畲耙节为这个刚组建而成还未具有文化黏合性的村落共同体提供了产生村落文化认同的土壤。凯斯认为，文化认同本身并不是被动地一代一代传下来的，或者以某种看不见的神秘的方式传布的，事实上是主动地、故意地传播出去的，并以文化表达方式不断加以确认。③ 畲耙节正是促成这一文化传播的途径，畲耙节的节期、节日举办场所和其中的节日象征物以及节日仪式，使村民们获得了对于节日的集体记忆，从而逐渐产生对于村落文化的认同感。

在畲耙节举行的场所中包含着神树和石碑两个文化标志性象征物。在传统苦聪人村落社会中成长起来的苦聪人，对于神树都有着一份特殊的敬畏与情感。神树的存在，将苦聪新村这个孤独的移民村与哀牢山中的苦聪人传统社会紧紧链接在一起，彰显着民族文化的同源性。苦聪新村的村民们通过感知神树的存在，便在心里获得了一份村落文化与民族文化的同源感。神树前的大理石石碑上刻有"垾生门"的字样和一些与畲耙节相关的图案。这一一米多高的雕刻大理石石碑，与传统苦聪人村落中神树前用石头随意搭成的神龛相比，堪称豪华。村民们在向外人介绍苦聪新村时，最先提及的往往便是这块令他们引以为豪的石碑。石碑所代表的对畲耙节文化地位的肯定，使村民们获得了一份节日文化自豪感。另外，节日仪式也是村民们获取村落文化认同的重要方式。王明珂曾谈到，我们许多的社会活动，是为了强固我们与某一社会群体其他成员间的集体记忆，以延续

---

① 张宝成：《民族认同与国家认同》，人民出版社 2012 年版，第 101 页。

② 王明珂：《华夏边缘：历史记忆与族群认同》，台北：允晨文化实业股份有限公司 1998 年版，第 34 页。

③ 周星、王铭铭：《社会文化人类学讲演集》，天津人民出版社 1997 年版，第 486 页。

群体的凝聚。① 集体仪式正是这样一种社会整合的核心媒介。作为重复举行的、神圣化的社会活动，集体仪式的基本功能在于给最重要的价值以肯定。每年畲肥节期间节日仪式的举行，都在不断强固着村民们对于畲肥节的集体记忆。节日仪式的操演还使得村民们获得一份节日的现实参与感，从中建构着村民的文化身份，塑造着村落文化的集体记忆。在村落文化认同的再生产过程中，也缔造了村民们的身份认同。

值得注意的是，苦聪新村村民们民族身份的认同还与畲肥节使村落共同体所获得的利益相关。苦聪新村作为苦聪人扶贫项目中的重点工程，自建村伊始就已经被贴上了民族身份的标签。"苦聪人移民"的身份使当地政府苦聪新村的建设和发展呵护有加，其他的社会团体也经常以各种形式对苦聪新村的村民提供帮助。苦聪新村的畲肥节作为村落文化的象征，自然也得到了政府和外界的极大支持和关注。每年苦聪新村举办畲肥节时，政府都会给予相应的资金和物质的资助，当地新闻媒体也争先前来报道。苦聪新村的村民们对于他们的民族身份所带来的实际生活中的利益深有体会，也明白维持这一民族身份对于他们的发展大有裨益。因此，当政府和地方文人牵头建构畲肥节节日传统时，他们中的大部分也都积极地参与其中，希望通过民族节日传统的建构和传承，在村落内外建立起文化和民族认同，从而长期获得"苦聪人"的身份给他们带来的利益。

四　结语

畲肥节在苦聪新村的重建，是因为苦聪新村作为移民村，面临着严重的民族认同和村落认同危机。畲肥节是苦聪人文化系统中重要部分，通过在苦聪新村对畲肥节进行建构，村民们获得了对民族文化和村落文化的认同，并进而建立起了对于村落成员身份的认同。苦聪新村畲肥节的重建，在助力于村落认同的同时，更显示出它对于苦聪新村村落社会的维稳与和谐所具有的巨大潜力，也向我们彰显出民族传统文化对于解决社会流动所带来的一系列问题所能发挥的巨大作用。当今社会的迅速发展与变迁，导致了人口流动的普遍性，以及由于带来的一系列社会问题。如何合理利用

---

① 王明珂：《华夏边缘：历史记忆与族群认同》，台北：允晨文化实业股份有限公司 1998 年版，第 48 页。

民族传统文化，发挥文化软实力的社会功用，是学者们所肩负并应践行的历史使命。

畲耙节作为苦聪人传统谱系中的核心象征文化，在城镇化的"新村"建设过程中，在多种力量的较量中调适，在不同需求的人员的共谋下被继承、被重建是村落共同体建设的需要，是苦聪人信仰重建的需要，当然，在核心象征文化重建过程中，其新的文化结构、新的意义表达均与时代价值取向相一致。

Study on Rebuild of Symbolic Culture in The Process of Urbanization

Lin Ji-fu　Huang Wen

Abstract：In the urbanization process of Kucong village, where is an immigrant village of Kucong nationality, Sheba Festival regarded as the core faith and culture system of Kucong people has been rebuilt in Kucong new village in order to solve the crisis of national identity and village identity. The process of rebuilding was realized through reestablishment of core symbolic culture like festival space-time and festival ceremony. New festival traditions were established in Kucong new village based on original residence festival traditions, making villagers get the identities of village and village membership. Meanwhile, the new cultural structure with new meaning expression of Sheba Festival in Kucong new village has reflected the same value orientation.

KeyWords：festival rebuild；Kucong people；Sheba Festival；urbanization

基于京津冀一体化下的都市圈比较分析

唐少清 刘 敏 姜鹏飞 *

摘 要：京津冀一体化发展已经上升为国家战略，如何协同发展，实现可持续发展，需要各方成共识。本文从京津冀一体化发展的理论视角出发，对京津冀、长三角、珠三角的区位特征和产业特征进行比较，然后再把京津冀都市圈放在全球都市圈的范围内，从而寻求一条可持续发展之路。

关键词：区域一体化；都市圈；比较研究

区域一体化（Region integration）是城乡一体化①（Rural-urban integration）的高级阶段，是城乡一体化发展到一定阶段的产物，是城乡一体化在区域发展上的更高层次的顶层设计，分工协作，共同发展的新形式、新模式。

一 问题的提出

在 2014 年 2 月 26 日举行的京津冀协同发展工作座谈会上，习近平总书记明确提出："实现京津冀协同发展，是一个重大国家战略，要加快走出一条科学持续的协同发展路子来。"此次讲话，首次将京津冀协同发展上升到国家战略层面。

习近平总书记高度重视京津冀一体化的发展，关注北京的城市功能

---

* 唐少清，北京联合大学商务学院党委副书记，北京联合大学商务学院体委主任，中国软科学研究会个人会员，河北大学经济学院硕士生导师；刘敏，北京联合大学旅游学院副教授；姜鹏飞，北京联合大学商务学院教师。

① 许德才、唐少清：《北京城乡一体化新趋势研究》，《生态经济》2013 年 9 月。

定位，指出京津冀的一体化是国家战略，北京必须坚持有所为、有所不为，深刻理解北京的"舍"与"得"，充分发挥北京在京津冀都市圈中的核心作用，解决好北京的"城市病"，提高京津冀区域发展的可持续性。

二　经济圈理论与京津冀一体化发展的理论分析

（一）经济圈含义与特点

经济圈是生产布局的一种地域组合形式。主要从地域的自然资源、经济技术条件和政府的宏观管理出发，组成某种具有内在联系的地域产业配置圈。战后日本经济圈的建设即按此模式，在打破行政分割，积极发挥中心城市功能和发展城市与企业间的横向经济联系的基础上实现的。经济圈的形成多以城市为中心。大地域的经济圈一般都有原材料生产区、能源生产区、加工区和农业基地，从而构成一种综合产业圈。

城市经济圈是现代经济发展中一个具有划时代意义的概念，由法国地理学家戈特曼首创。国内学者在 20 世纪 90 年代开始研究并推广城市经济圈的理论。虽然对城市经济圈的概念有不同的看法，但大多数学者将都市经济圈定义为：以一个或多个经济较发达并具有较强城市功能的中心城市为核心，包括与其有经济内在联系的若干周边城镇，经济吸引和经济辐射能力能够达到并能促进相应地区经济发展的最大地域范围。城市经济圈的基本特征是高聚集、高能级、开放型。人们一般把若干密集城市构成的经济区域，称为"城市经济圈"，或"城市经济群""城市经济带"。应该说，这三个概念是有严格区别的，它们分别反映了密集的城市在地理空间上的不同分布形态：一种是环状的；一种是点状的；一种是带状的。然而，从经济关系比较，"城市经济圈"最具有经济学意义。经济学意义上的"城市经济圈"可以定义为，由一个具有较高首位度的城市经济中心，和与中心密切关联且通过中心辐射带动的若干腹地城市所构成的环状经济区域。

城市经济圈的特点可以概括为：

（1）圈层结构。城市经济圈的经济发展以核心城市为中心以圈层状结构向外发展，其周围地域根据其影响的强弱及功能组织的不同而往往被划分为若干圈层：核心城市区、都市区（由核心建成区和近郊区环组成）、都市圈、大都市圈。

（2）等级性。根据城市经济圈的经济影响力，可划分为不同等级的城市经济圈，如国际性、国家性、区域性，高一层次的城市经济圈包含低一层次的城市经济圈，如上海城市经济圈包含南京、苏、锡、常城市经济圈。

（3）集聚性。城市经济圈不仅人口、自然资源等基本生产要素密集，更是现代工业、现代服务业、现代通讯业等现代通信业集中地，经济总量巨大，单位面积产出量高，具有较强区域竞争力的国家经济的重心区和增长极。

（4）一体化。城市经济圈属于区域类型中的节点区。城市经济圈充分发挥市场对资源配置的基础性作用，打破地区分割、城乡分割格局，促进区域产业合理布局和要素自由流动，实现城市之间、地区之间比较优势和竞争优势的发挥，区域经济依托联系紧密的城市网络（城市间的交通网、通信、商品流通网、金融网）搭建发展平台，形成功能一体化的经济区。

（5）规划性。在区域性的基础设施建设、国土资源开发、生态环境保护、城镇体系建设等重大问题上，市场是失灵的，必须由政府和非政府组织进行长远性、战略性的规划。而且，规划主要是由政府间的协调实现的，通过政府间的协调可以消除不同行政区的政策和制度之间的矛盾，打破行政壁垒，降低市场交易成本、行政成本、制度成本，统一区域市场实现生产要素和商品、人员的自由流动，有利于市场机制发挥作用。

（二）城市经济圈战略发展模式的理论基础

罗斯托的区域经济发展理论和弗里德曼的"核心—边缘"理论都认为随着区域经济的增长，区域经济空间结构随之改变。经济发展到高级阶段时经济空间相对均衡，区域城市化已发展成熟，区域成为一个功能上相互依赖的城镇体系，区域关联平衡发展。城市经济圈正是区域向着相对均衡关联发展区域经济空间一体化的组织状态。区域经济学理论为城市经济圈的空间经济结构提供了理论基础。

一是传统的增长极理论和核心边缘理论。中心城市是区域经济发展的增长极和核心，作为区域经济中心，由于其显著的聚集经济效益对外围人才、资本、技术等各种生产要素吸引力大，经济创新能力强，对外围具有较强的组织带动作用。

二是中心地理论。它解释了区域城市体系的等级性，为城市经济圈内的城市体系建设提供了支撑。

三是苏联生产地域综合体的理论。对城市经济圈内的资源开发、产业发展、地区分工、基础设施建设等具有指导意义。

四是区域一体化理论。其主要包括两个方面内容：其一是以自由贸易为特征的共同市场的形成；其二是具有产业中心的城镇体系的形成。区域一体化包括区域的经济一体化和政治一体化，二者相辅相成。

（三）京津冀一体化发展的理论分析

京津冀一体化发展可基于以下三个维度来分析与思考。

（1）中央与地方政府间共识，形成协同发展。协同发展是指区域内部不同地区之间以及不同区域之间为了共赢发展而开展的地方政府合作行为。在区域合作过程中政府的作用主要是促进要素资源合理流动，纠正市场失灵，以实现区域协同发展。京津冀有着特殊的历史渊源，经济社会发展具有梯次性、互补性和共生性等特征，具备区域合作的良好基础。

（2）因产业结构不同，形成梯次性发展。梯次性是指不同地区之间由于存在经济社会发展差距而形成的阶段性特征。梯次性构成了区域合作的内生动力，在梯度发展理论下，各地区可以通过合理分工以及技术转移实现区域协调发展。京津冀区域发展具有比较明显的梯次性特征。按照世界银行对不同国家收入分组标准，北京市和天津市已经达到富裕国家水平，而河北省只有中等收入水平。2012 年北京市第三产业比重达到76.5%，而天津市和河北省分别为 47% 和 35.3%，经济社会发展存在较大差距。梯次性为京津冀区域合作提供了理论前提，通过推动产业有序转移，可以实现三地互利共赢。

（3）因资源禀赋不同，而形成互补性发展。互补性体现了各地区基于比较优势而从交易中获益的可能性。根据比较优势理论，各地区应集中发展具有比较优势的产业，并通过地区贸易使双方获得收益。京津冀要素禀赋不同，北京市教育、科技和文化资源丰富，天津市具有航运、物流和制造业优势，河北省拥有劳动力、土地等成本优势，在发展过程中应形成有效互补，以放大本地优势。互补性还为各地区借力发展创造了条件。单个地区发展到一定阶段往往会受到本地要素资源的约束，如果地区之间具有互补性，则可以有效缓解约束，为区域发展提供持续动力。北京市、天津市拥有丰富的科技、文化和教育资源，但是也都面临着人口过度聚集、交通拥堵、空气污染严重等"大城市病"，河北省具有广阔的产业承载空间，但由于发展资源不足，产业转型升级压力较大。开展区域合作，可以实现区域优势互补，推动区域可持续发展。

（4）因一体化，而形成共同发展。共生性是指区域内部各地区之间所具有的相互依赖的特性。共生性存在的原因在于区域公共物品的外部性。诸如空气污染、水资源开发与利用、水环境污染、食品安全等物品都具有跨域流动特征，无法在单个地区内部解决，只能通过区域协同在一体化框架内才能提出系统解决方案。当前，京津冀面临着空气污染严重、水资源紧缺等共性问题，亟须加强区域合作，有序推进区域整体的一体化发展。

三　京津冀的区位特征与产业特征比较分析

从大区域角度看，京津冀与长三角、珠三角存在着不同。在深圳、上海浦东试点开发的带动下，珠江三角洲和长江三角洲两大区域加速发展，推动了中国经济的两次腾飞式发展。相比之下，在经济总量、对外开放程度、市场化进程和区域合作一体化等方面京津冀都市圈与长三角、珠三角都市圈还存在着一定的差距。

从经济总量上看，京津冀地区明显落后于长江三角洲地区，与珠江三角洲地区相近，人均国内生产总值明显落后于长三角和珠三角；从经济外向度来看，进出口总额、实际利用外资等方面京津冀地区均落后于长江三角洲地区和珠江三角洲地区；从市场化改革进程来看，国有经济比重较高，城市化率低于长三角和珠三角的平均水平；从区域合作一体化来看，受行政体制约束影响，京津冀地区一体化进程缓慢。从京津冀一体化结构看，京津冀三地也存在着区域差异，区位特征、产业特征均有所不同。

（一）区位特征比较

北京市"十二五"发展的指导思想是：全力推动人文北京、科技北京、绿色北京战略，进一步提高"四个服务"水平，努力打造国际活动聚集之都、世界高端企业总部聚集之都、世界高端人才聚集之都、中国特色社会主义先进文化之都、和谐宜居之都，推动北京向中国特色世界城市迈出坚实的步伐。天津市定位是现代化国际港口大都市和中国北方重要的经济中心。对照城市定位，京津冀都市圈发展面临的首要任务是对产业布局进行重新规划，进行区域间合理分工，北京逐步退出"经济中心"，加快第三产业尤其是服务业的发展；天津恢复北方经济中心，加快推进滨海新区开发开放；利用原料优势，依托曹妃甸，大力发展新型工业。京津冀都市圈是指以北京市和天津市为中心，囊括河北省的石家庄、保定、秦皇岛、廊坊、沧州、承德、张家口和唐山八座城市的区域，京津冀都市圈占地 183704 平方公里，占全国总面积的 1.9%。人口 7605.13 万人，占全国总人口的比重为 5.79%。

（二）产业特征比较

京津冀都市圈具备比较完整的产业体系，拥有信息传媒、科技创新、金融服务、文化体育等高端产业；通信设备、计算机及其他电子设备制造业，汽车制造、医药制造等现代制造业；铁矿、煤矿、石油开采，黑色冶金、石油加工、综合化工以及农业生产等基础产业。北京市已经形成了三、二、一的国际化都市型产业格局，处于工业化的高级阶段；天津市形成了二、三、一的工业城市产业格局，处于工业化中级阶段；而河北八市的产业格局差异较大，但整体处于工业化初期阶段。因此，在京津冀都市圈的产业结构梯度转移由于产业梯度的存在以及产业结构升级的需要，产业结构有着在国家、地区间梯度转移的规律。

表 1　　　　　　　　与长三角、珠三角经济圈的比较

项目	长三角经济圈	珠三角经济圈	京津冀都市圈
提出与建立	1992 年 14 市经贸委协作会	1994 年 10 月 8 日省党代会	2006 年国家发改委规划听取建议
面积（占全国比例）	2.19%	0.43%	1.9%
人口（占全国比例）	11.88%	18%	6.87%
GDP（占全国比例）	20%	8.3%	9.1%
核心城市	上海市、南京市、杭州市	广州市、深圳市	北京市、天津市
囊括城市	1 个直辖市、2 个副省级市、13 个地级市	2 个副省市、12 个地级市	2 个直辖市、1 个省级市、11 个地级市
社会功能	近代工业与经济	外贸经济	政治中心
社会结构	政府主导，兼有市场	政府、市场、社会互动	政府主体
竞争力	区位竞争力高	制度竞争力高	聚集竞争力高
动力机制	民资主导型	外资推动型	国资主导型
增长源	投资拉动型	出口拉动型	内需驱动型
高技术产业	微电子、光纤通信、生物工程	电子信息、电器机械、石油化工	研发机构相关的产业和总部经济
发展引擎	上海世博会和国际都市建设	港澳与内地建立紧密经贸制度安排	举办奥运会及国际会议
特色	买办经济模式、温州模式、苏南模式	南海模式、顺德模式、深圳模式、东莞模式	国有模式

注：收集和摘取了 2012 年的数据，如非 2012 年数据，在表格中单独标注。

从表中可以看出：

京津冀地区在面积仅占全国 5% 的情况下，容纳了近 37% 的人口，创造了近 38% 的 GDP。同时，三大经济区代表了三种不同的资源、优势和运作机制。

（三）"大北京"发展模式

京津冀的发展有赖于"大北京"的建设。"大北京"更加强调开放性，更加强调在参与世界政治、经济、文化生活和国际交往等活动中的组织管理协调功能。"大北京"之大主要是指以北京、天津为"双核"，在京津唐和京津保两个三角地区，发展中等城市，增加城市密度，从"单中心放射式"向"双中心网络式"转变，城市沿交通轴呈葡萄串状分布发展。这一种发展将会使北京"摊大饼"带来的中心区污染和拥挤问题有所缓解。同时应发展轨道交通，并通过高速公路等与市区连接，将北京的中心区居民逐步向郊区和卫星城转移。这样，既可避免"摊大饼"的后遗症，还可拉动内需，实现北京居民"住大房、住便宜房"的愿望。

京津冀都市圈的发展要进行顶层设计，尽快建立区域合作机制，制定区域经济一体化规划，努力清除市场障碍，切实推进经贸合作，加快推进基础设施的一体化规划与建设。

四　京津冀一体化下的都市圈建设与发展

全球城市化的进程与发展，就是人口、生产和公共服务在空间上的集聚过程。市场自然选择的结果造成城市越来越大，一些城镇化水平较高的地区，若干个不同等级规模的城市，依托一定的自然环境和交通条件，不断加强联系，构成了城市群。而城市群发展到成熟阶段，出现了以特大城市为核心，周边城市共同参与分工合作、优势互补、逐步一体化的圈域经济，就是都市经济圈。

20 世纪，全球范围内相继形成了纽约、美加五大湖、日本东京、法国巴黎、英国伦敦五大都市圈，都市圈在各国及世界经济发展中起着龙头，具有强大的辐射能力和带动作用。

京津冀都市圈，要在世界五大都市圈的对比中，发现自己优势和劣势，寻找符合自身特点的发展模式和发展战略。

表 2   **与世界五大都市圈的比较**

项目	纽约都市圈	美加五大湖都市圈	东京都市圈	巴黎都市圈	伦敦都市圈	京津冀都市圈
范围	波士顿、纽约、费城、巴尔的摩和华盛顿 5 个大城市，40 个 10 万人以上中小城市	芝加哥、底特律、克利夫兰、匹兹堡、加拿大的多伦多和蒙特利尔	以东京市区为中心，半径 80 公里，东京、崎玉县、千叶县、神奈川县	法国巴黎、荷兰阿姆斯特丹、鹿特丹、比利时安特卫普、布鲁塞尔和德国的科隆。	以伦敦—利物浦为轴线，包括伦敦、伯明翰、谢菲尔德、曼彻斯特、利物浦等	北京、天津、石家庄等 14 个大中城市。
面积	13.8 万平方公里	9.42 万平方公里	1.34 万平方公里	14.5 万平方公里	4.5 万平方公里	18.37 万平方公里
人口	6500 万	5900 万	3400 万	4600 万	3650 万	9000 万人
城市化	90%		80%	80%		
规划与建设	1870 年孤立城市，1870—1920 年区域性城市，1920—1950 年大都市带雏形，1950 年大都市带形成四个阶段	1921 年第一次调整向郊区扩散，1968 年的第二次规划建立多个城市中心，1996 年美国东北部大西洋沿岸城市带的规划	1956 年 "首都圈整顿方案"，1968 年大东京都市圈建设规划，1976 年建立区域多中心复合城市，1985 年多极、多圈层的城市结构	1932 年根据区域开发需要设立巴黎地区，1956 年《巴黎地区国土开发计划》成立，1960 年《巴黎地区整治规划管理纲要》，1994 年《巴黎大区总体规划》	1930 年早期规划和 1992 年现代规划	国家发改委于 2004 年 11 月启动京津冀都市圈区域规划的编制工作

项目	纽约都市圈	美加五大湖都市圈	东京都市圈	巴黎都市圈	伦敦都市圈	京津冀都市圈
圈层结构	塔尖是纽约，第二层是波士顿、费城、巴尔的摩、华盛顿 4 大城市，再下是围绕在 5 个核心城市周围的 40 多个中小城市	20 多个人口 100 万的特大型城市。	中枢管理城、生产城、居住城、生产和生活兼用城、学园城、游览城	建设空间、农业空间和自然空间	内伦敦、大伦敦、标准大城市劳务区、伦敦大都市圈四层	包括北京、天津两个直辖市和河北省的唐山、石家庄、秦皇岛、廊坊、保定、沧州、张家口、承德 8 地市
产业结构	商贸、研发机构、政治中心、港口	经济转型、产业升级和环境保护	制造业、金融业	奢侈品生产和第三产业	金融业和文化创意产业	高新技术产业、现代服务业
特色	产业分工最完善、最有序	产业升级和可持续发展能力强	交通港口一体化	城市生活质量高，均衡发展	创意产业和区域经济	两市一省互动

注：数据来自 www.examda.com

从表中可以看出：

都市圈的发展都要经历产业升级、经济转型和环境保护的过程。

都市圈的经济功能和宜居功能并重，可持续发展已经成为都市圈经济的共同关注点。

五　结论

从五大都市圈的发展轨迹看，其形成和演进过程中都经历了中心城市壮大，核心城市外扩，城郊融合发展，多核心都市圈域合作发展，城市群域协调发展五个阶段。因此，对于目前的京津冀都市圈来说，正处于

"多核心都市圈域合作发展"阶段，对此，应通过顶层设计，市场机制，协同发展，可持续推进京津冀一体化发展。[①]

构建一个中心。以京津冀都市圈经济一体化发展为中心，区域经济一体化的实质就是打破行政区划界限，按区域经济原则统一规划布局、统一组织专业化生产和分工协作，建立统一的大市场，优势互补、联合协作，联结并形成一个利益命运共同体。在京津冀都市圈发展过程中，应该坚持以一体化发展为中心：在市场经济条件下，坚持顶层设计，充分发挥京、津、冀三地经济发展方向的同一性、产业结构互补性的特点，促进生产要素的自由流动，加速产业的整合与重组，实行地区经济联合与协作，从而以整体优势参与对外竞争。

培育和发展两个增长极。增长极理论的主要观点是：区域经济的发展主要依靠条件较好的少数地区和少数产业带动，应把少数区位条件好的地区和少数条件好的产业培育成经济增长极。通过增长极的极化和扩散效应，影响和带动周边地区和其他产业发展，把北京市和天津市作为京津冀都市圈发展的双增长极。北京市通过发展总部经济、充分发挥后奥运经济的能效、加快发展第三产业，将北京市发展为中国的"硅谷"、世界的"文化产业中心"。将天津港和河北省几个临近港口进行整合、功能定位、职能分配，共同将天津市打造成中国北方的"马六甲"。借助中央给予天津市的金融改革试点的政策和机会，将天津市发展成为中国资金输往海外和外国资金进入中国的中转站，成为中国的"华尔街"。

实现三层次发展战略。首先要增强核心城市竞争力，充分发挥其扩散效应。都市圈形成过程中的普遍功能特征是：首先由中心城市产生集聚效应，然后由集聚效应发挥扩散效应，积聚带来扩散，而扩散则进一步增强集聚能力。第一层的发展应该是加强核心城市的集聚能效。一方面加强政策、资源、信息、人才的支持力度，促进优势产业的发展；另一方面要避免大都市问题的出现，提倡住宅郊区化，合理控制流动人口，加强节能减排力度。其次，发挥城市群体能级效应，构建"金字塔"形城镇体系。第二层的发展应该是发挥核心城市的扩散能效。由核心城市优质的资源，带动都市圈内其他城市的发展。都市圈的一个基本特征就是具有层次性的城镇规模分布，合理的城镇规模体系应呈"金字塔"形，由塔尖到基座

---

① 唐少清：《可持续推进京津冀协同发展》，《前进》2014 年 6 月。

依次为中心城市、次中心城市、中等城市和小城市。城镇等级体系是实现
都市圈内资源配置和城市间功能互补合作的重要条件。京津冀都市圈面临
着次中心城市空缺，中等城市过少，小城市过多等问题。第三层的发展应
该是发挥都市圈的整体扩散效应，提出"泛京津冀都市圈"的概念，将
京津冀都市圈的腹地延伸到整个"三北"地区。

Regional Comparative Analysis Based on the Integration in Jing-Jin-Ji Area

Tang Shao-qing

Abstract: The development of integration in Jing-Jin-Ji Area has become the national strategy. How to carry out the collaborative and sustainable development needs reach agreement. From the theoretical perspective of integration in Jing-Jin-Ji Area, in this paper the regional characteristics among Jing-Jin-Ji Area, Yangtze River Delta and Pearl River Delta ane compared. And the Jing-Jin-Ji Area metropolis circle is to be compared in the range of world metropolitan circle so as to seek a path of sustainable development.

Keywords: regional integration; Metropolitan circle; comparative study

传统村落发展对新型城镇化下乡村规划的启迪*

摘　要：新型城镇化背景下的村庄规划如何制定，是一个值得探讨的问题。本文以入选第一批中国传统村落的门头沟区斋堂镇爨底下村为例，通过对古村落特色空间格局的保护与延续进行了深入的研究，从风水文化、空间布局与基础设施、建筑文化、生态文化、宗族文化五个层次分析爨底下村的文化特征和内涵，再从这五个层次入手，探讨传统村落对新型城镇化背景下乡村规划的文化启示。该研究旨在深入挖掘古村落的文化内涵，为新型城镇化背景下乡村规划提供参考，让村民望得见山、看得见水、记得住乡愁。

关键词：传统村落；新型城镇化；乡村规划；爨底下村

一　引言

在"重城市轻乡村"思想的深刻影响下，城市在法定的城市规划指导下有序发展、建设和管理，而农村却因广泛缺乏系统规划、乡村建设活动呈现自发和随意状态，无序建设造成农村土地资源浪费严重，进一步加剧城乡二元分割的局面。2005年十六届五中全会提出"生产发展、生活

---

* 科研项目：北京联合大学自然科学类新起点计划项目（ZK201201），北京学研究基地资助项目（BJXJD-KT2014 - YB01），北京学研究基地开放课题（Sk50201401）。

** 杜姗姗，北京联合大学应用文理学院教师；蔡建明，中国科学院地理科学与资源研究所教授；张景秋，北京联合大学应用文理学院教授，城市系主任。

宽裕、乡风文明、村容整洁、管理民主"的社会主义新农村建设，2006年中央一号文件为标志开展的社会主义新农村运动为展开村庄规划提供了政治动力，推动各级地方政府从资源投入、组织宣传等方面为开展村庄规划提供条件，该阶段的主题是村庄整治，以清垃圾、清淤泥、清路障和改水、改路、改厕、改灶的"三清四改"为重点[①]，主要关注农村基础设施建设和针对农村脏、乱、差现象的村容村貌改善规划[②]，大大改善了中国乡村的村容村貌和乡村居民的生活质量，但是该阶段的村庄主要限于建设规划，既极少涉及土地地籍、产权和土地整理，也缺乏具有实际操作性的村庄经济社会发展方面的内容[③]。

2007年颁布的《城乡规划法》将村庄规划纳入法定规划，使村庄规划获得了更为清晰和明确的法律地位，并为村庄规划提供了制度上的保障和技术上的支持。[④] 很多省市"送规划下乡"、集中组织村庄规划编制，短短几年就实现了村庄规划的全覆盖。然而，这种"由上至下"的村庄规划，在对长时间无序建设的广大农村地区具有良好管制和引导作用的同时也存在很多弊端，例如简单套用城市规划的方法和手段制定村庄规划[⑤]、借村庄规划控制村庄土地利用、"增减挂钩"给城市满足城市建设用地的需求[⑥]、忽视村庄自然地形和原有肌理而轻易地"推倒重来"规划成联排住宅加规整路网的新村[⑦]。

党的十八大和中央经济工作会议提出的"新型城镇化"迅速上升为国家战略并成为本届政府执政的重要理念。随着我国新型城镇化的快速推进，以及美丽乡村建设的进一步开展，乡村规划越来越受到关注。新型城

---

① 郭杰忠、黎康：《关于社会主义新农村建设的理论研究综述》，《江西社会科学》2006年第6期。

② 仇保兴：《避免四种误区，做到五个先行，建立五种机制村庄整治是新农村建设长期的任务》，《城乡建设》2005年第12期。

③ 张建等：《新农村建设村庄规划设计》，中国建筑工业出版社2010年版；安国辉：《村庄规划教程》，科学出版社2008年版。

④ 仇保兴：《避免四种误区，做到五个先行，建立五种机制村庄整治是新农村建设长期的任务》，《城乡建设》2005年第12期。

⑤ 孙敏：《城乡规划法实施背景下的乡村规划研究》，《江苏城市规划》2011年第5期。

⑥ 邵爱云：《村庄整治项目的确定及相关措施——以北京市平谷区甘营村村庄整治规划为例》，《建筑学报》2006年第5期。

⑦ 张建等：《新农村建设村庄规划设计》，中国建筑工业出版社2010年版。

镇化背景下的村庄规划有什么特点,是延续原有的规划范式还是发生了模式的重构,是目前村庄规划面临的重要挑战,很多专家、学者和政府部门予以密切关注。新型城镇化背景下的村庄规划主要研究对象有城中村①、中心村②、新型农村社区③的建设规划;针对村庄规划,学者们提出进行乡村景观规划设计④、将村民作为村庄规划编制和实施的重要考虑因素⑤、以农村公共服务与基础设施规划为基础⑥的乡村规划模式,并提出基于城市设计手法⑦、基于环境意象⑧、基于低碳视角⑨、分区层面⑩的村庄规划视角和方法。

　　已有的研究主要针对村庄的物质规划,却忽视了村庄的文化内涵。针对村庄规划的"乡村文化"相关研究较少⑪,已有研究中主要针对古村落开发中的特色空间格局保护⑫,村庄规划的"乡村文化"相关研究仅有唐燕以嘉兴凤桥镇为例探讨村庄布点规划中的文化保护策略,刘传林等在新

---

①　冯璐、张佩:《基于脆性理论的城中村改造系统风险规避策略研究——以西安市四个城中村为例》,《建筑与文化》2013 年第 12 期。

②　刘秋银、陈赟:《我国新型城镇化规划应重视中心村》,《发展研究》2014 年第 4 期。

③　肖哲涛、郝丽君、陈红涛:《"三化"协调发展下新型农村社区建设的规划应对》,《小城镇建设》2013 年第 2 期。

④　邵剑杰、黄淑娟、李先富:《"美丽乡村"建设背景下的乡村景观规划设计方法研究——以桂林市阳朔县新寨村景观规划设计为例》,《住宅科技》2014 年第 1 期。

⑤　刘珍:《面向村民的村庄规划编制模式的理论研究》,《广西城镇建设》2013 年第 11 期。

⑥　戴帅、陆化普、程颖:《上下结合的乡村规划模式研究》,《规划师》2010 年第 1 期。

⑦　陈铭、曾飞、伍超:《基于城市设计手法的村庄规划初探》,《华中建筑》2014 年第 1 期。

⑧　王成芳、孙一民、魏开:《基于环境意象的村庄规划设计方法探讨——以广州市南沙街东片村庄规划为例》,《规划师》2013 年第 7 期。

⑨　董魏魏、刘鹏发、马永俊:《基于低碳视角的乡村规划探索——以磐安县安文镇石头村村庄规划为例》,《浙江师范大学学报(自然科学版)》2012 年第 4 期。

⑩　周轶男、刘纲:《美丽乡村建设背景下分区层面村庄规划编制探索——以慈溪市南部沿山精品线规划为例》,《规划师》2013 年第 11 期。

⑪　任朋朋、张丹华、侯爱敏等:《国外村庄规划中的文化要素处理及启示》,《南方农村》2012 年第 1 期。

⑫　汤蕾、陈沧杰、姜劲松:《苏州西山三个古村落特色空间格局保护与产业发展研究》,《国际城市规划》2009 年第 2 期。

农村的规划建设中借用古村落的空间布局手法①，任朋朋等分析了英国、美国、澳大利亚、日本和韩国等发达国家村庄规划中文化要素处理方面的做法②，并未形成基于传统村落、延续传统文化的村庄规划思路。因此笔者试图挖掘传统村落发展中的文化内涵，旨在对新型城镇化下乡村规划的科学发展提供一些理论上的思考。

本文拟以中国历史文化名村、第一批中国传统村落的北京市门头沟区斋堂镇爨底下村为例，从风水文化、空间布局与基础设施、建筑文化、生态文化、宗族文化五个层次分析传统村落的文化特征和内涵，再从这五个层次入手，探讨传统村落对新型城镇化背景下乡村规划的文化启示。

二　爨底下村的文化内涵

爨底下村位于北京门头沟区斋堂镇西北部的深山峡谷中，距北京市区 90 公里，距门头沟区 65 公里。在明、清时代，该村所在地为京西贯穿斋堂地区西部东西大动脉最重要的古驿道，它是京城连接边关的军事通道，又是通往河北、内蒙古一带的交通要道。古村位于古驿道距离斋堂西 6 公里的山坡地段。海拔 650 米，属太行山脉，清水河流域。气候为温带季风气候，夏季凉爽，冬季寒冷。在该村 5.33 平方公里的村域中，四面群山环抱，山脉起伏蜿蜒，气势壮观，山形奇异优美。村内有山泉，有充足的日照，良好的自然植被和适宜耕作的土壤。是一处生态环境良好，适宜耕作和居住的建村基地，为爨底下古山村的生存与发展提供了极为难得的地理条件和良好的生态环境（图1）。

2001 年之前，村民职业以务农和外出打工为主，2001 年之后，随着旅游的发展，近 150 位在外务工的村民都回到村里从事旅游相关产业，目前旅游接待已经成为村民最主要的收入来源。2003 年，爨底下村被列为首批"中国历史文化名村"，成为京西具有文物保护价值和旅游开发价值

---

① 刘传林、陈栋、王培：《古村落空间格局在村庄规划中的延续》，《小城镇建设》2010 年第 7 期。

② 孙敏：《城乡规划法实施背景下的乡村规划研究》，《江苏城市规划》2011 年第 5 期。

图1　爨底下村景观意向

的人文资源。

（一）风水文化

中国传统聚落体现了古人崇尚自然，尊奉"天人合一"的传统哲学观念。爨底下选址于北京西部古驿道上，位居太行山脉的深山峡谷中，四面环山，一面绕水，"青龙"、"白虎"、"朱雀"、"玄武"四神砂山位置明确清晰（图2），虽然绕村而过的泉水如今已经干涸，但左右山脉的泉眼以及村中的水井和风水池塘的位置依然可以找到，可见山环水绕的风水意向在该村选址与建设中的重要地位。

（二）空间布局与基础设施

1. 空间布局

从村落前面山上俯瞰村庄，四面环山，有如在自然的盆形山中放置着一个"金元宝"，上有龙头抵水柱，下有门插岭存财，后有龙虎靠山，外有笔锋高耸，更有笔架相应，寓意这是一处聚财纳入、吉祥如意、人才辈出的宝地。

2. 街巷空间

由于爨底下村的街巷是建立在老百姓自身生活需要的基础之上的，其街巷均有比较宜人的空间尺度，为村民提供了便利舒适的生活环境，营造

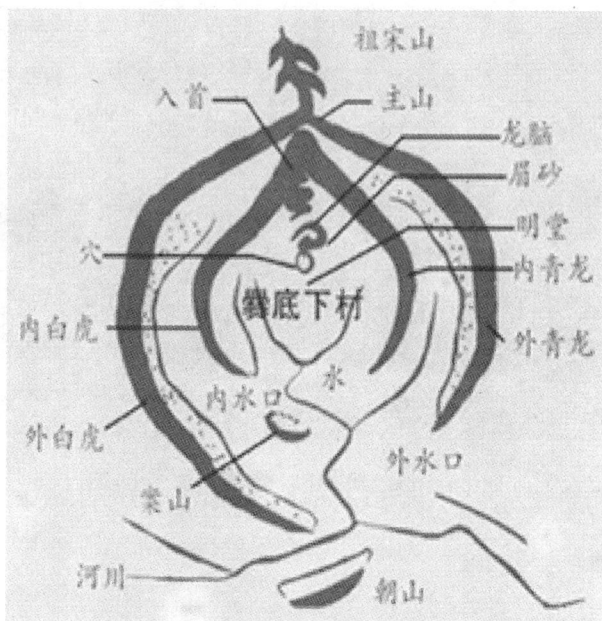

图2 爨底下村选址风水图

了古趣盎然、淳厚朴实的村落文化。

3. 公共活动的场所

村落的广场主要是用来进行公共活动的场所，爨底下村因地形所限，不可能形成较大的广场。对龙灯、社戏等全村性的大型公共活动场所，一般由村民临时搭建而成。爨底下村落环境较大的公共活动节点空间主要包括磨坊、井台、商店等。在广场的西南角有房屋两间，为室内部分，内设磨盘两个，其功能除满足磨面等需要外，还是村民进行日常交往活动的主要场所。井，作为村民必不可少的设施，除了提供村民用水之外，还具有联系各家各户的作用，是村民进行户外交往活动的重要场所，井台空间全村共有两个，全部位于村南。由于井台及磨坊空间与人的生活甚至生命密切相关，也使得这两种空间的意义不仅仅在于其本身，"吃水不忘挖井人"，"饮水思源"，井台、磨坊可以说是历史的见证，是"家"的象征。

4. 防洪等基础设施系统

现在的爨底下村是在老村被洪水冲毁之后迁址重建的，重建村庄时，十分注意利用自然山势，为整个山村的防洪排涝打下了很好的基础。从堪舆学的角度讲，爨底下人选择了山脊蜿蜒如龙脊而形成的龙头位置作为村址，这种山脊头折龙行而成的龙头位，不可能被洪水冲刷。用现代建筑理论来分析，爨底下的村址位于两山夹一沟、两峰夹一坡的一个山坡上，这一位置，对于防洪是极为有利的，一般情况下，不会遭受洪水的毁灭性冲击（图3）。

图3　爨底下村防洪系统

爨底下村有着非常完备的防洪系统，有三条主要的泄洪路线。一条与山村南侧的峡谷、河床相融，主要用于排出两山脊间的峡谷中产生的大股洪水，这是最主要的一条排洪路线。另外两条则分别位于山村的东西两侧，即位于两侧山峰与山村所在的山坡之间的峰谷之中，主要用于排泄这两条峰谷中产生的洪水，防止其对村庄产生破坏作用。这两条排洪路线均采用了"明排＋暗排＋明排"的混合构成方式，其中暗排部分是为了适应排洪路线必须穿过村庄而设置的。从构造的角度讲，这两段暗藏的排洪线路，为我们提供了几百年前的古人依自然地势建造涵洞的实例，极具研究价值。

（三）建筑文化

70余座精巧的明清山地四合院在爨底下村分两次建成，并且一直得到了完好的保存。村舍在山坡上紧密排列，把这个村子分为上下两层，其间明显的风水中轴线以及科学严密的道路系统、防卫系统的建设都体现了建村者超凡的规划理念和珍惜土地的长远考虑。而具体到单体院落，则以小巧别致的三合院和四合院为主，依山就势而建，门楼、正房、东西厢房、倒座、影壁，一应俱全，充分融合了北方传统民居的特点。爨底下村山地四合院，除具有北京四合院的基本形制和以传统的院落空间为核心的一般特点，即内向开敞、外向封闭、具有严谨的空间秩序、明显的中心轴线、各房间均有较严格的等级划分之外，受自然环境的影响，爨底下村的四合院又因小巧玲珑、随地形变化、院落形状不规则、就地取材等特征而独具魅力。

1. 建筑——山地四合院

爨底下村山地四合院仍是以间为基本单元进行平面组合的，现全村共有合院 70 余套，合计 500 余间；爨底下村四合院基本是由正房、倒座、左右厢房围合而成，村中唯一最大的正房为五间，一般正房、倒座均为三间、左右厢房为两间，全部建筑均为单层。因特殊的山形地势所限和经济条件的差异，爨底下村山地四合院规模较小，其平面并不过分追求对称庄严、规则严谨的布局，随地形变化布局不求方正，路直则正、崖偏则斜，自由灵活；其围合的庭院空间小巧别致，组织紧凑，尺度宜人，亲切感很强；整体布置形式依山就势，因地制宜，在全村 70 余座宅院中产生出以四合院为主，三合院为辅，特殊合院镶嵌其中的基本平面类型（表 1）。

表1   爨底下村基本建筑形式

建筑形式	说明	图片
四合院	在爨底下村，四合院是主要的平面形式，等级最高，主要由正房、倒座和左右厢房组成，部分设有耳房、罩房，具有一定的轴线关系。其主要入口一般采用门楼的形式或利用厢房的一间作入口	

续表

建筑形式	说明	图片
三合院	传统合院中，规整对称的三合院是最基本的形式之一。在爨底下村，随山地地形条件所限，三合院一般由正房、左右厢房和一面墙或借助另一院落的后墙围合而成，无倒座，基本呈对称布置，其入口多利用左厢房或以独立门楼形式设置，少量的利用正房西北角的一间作入口	
特殊合院	由于爨底下村独特的地形条件，爨底下村民在从事自己的建造活动时，充分发挥聪明才智，将建筑依山而建，创造了别具地方特色的特殊合院类型，其最大的特点就是建筑随山就势，不拘一格。合院空间虽不规则，但仍有正房、厢房、倒座之分。这种合院的入口多以门楼的形式设置	

资料来源：北京市门头沟区斋堂镇爨柏景区官方网站 http：//www.cuandixia.com/shandi-heyuan/index.htm。

2. 建筑组合方式

爨底下村整体因高差关系分为上下两层，应用了垂直于等高线布置的纵向组合、平行于等高线布置的横向组合、纵横向相结合的复合型院落等基本的合院平面类型，结合地形等高线的走向加以组合，从而形成了爨底下村特有的院落组合方式，展现了高低错落的群体形象。

垂直于等高线布置的纵向组合沿承了典型的四合院住宅组合方式，有较明显的轴线关系。村落下层的院落组合主要是纵向组合方式，一般沿古驿道布置，其主入口一般位于院落的东南角，少数为东北角；此种院落多数为二进院，少量的为三进院、一进院；前后院之间没有明显的高差。

平行于等高线布置的横向组合均为一进院的组合，多出现在上层台地上，由于地形所致，空间沿横向发展。其中最典型的实例是位于村落上层的三兄弟的院落（称"石甬居"），该院落是根据兄弟三人的长幼秩序由东到西平行于等高线修建而成，共有三个相互独立的三合院组成，老大、老二的三合院较完整，而老三的则是利用老二的西厢房后墙围合而成的。

纵横向相结合的复合型院落既有纵向的、又有横向的。在爨底下村，受地形影响，为了更充分利用有限的基地，村民们将原有的纵向院落顺等高线横向拓展，形成了为同一家族共用的纵横向结合的复合型院落。这种类型最典型的院落是位于整个村落最高处的广亮院，它是爨底下村等级最高的院落，这组院落是由一组独立的较完整的二进院和一组由两个横向连接的独立一进院共用一个后院的二进院所组成，布置于上层台地上，其前后院之间存在着明显的高差；在空间处理上，较完整的二进院之间通过门楼连接。

3. 建筑体量

爨底下村山地四合院因受地形地势的制约，不同于平原四合院能无限伸展，院落空间尺度较小，且多呈不规则的形式，但在处理及应用上，村民巧妙利用各自的地形条件，最大限度地满足了各种生产与生活的需要。

4. 建筑色彩

整个爨底下村山地四合院，全部采用就地取材进行建造，除青砖、灰瓦等经过简单的加工制作外，其余墙体维护材料、石材和屋架的木材等几乎均是未经加工的原始天然材料，建筑中没有繁缛的斗拱、绚丽的彩画，而厚实的墙体、挺直的屋脊及淡雅的书画、雕刻形成质朴、简洁、不施粉黛且清雅恬淡的建筑风格，产生出与环境极其融合的村落景观。

（四）生态文化

整个村落与周围自然环境完美融合，爨底下村环境景观主要由山体景观、田园景观、绿化景观和道路、建筑景观等共同构成，它们分别表现为"秀、雅、朴、拙、犷"等不同的特色和景观意义。"秀"主要表现为山的俊秀与植被的青秀；"雅"指建筑的典雅与环境色彩的素雅；"朴"指生活环境的质朴、无华；"拙"指制作技术与施工工艺的厚拙；"犷"指建筑选材与田野的粗犷等。

村民在此日升而作，日落而息，充分体现了"天人合一"的传统居住观念。村中有古训"北山不挖土，南山不砍柴"，意即合理有度地利用自然资源，防止泥石流等自然灾害的发生，这也使得爨底下村四周密林环绕，自然植被保护完好，让古村落的居民可以"诗意的栖居"，实现了人与自然的和谐相处。

（五）宗族文化

在爨底下几百年的发展历程中，由宗族血缘的维系作用发展而来的一些村规民约曾在增强村民凝聚力、维护村落平稳发展等方面起到过非常重要的作用，这一特色也是千千万万中国传统乡村在爨底下的一个缩影。立家谱、定族规、祭祖坟是爨底下村重视宗族血缘关系的最主要的体现。

三　爨底下村对新型城镇化背景下村庄规划的启示

爨底下村的发展与规划对新型城镇化背景下村庄规划具有有益的启示：

（一）村庄发展

村庄发展戒急躁。爨底下村海拔位置650米，比爨底下村低的村子都有煤炭，通过发展集体煤矿，百姓富裕后就翻修自己的房子，有的村古建筑群比爨底下的还要好，只是那些老房子与新的红砖瓦房混杂，就失去了美感。而爨底下村没有煤矿，百姓只能靠天吃饭，种地，年轻人都外出打工，就没有富裕的钱拿来翻修自己的房子，无形当中就把房子保留了下来了，遗留下来的古建群给爨底下村带来了巨大的财富。因此，村庄发展戒急戒躁，不要因为周边村庄发展某种产业致富就急于复制别人的致富经验，也不要机械地发展"一村一品"，因为眼下的不发展可能就是未来的机遇。

以人为本，以村民的需求作为规划的根本。村庄规划、建设的最终目的是为村民提供良好的设施和环境，应以村民的需求作为规划的根本，在规划设计过程中，要尊重主体意愿，广泛征求群众意见。规划过程中，应深入相关村组，全面了解农村道路、住房结构、沟道、环境卫生、村情村貌等情况，广泛征求人民群众以及村"两委"对村庄规划建设的意愿、设想与建议，充分发挥农民的主体作用。

以本地材料的利用、本土工艺的运用以及村民自建、参与共同完成村庄特色的传承。村庄规划建设中应凸显村庄特色，以本地材料的利用、本土工艺的运用体现与城市不同的乡土气息，通过村民自建、参与共同完成村庄特色的传承。

（二）风水文化

慎重"迁村并点""拆旧建新"，要"记得住乡愁"。爨底下村体现山环水绕的风水意向，反映"天人合一"的传统哲学观念，村庄也都是审慎选址的，经过几千年发展形成了具有独特魅力的文化。村庄发展过程中，应慎重进行"迁村并点""拆旧建新"，避免脱离实际，贪大求洋，将村庄原有风貌破坏殆尽，建设天更蓝、水更清、山更绿、地更净、空气更清新的美丽乡村，"让居民望得见山、看得见水、记得住乡愁"。

（三）空间布局与基础设施

规划的整体观。爨底下村分两次建成，先建上层，后建下层，上、下层之间被一条长 200 米，最高处 20 米的弧形大墙分开。分两个时间段建设的村庄却呈现出整体感，具有明显的风水中轴线以及科学严密的道路系统、防卫系统，体现建村者超凡的规划理念和珍惜土地的长远考虑。因此，村庄规划应具有整体观，后续规划应延续原有的格局，延续整体文化脉络。

珍惜土地、节约土地。明清时期建设的古村落依山而建，依势而就，随地形的高低起伏变化错落布置，以高密度的建筑群体布置，充分利用有限的山地建造舒适的居住环境，以争取更多的土地用于农业耕作。我国一直是一个农业大国，土地是我们的生存之本，村庄规划应继承先人视土地为生命的价值取向和争取土地合理使用以求可持续发展的思想，减少人均占地面积，尽量地节约土地。

严密的道路系统规划。道路系统是村落空间的骨架，是村民生产、生活、交往必不可少的行进空间，也是村落环境整体空间结构脉络的重要组成部分。爨底下的道路交通组织根据自然山势的高低变化、建筑组团的功能分布进行空间组织。村内道路顺应自然，曲折延伸，沟通着住宅群建筑间的通风导流。

完善基础设施。爨底下村位于于群山环抱中的低洼地带，非常注意防洪设施的配备。利用弧形的屋角、街角、围墙、挡土墙、台基等，减少洪水对建筑造成的破坏。川底下村中的户级排水组织可以分为户内和户外两部分。户内的排水方向基本都是朝向院落内部的，符合中国人"肥水不流外人田"的传统思想；院落内部的地面不完全平整，而是按照出水口或者涵洞的位置对整个院落的地面做了一定的坡度处理。

足够的公共活动场所，增加村民的交往空间。爨底下村利用磨坊、井台、商店等公共活动节点作为公共活动场所。公共活动场所给村民提供了广泛的接触互动的机会，起到村民之间沟通信息、维持熟悉感和联络亲情的重要作用，在村庄规划中应引起重视。

（四）建筑文化

爨底下村以小巧别致的三合院和四合院为主，依山就势而建。受自然环境的影响，使得爨底下村的四合院又因建筑组合灵活、随地形变化、院落形状不规则、小巧玲珑、就地取材、色彩清雅恬淡等特征而独具魅力。村庄规划中建筑风格应统一和谐，不能不同风格建筑混杂，破坏景观和谐。建筑布置应因地制宜，建筑组合灵活、随地形变化。

（五）生态文化

爨底下村村落与周围自然环境完美融合，体现了"天人合一"的传统居住观念和"诗意的栖居"。爨底下村案例反映村庄规划时应将村庄与自然环境相融合，创造良好的居住环境，绿化树种多使用本地优秀的乡土树种，不仅可以降低绿化成本，还因其长势良好，创造极佳的绿化效果，并维持区域生态安全。村庄规划建设应加强古树名木保护，古树见证村庄的历史变迁，树下荫凉地也成为村庄一个公共活动场所。

（六）宗族文化

村庄以血缘关系为纽带聚族而居，村庄规划中关注宗族文化和精神空间，精神空间主要源自宗族观念，其次是宗教意识。① 爨底下村同祖同宗，有祈求神灵保佑的关帝庙（又称大庙）、求子的娘娘庙和为长辈送终升天的五道庙，构成了全村的精神空间体系。

四　结论

在新农村建设的推动下，很多村庄建设速度过快，导致新村建设与传统文化迅速割裂，与自然山水严重对立，同时也造成了村民传统生活习惯的颠覆。与此相反，传统村落以及在老村基础上有机拓展的新村中，村民生活却依旧生机盎然。新型城镇化背景下的村庄规划应避免原有的"村庄撤并过度、乡村风貌城市化、地域特征与历史文化丧失"等问题，不能延续"迁村并点""拆旧建新"的规划建设模式，应借鉴传统村落的规划建设经验，让村民望得见山、看得见水、记得住乡愁。

Enlightenment of Traditional Village Development on Village Planning in New-type Urbanization

Du Shan-shan, Cai Jian-ming, Zang Jing-qiu

Abstract：How to make village planning under the background of New-type Urbanization is a question that is really worth probing into. As one of the first batch of Chinese traditional villages, Cuandixia village in Zhaitang town, Mentougou District was chosen as a case to study the spatial pattern and continuity of the ancient village protection characteristics. This paper is to discuss the culture enlightenment on rural planning through analyzing the cultural connotation and characteristics of Cuandixia from the following five levels, they are Feng shui culture, space layout, infrastructure, building culture, ecological culture and clan culture. This study aims to explore the cultural connotation of the ancient village and to provide a reference for village planning in the back-

---

① 刘沛林：《论中国历史文化村落的"精神空间"》，《北京大学学报（哲学社会科学版）》1996 年第 1 期，第 44—48 页。

ground of New-type Urbanization, so as to allow the people to see mountain, see water and remember the nostalgia.

Keywords: traditional village; new-type urbanization; village planning; Cuandixia village

新型城镇化背景下北京传统村落文化的发展变迁[*]

苑焕乔[**]

摘　要： 城镇化是农村人口向城镇不断集聚的过程。随着首都城镇化步伐的加快，京郊许多传统村落逐渐消失，传统村落文化也多被湮没。当前，在新型城镇化背景下，探讨北京传统村落文化发展变迁，对于传承首都历史文化具有重要现实意义。

关键词： 新型城镇化；北京；传统村落文化；变迁

传统村落承载着中华民族悠久深厚的历史文化，是中华优秀传统文化的物化载体，反映和记录着中华民族历史文脉的延续与传承，是先辈留给我们的珍贵物质和精神财富。

随着城镇化的快速推进，北京历史悠久、遗存丰富的传统村落存量日渐稀少，其文化价值弥足珍贵。当前，对于北京传统村落文化的挖掘、保护和利用等方面的研究较多，而对于城镇化背景下传统村落文化发展演变则少人研究。为此，在新型城镇化背景下探讨北京传统村落文化发展变迁，对于传承首都历史文化，具有重要现实意义。

* 本文为北京市哲学社会科学基金项目《北京传统村落文化保护面临的主要问题及对策研究》（14JDLSB001）、北京市教委项目《城乡一体化背景下北京历史文化名村名镇发展面临问题及对策研究》（SQSM201411417008）和北京学研究基地项目《城乡一体化背景下北京历史文化名村发展现存问题及对策研究》（BJXJD-KT2013－A07）的阶段性成果。

** 苑焕乔，北京联合大学北京学研究所专职科研人员。

一　随着城镇化的快速发展，北京传统村落文化呈衰败趋势

20 世纪 80 年代后，中国城镇化速度加快，京郊大量农村人口涌向城镇就业，使农村原有的生产、生活方式发生了根本性转变，加上人们对现代化及城镇生活的向往，使北京传统村落文化呈衰败趋势。

第一，北京中心城区的快速城市化和郊区县的迅速城镇化，使原有的城乡接合处村落迅速消减，京郊村落文化不断退化。

20 世纪 80 年代后，随着城镇化速度的加快，北京中心城规划区和郊区县城镇规划范围不断扩展，城市、城镇生活区范围也随之向外拓展，使北京的城乡边界加速向郊区村落推移，大批村落被开发为城市或城镇高层办公、商用楼盘或生活住宅区，使传统村落数量迅速消减。

同时，以城市、城镇利益为核心的"农转非"，吸引了大批乡村的精英及青壮年人口，这些人带走的村落文化无法在城市或城镇立足，而传统村落文化在原来的乡村，也得不到很好的传播发展。

第二，现代建筑取代传统民居建筑，使传统村落及其建筑文化损失殆尽。

由于现代化和城镇化，乡村人渴望现代城镇人的生活，十之八九的乡村人有钱首先翻建新房。在京郊，越是经济发达区县，村落民居建筑越现代化，只有经济欠发达的偏远山区才依稀保留一些传统村落。2014 年 5 月，北京市政协文史委组织前往近郊的通州区调查古村落，随行人员无不感慨，在通州哪里还有传统村落？！当地人介绍说，老百姓有钱都会建新房子，没有新房男青年找不上对象，娶不成老婆。经济发达和结婚成家等因素，是京郊村落传统民居建筑消失的重要原因。

作为五朝古都的北京城，历史上形成的具有历史文化价值的村落民居建筑相当丰富，但如今寥寥无几。据北京市文物局统计，北京传统村落涉及京郊门头沟、密云、昌平等 13 个区县，格局保存较为完整的村落仅有 50 多处，占全市村庄总数的 1.3%，其中传统建筑比较丰富的村庄仅有

20 个左右①。

第三，广大农村的"空巢化"，使传统村落非物质文化遗产后继乏人。

20 世纪 90 年代初以后，改革开放释放出来的巨大能量使中国社会经济发展迅速，青壮年农民大规模进城打工、做生意，并在城市、城镇立足，使传统生存方式在中国广大农村不复存在，由此，农村便形成了一个以老人为主体的留守群体，广大农村许多民居院落出现了"空巢化"现象。

目前，北京传统村落的许多活态、无形文化遗产，因老艺人的年事已高而面临"人死艺亡"现象，甚至一些民间艺术套路濒临失传境遇。正如中国民间文艺家学会主席冯骥才所说，"民间文化的传承人每分钟都在逝去，民间文化每一分钟都在消亡之中"。

第四，农村产业的非农化使京郊传统村落民俗文化面临消亡困境。

文化，是一种社会现象，是人类在长期实践中创造的物质财富和精神财富的总和，也是一定自然地理环境和社会历史条件下人们生产、生活方式的反映。随着生产力的发展以及社会生产、生活方式的改变，使存在于特定群体生活中的民俗文化，因其所依赖结构性生态环境的变化或衰或亡。②

我们知道，北京历史上京西是北京城建筑材料、燃煤及其生活物资的主要供应地，在几百年的建材、煤炭开采和物资生产过程中，形成了京西独特的生产、生活民俗文化。进入 20 世纪 90 年代，由于北京市生态涵养区产业转型和生态环境的保护，京西矿业企业被关停并转，伴随矿业而存在的传统民俗等随之消亡，只有留存至今的部分文物遗址，诉说着京郊已逝的历史与文化。

第五，农村社会生活的非乡土化，使京郊村落文化出现衰败。

改革开放以来，城镇化步伐加快和现代信息技术的广泛应用，农村社会生活的非乡土化，娱乐方式的多样化，致使京郊许多村落文化的传承面临尴尬境地。

---

① 于波：《关于北京市传统村落保护有关情况的汇报》（2014 年 4 月 30 日北京政协文史委举办的"北京保护传统村落"研讨会会议发言稿）。

② 参考苑焕乔《文化生态视野下的北京非物质文化遗产的传承与保护——以京西非物质文化遗产为例例》，《西华大学学报（哲学社会科学版）》2010 年第 5 期。

随着北京城市化和郊区城镇化的加快，京郊许多年轻人进城务工，当地留守人员多老少病残。同时，由于人们娱乐方式的多样化，电视、电影和网络等各渠道的娱乐节目，已远远超出了民间的戏曲、音乐、舞蹈等对当代人的吸引力。因此，作为依托于人而存在，通过口传身授等手段，进行传承的传统娱乐形式，其传承面临巨大挑战。

二 新型城镇化背景下北京传统村落文化的复兴

当前，中国各地都在进行一场史无前例的新型城镇化运动，按照《国家新型城镇化规划（2014—2020 年）》，中国的新型城镇化将"走出一条以人为本、四化同步、优化布局、生态文明、文化传承的中国特色新型城镇化道路，对全面建成小康社会、加快推进社会主义现代化具有重大现实意义和深远历史意义"。现今，在推进新型城镇化过程中，特别注意借鉴和汲取传统文化理念，保护传统民居建筑和地方特色文化，弘扬鲜明的地域文化，传承和发扬中国优良的传统人文精神，维系生产生态生活的和谐发展。

传统村落作为传承、弘扬传统文化的有效载体，是中华民族的文化之根。如今，对传统村落的保护和利用既是传承传统文化之根，承载城市居民乡愁的重要载体，也是改善当地农民生活、增加收入的有效途径。当前，在推进新型城镇化过程中，历史文化村镇和传统村落的保护条例及政策，以及文化休闲产业发展等，推动了京郊传统村落的保护与利用，其村落文化也得以复兴。

第一，历史文化村镇及传统村落保护政策，推动了传统村落民居建筑的修缮、保护和规划工作，促进了传统村落文化资源的整理。

2002 年，《中华人民共和国文物保护法》首次将历史文化村镇保护纳入法制轨道。自 2003 年 10 月建设部和国家文物局联合公布了首批中国历史文化名镇名村以来，北京市有爨底下、灵水、琉璃渠、焦庄户和水峪村五村入选全国历史文化名村名录。2008 年，国务院颁布了《历史文化名城名镇名村保护条例》，对历史文化村镇保护带来前所未有的契机，也为北京国家级传统村落保护工作提供经验和重要指导。

2012 年，住房城乡建设部、文化部、国家文物局、财政部印发的《传统村落评价认定指标体系（试行）》，传统村落保护和发展专家委员会进行了第一批中国传统村落评审认定，提出北京市房山区南窖乡水峪村等648个第一批中国传统村落推荐名单。至今，北京市有已申报和正在申报国家级传统村落52个（包括5个中国历史文化名村）。

目前，北京市及其区县相关部门、文化学者，积极组织编撰传统村落材料，以图文并茂的形式，全面记录和展示它们的文化底蕴和传统建筑风貌。其中，被列入中国传统村落名录的北京市13个村落，按"一村一档"特别要求，对村落的村域环境、传统建筑、村落选址及格局、历史环境要素、非物质文化遗产、文献资料、保护发展基础资料等内容进行了认真的现场调查和资料整理，以文字、图纸和照片等多种形式记录建档，完成了中国传统村落档案的制作工作，成为传统村落的重要档案资料。[1]

第二，由于政府相关部门和媒体的组织宣传，传统村落与其文化广为人知。

首先，北京市农委牵头组织，关于传统村落保护与利用的专题培训，集中时间组织传统村落保护发展培训班，邀请国内知名专家，对乡土建筑及传统文化价值、传统资源档案制作、传统村落保护发展规划编制、文物保护利用、产业发展、防灾减灾以及相关案例分析等内容对区县和乡镇的主管人员以及传统村落党支部书记（或村主任）等进行专题培训，提高基层干部对传统古村落价值以及保护发展的认识，提升其保护意识。[2]

其次，网络和杂志等新闻媒体，积极宣传传统村落的发展历史和文化特色。如：《美丽乡村》杂志、"魅力城乡"网站等，开辟"古村风情话春秋"等专栏、专题节目，陆续对北京传统村落的历史沿革、传统建筑特色、文化内涵等进行宣传介绍，使北京传统村落及其文化广为人知。

第三，京郊文化休闲产业发展，促进了传统村落及其文化的保护与复兴。

随着文化休闲产业发展，京郊许多传统村落利用本村文化资源特色，

---

[1]　参见于波《关于北京市传统村落保护有关情况的汇报》（2014年4月30日北京政协文史委举办的"北京传统村落情况"研讨会会议发言稿）。

[2]　同上。

发展乡村旅游，拉动了当地经济发展，增加了农民收入，改善了农民生活，促进了传统村落及其文化的保护与复兴。

北京爨底下村、灵水村和水峪村等，既是全国历史文化名村又是国家级传统村落，通过发展旅游使这些传统村落获得生机。据调查，爨底下村目前旅游接待户（农家乐）50 多家，由于位置和经营状况等情况的不同，农家乐的收入差距很大，从年收入 5 万到 50 万元不等。2013 年，该村接待游客近 50 万人次，农民人均纯收入超过 3 万元，远远超过北京市农民人均年收入 1.8 万元。爨底下村文化休闲旅游发展，不仅使本村传统建筑及其整体风貌、村落文化遗产资源得到保护，而且促进了周围传统村落（如柏峪、黄岭西等）的整体保护与其文化的复兴。

因此，在新型城镇化建设过程中注意保留传统村落的整体历史风貌、街巷格局、文物古迹和民居建筑等，保护传统村落文化特色及其重要历史信息，让"居民望得山，看得见水，记得住乡愁"；避免"推倒旧房盖新房"的建设性破坏行为，力求使传统村落得以"原真性"修缮和保护，让传统村落文化资源得到永续利用。

The Development of Traditional Villages Culture in Beijing under The Background of New-type Urbanization

Yuan Huan-qiao

Abstract：Urbanization is the process of rural population moving to towns and cities. As the pace of the capital urbanization accelerated, many traditional villages in the suburb of Beijing gradually disappeared. The traditional village culture has also been annihilated. At present, in the new background of urbanization, conservation policies of historical cultural villages has promoted the arrangement of the traditional village culture data. Because of the organization and propaganda of the relevant government departments in Beijing, the traditional villages and their cultures have well been known. The development of traditional villages culture in Beijing as well as leisure industry has promoted the protection and rehabilitation of traditional village and its cultures. Thus, discussing the development and changes of Beijing traditional villages culture in this paper has important practical significance to the historical cultural heritage of the capital.

KeyWords：new-type urbanization；traditional village cultures；changes

新型城镇化与历史文化景区的整体保护

——以北京三山五园地区为例

李　扬[*]

摘　要： 三山五园为北京西郊皇家园林保护区，是北京市重要的旅游文化名片。在新型城镇化背景下，如何合理实现历史文化景区的整体保护，使文化景区周边地带的建设与历史文化遗存的保护相结合，是政府决策部门与学界需要共同面对的问题。本文以三山五园周边的村落与八旗驻防遗存为例探讨新型城镇化背景下的历史文化景区保护问题。

关键词： 新型城镇化；历史文化景区保护；三山五园

一　三山五园历史文化景区的保护与规划

三山五园包括香山静宜园、玉泉山静明园、万寿山颐和园、畅春园和圆明园。三山五园历史文化景区，肇始于辽金，发展于元明，至清代臻至全盛。现存文物点 100 多处，其中世界文化遗产 1 处，全国重点文物保护单位 9 处，市级文物保护单位 9 处。三山五园作为清代皇家园林的代表，早已引起了学术界的关注，相关研究成果丰硕。

根据 2002 年 9 月编制的《北京历史文化名城保护规划》，在旧城第一批 25 片历史文化保护区的基础上确定了北京第二批历史文化保护区，其中在旧城外确定了 10 片历史文化保护区：海淀区西郊清代皇家园林、

---

*　科研项目：本文为北京学基地 2014 年度课题《北京三山五园地区旗人村落口述史调查与研究》（项目编号：Sk50201408）阶段性成果。

李扬，北京联合大学应用文理学院历史文博系讲师。

丰台区卢沟桥宛平城、石景山区模式口、门头沟区三家店、爨底下村、延庆县岔道城、榆林堡、密云区古北口老城、遥桥峪和小口城堡、顺义区焦庄户。保护规划明确指出：北京"西郊清代皇家园林历史文化保护区位于海淀区，包括颐和园、圆明园、香山静宜园、玉泉山静明园等，即清代的三山五园地区"①。可见，三山五园历史文化景区早已纳入政府统筹规划保护的范围。

在政府层面，2012 年 7 月，北京市第十一次党代会报告中，把推动海淀"三山五园"历史文化景区建设列为北京历史文化名城保护建设的重要组成部分，海淀区也已明确提出将"三山五园"整体系统开发、依托"三山五园"打造全新世界文化名片的战略构想。最近，在北京市刚刚编制完成的全国首个省级文创产业空间布局规划《北京市文化创意产业功能区建设规划（2014—2020）》中，首次明确提出了全市文创产业错位发展的空间格局。该规划提出，构建"一核、一带、两轴、多中心"的空间格局和"两条主线带动、七大板块支撑"的产业支撑体系。这一规划明确提出在北京市建设 20 个文化创意产业中心，其中对三山五园地区的最新定位是"历史文化和生态旅游功能区"，要求以"三山五园"历史文化景区、西山八大处文化景区、周口店北京人遗址、云居寺文化景区等重点项目为载体，整合开发文化休闲娱乐等城市新型功能拓展区，以文化旅游休闲产业带动生态保护和传统农业转型升级。② 可见，政府与各级决策部门已达成了共识，应当将三山五园景区整体打包规划开发，使其历史文化资源在全面调查的基础上得到充分的发掘与合理利用。

从规划与保护的角度来看，三山五园是一个历史概念，其兴起与发展得益于西山以东历史上形成的层峦叠嶂、湖泊罗列、泉水充沛、稻田散布的山水景观，到乾隆时期达到鼎盛规模。就其实际范围来讲，包括了以皇家园林为主体，大量私家园林、水系、聚落、建筑等为组成部分的整体生态体系。因此，我们在三山五园的保护规划中，应当考虑到将其作为一个有着内在发展脉络的生态系统来看待。有学者提出，三山五园地区由核心

---

① 北京市规划委员会编：《北京旧城 25 片历史文化保护区保护规划》，北京燕山出版社 2002 年版，第 32 页。

② 《本市将建 20 个文创功能区》，《北京日报》2014 年 4 月 23 日，相关网址参见 http：//bjrb. bjd. com. cn/html/2014 - 04 - 23/content_ 172558. htm。

区的皇家园林和园林之间的外围环境构成。核心皇家园林应包括颐和园、圆明园等五个独立园林，这是第一层次；外围环境应该包括皇家赐园、宦官园林、办公衙署、八旗营房等人文环境以及紫衫山体、泉源河流、林地植被、稻田村落等自然景观，为另外两个层次。以此为据，则三山五园地区往北应该到达清河，范围包括跨清河而扎营的守护圆明园的把其村落与清河两岸的稻田区，以正黄旗、镶黄旗、正白旗为界；东面除包括圆明园全部外，还应包括历史上曾纳入圆明园管理的皇家赐园与宦官园林；向南包括正蓝、镶蓝旗以及火器营，以及广泛分布于巴沟低地的水田；往西包括驻扎在香山行宫周围的香山健锐营、团城演武厅。① 笔者基本认可这一说法。由此可知，在三山五园的整体保护规划中，与园林相邻的近郊区尤其值得关注，这是连接园林与郊区的中间地带，也是城市管理的薄弱环节所在。

　　《国家新型城镇化规划（2014—2020 年）》在介绍当前城镇化发展现状时，有针对性地指出："自然历史文化遗产保护不力，城乡建设缺乏特色。一些城市景观结构与所处区域的自然地理特征不协调，部分城市贪大求洋、照搬照抄，脱离实际建设国际大都市，'建设性'破坏不断蔓延，城市的自然和文化个性被破坏。"这可谓是对我们推进新型城镇化的忠告。在新型城镇化的过程中，如何将原有自然景观与历史文化遗产保护加以有机结合，正是当前各级决策部门与学术界需要解决的问题。三山五园因其独特的历史遗产与自然生态资源，成为北京乃至世界重要的文化旅游中心，尤其需要通盘考虑其文化内涵与生态系统，使新型城镇化建设与区域文化遗产保护并行不悖，从而使历史文化景区建设体现其应有的水平与特色。本文将以三山五园周边村落个案与清代驻防遗存为例，探讨新型城镇化背景下三山五园历史文化景区的保护与规划问题。

---

　　①　刘剑等：《北京西郊清代皇家园林历史文化保护区保护与控制范围界定探析》，《中国园林》2009 年第 9 期。

二 城镇化进程中的历史文化景区
保护：以六郎庄为例

三山五园周边的村落是这一历史文化景区的重要组成部分，在城镇化过程中尤其需要整体保护、合理规划。其村落主要集中在三处。其一位于香山地区，包括香山公园至北京植物园中间的区域与北京植物园以东区域两块。这里的村庄多与清代八旗驻防有关，代表性的如香山正黄旗村、厢黄旗村以及四王府地区的正蓝旗村、正白旗村等；其二集中在颐和园园墙东西两侧地区，诸如北坞村、后窑村、六郎庄等；其三位于颐和园与圆明园之间，村庄多数都出现在园林建成之后，随着园林的兴盛而逐步发展起来，如大有庄、挂甲屯等。

六郎庄作为明代以前就出现的农村聚落，其发展历程基本见证了三山五园地区生态环境变迁的全过程。据侯仁之先生考证，六郎庄在明代叫作牛栏庄，后来文人因觉其不雅，不能入诗便擅自改作柳浪庄。到清初出于排满的需要，柳浪庄又与挂甲屯（原名华家屯）、百望山等地名一起由杨家将故事加以改造，于是得名六郎庄。①

查阅文献，明初即有关于"牛栏庄"的记载。永乐四年八月癸卯，北京行部言："宛平、昌平二县，西湖景东，牛栏庄及青龙、华家、瓮山三闸，水冲决堤岸百六十丈。命发军民修治。"② 这里提到的水利工程即元代的白浮堰。西湖景，又称西湖、瓮山泊，其地相当于清代改建后的颐和园昆明湖，奏疏里的"牛栏庄"位于西湖景以东，正是今天的六郎庄所在地，其形成年代自然在永乐四年（1406）之前。据此我们可以初步推断：牛栏庄位于闸旁，是明初即存在的村落。牛栏庄是明初在巴沟低地中出现的村庄，位于海淀镇的西北部。明嘉靖年间张爵《京师五城坊巷胡同集》中也提到了牛栏庄。该书《西城·北中路》提到了牛栏庄与南海店，南海店又作"南海淀"，是明代的湖泊，后来转化为聚落。③ 明万

---

① 侯仁之：《海淀附近地区的开发过程与地名演变》，载侯仁之《北京城的生命印记》，生活·读书·新知三联书店 2009 年版，第 386 页。

② 赵其昌主编：《明实录北京史料》（第一册），北京古籍出版社 1995 年版，第 218 页。

③ 侯仁之：《北京海淀附近的地形、水道与聚落》，载侯仁之《北京城的生命印记》，生活·读书·新知三联书店 2009 年版，第 121 页。

历年间沈榜的《宛署杂记》也有如下记载："县之西北，出西直门一里曰高郎桥（即今高梁桥），又物理曰篱笆房，曰苇狐村（明代又作畏吾村，即今魏公村），又二十里曰鞑子营，又十里曰北海店（明代又作北海淀，今北京大学一带），其旁曰小南村、曰八沟村（今巴沟村）、曰牛栏庄、曰中务村（今中坞村）、曰北务村（北坞村）……"从这里可以看出，牛栏庄这个名称具有民众约定俗成的色彩，从周围的篱笆房、八沟、海淀等名称所显示的地理环境来看，可能是村落形成早期人们在此喂养耕牛的反映。

关于清初的改名，岳升阳先生则认为这可能与当时的社会变动有关，也可能只是受民间戏曲艺术的影响。今人为了对当地进行开发，将"万泉"与"柳浪"结合，遂有了万柳的地名。[①] 文献中，六郎庄之名最早见于清康熙五十一年十一月四日的（1712 年 12 月 11 日）奏折。当日由内务府总管赫奕、署内务府总管马齐，根据江宁织造曹寅家人陈佐的呈文，奏报了曹家修建西花园工程所用的银两，文称"六郎庄真武庙，配殿六间，和尚住房八间，用银一千四百三十五两二钱；在六郎庄修造园户驻防三十间，用银一千两"[②]。这是目前见到六郎庄一名最早的文献，可以据此推测六郎庄的得名应当在清初至迟在康熙五十一年之前。而这段文献也揭示了曹雪芹家族曾在六郎庄修建真武庙与园户住宅的史实，进一步丰富了六郎庄的历史文化内涵。

其实，清代的六郎庄处在御园、行宫的环绕之中，村民多以种植御稻厂的田地为生，也有在园中当差者，同属于为园林服务的村落。而六郎庄种植的御稻就是后来有名的"京西稻"。据学者考证，北京早在汉代即已开始种植水稻，金元时期北京的稻田种植已颇具规模，明清时期由于泉水灌溉，海淀地区的水稻更是产量可观，质量上乘。[③] 由于康熙帝的重视，"京西稻"首先在京西玉泉山一带试种，获得成功之后很快被大面积推广，成为皇家御贡稻米。[④] 因此，清代瓮山泊与六郎庄一带稻田密布，史称"西湖堤东，稻畦千顷"，钦定圆明园四十景中即有"多稼如云"一

---

① 岳升阳等：《海淀文史——海淀古镇环境变迁》，开明出版社 2009 年版，第 137 页。
② 故宫博物院档案部编：《关于江宁织造曹家档案史料》，《内务府奏曹寅家人呈报修建西花园工程用银折》，中华书局 1975 年版，第 106 页。
③ 杜鹏志：《北京湿地的变迁》，《北京农学院学报》2010 年第 4 期。
④ 冯伯群：《康熙培育了京西稻》，《北京档案》2005 年第 5 期。

景，乾隆曾赋诗称"稼穑艰难尚克知，黍高稻下入畴咨。弄田常有仓箱庆，四海如兹念在兹"①。可见帝王的提倡引导，加之本地独特的地理环境，使得稻田成为六郎庄独特的自然景观。据史料记载，1929 年京西稻种植面积有 700 多亩，改革开放以后的 1983 年一度达到 6000 多亩，进入 90 年代则持续减少，逐步退出历史舞台。② 京西稻的发展与变迁其实反映了六郎庄村落的演变历程，海淀区大量的京西稻种植，使这一地区充满了南国水乡的特色，形成了独特的稻作区。因此，多年前即有学者呼吁恢复这一地区的稻作景区，使京西绿化带建设与传统景观保护有机结合。③

　　然而，近年来随着城市化进程的加速，不仅京西稻不复存在，六郎庄也因靠近中关村科技园区而成为大量外来人口的聚居点。六郎庄目前隶属于海淀乡，东至海淀公园西路，西至颐和园东路，南至北四环西路，北至新建宫门路。据一份内部汇报材料，截至 2009 年，六郎庄村户籍数 2751 户、4573 人。其中非农业户口 1739 户、2631 人。农业户口 1012 户、1942 人，人户分离人口 963 人。其中农业劳动力人口 1129 人，农业退休人员 482 人，未参加工作农民 331 人。自 20 世纪 90 年代初北京实施城市绿化隔离带建设以来，六郎庄失地农户与下岗人员增多，其集体经济的来源主要靠土地和房屋的出租。2008 年全年完成总收入 747 万元、纯收入 347 万元、利润 20 万元，人均所得 14285 元。这也造成了外来人口的大量涌入与社会治安的众多问题。故而该汇报材料开篇即称"六郎庄稳，则海淀乡稳"④。可见其对于海淀社会治安稳定的重要性。另据媒体报道，在 2011 年拆迁之前，六郎庄涌入了近 5 万外来人口，这里的"瓦片经济"十分发达，出现了大量私搭乱建的违章建筑，社会治安混乱，环境污染严重。因此，六郎庄被列为北京市 50 个挂账整治督办的重点村之一。⑤ 从 2010 年开始，六郎庄启动整体拆迁，按照"出村不出乡"的原则，六郎庄村整体搬迁至海淀乡的后营北村。在 2013 年底与 2014 年 3 月笔者与学生在调研过程中发现，六郎庄目前基本拆除完毕，村内仅存的一

---

① （清）于敏中等纂：《日下旧闻考》卷八十二《圆明园三》、卷八十四《清漪园》，北京古籍出版社 2001 年版，第 1363、1408 页。

② 杜鹏志：《北京湿地的变迁》，《北京农学院学报》2010 年第 4 期。

③ 岳升阳：《京西绿化带建设与传统景观保护》，《北京规划建设》2000 年第 5 期。

④ 六郎庄村党支部：《关于海淀乡六郎庄村有关情况的汇报》，2009 年 10 月 16 日，内部资料。

⑤ 《告别六郎庄，坚守北京城》，《中国商报》2011 年 7 月 26 日，第 10 版。

座庙宇也只剩屋架与房梁，有几户外来打工者还占据着村内几个小平房。

虽然有学者提出在六郎庄恢复传统古村落的历史景观，但六郎庄改造最终采纳的方案却是整体拆除后搬迁，这无疑对村落原有的历史文化遗存是一种极大的破坏，不利于其历史文化景观的整体保护。从明代的牛栏庄到清代的稻作区，六郎庄自清代即定格为皇家园林的缓冲区，也是其生态涵养区。在这一地区恢复京西稻作文化景观，同时将其民间文化的内涵发掘出来，应当是今后可以努力的方向。据查证，这一地区的民间文化十分活跃，清代即建有娘娘庙以及茶棚（由前往妙峰山进香的香客所建），有建于康熙年间的真武庙（可能与曹雪芹家族有关），还有起源于六郎庄村，集历史传说、武术套路、民俗民风为一体的历史文化遗产——六郎庄五虎童子棍会（创建于光绪年间，更有慈禧太后赏赐的半分銮驾）等，五虎棍会还在 2009 年入选北京市第三批非物质文化遗产项目，这些均是可以发掘利用的历史文化资源。可以在城镇化推行的过程中予以合理考虑，使生态景观与历史文化遗产保护相结合，打造三山五园地区的特色文化景观。

三　城镇化与村落文化遗存：以香山地区碉楼为例

香山地区是三山五园又一处传统村落集中的地区。尤其是乾隆年间香山健锐营的设置，使得大量八旗驻防聚落相继兴起。有清一代，香山健锐营与圆明园护军营、蓝靛厂外火器营并称"京旗外三营"。[①] 香山健锐营的设立也随之产生了大批旗营聚落，这也是香山脚下满族聚居区的由来。据《清实录》记载，乾隆十三年十月戊戌，"阅八旗演习云梯兵，驻跸静宜园"[②]。随后，乾隆帝多次驻跸香山静宜园并检阅健锐营。如乾隆十五年六月，"壬申，上幸静宜园驻跸，翼日如之。阅健锐营兵"[③]。健锐营即是云梯兵，因此《清实录》称乾隆"阅八旗演习云梯兵"。乾隆十三年（1748），乾隆帝得知平定四川金川的清军对土司莎罗奔设在山险的碉楼久攻不下，便决定在香山脚下仿照金川碉楼，从前锋营护军内选拔年壮勇

---

① 柳茂坤、白鹤群：《京旗外三营》，北京出版社 2000 年版。
② 《清实录》乾隆十三年十月戊戌条。
③ 《清实录》乾隆十五年六月壬申条。

健者 2000 人，操习云梯，演练攻克之术。经过一个月的训练即参加征服金川的战争。乾隆十四年（1749）得胜回京之后遵照乾隆谕旨，专设一营演习技艺，作为缓急之用，命名"健锐云梯营"，又称"健锐营"。①健锐营八旗营房的布局犹如鸟的两个翅膀，由静宜园宫门两侧向东（左）南（右）两个方向伸展。左翼四旗沿静宜园北山南麓由西到东至娘娘府，依次是镶黄旗、正白旗、镶白旗、正蓝旗。②

作为八旗驻防遗存的重要组成部分，除村落外最引人注意的莫过于碉楼了。北京香山的碉楼共计有 60 多座。据《日下旧闻考》对碉楼数量的记载，本身也有不同的说法："八旗印房四隅皆有碉楼一座，乾隆十四年建。合之东四旗、西四旗各营碉楼，共计六十有七。"③ 而另有具体介绍碉楼分布的文字："静宜园东四旗健锐云梯营房之制，镶黄旗在佟峪村西，碉楼九座；正白旗在公车府西，碉楼九座；镶白旗在小府西，碉楼七座；正蓝旗在道公府西，碉楼七座；静宜园西四旗健锐云梯营房之制，正黄旗在永安村西，碉楼九座；正红旗在梵香寺东，碉楼七座；镶红旗在宝相寺南，碉楼七座；镶蓝旗在镶红旗南，碉楼七座。"④ 以上碉楼共计 62 座，加上四隅碉楼各一座，共计 66 座。查《大清会典事例》，则称碉楼数为 68 座："左翼见四层碉楼十四座，三层碉楼十八座；右翼建五层碉楼二座，四层碉楼十座，三层碉楼二十四座。"⑤ 这一记载与光绪《顺天府志》记载相吻合，后者采纳了这一说法。⑥ 对比几种说法，66 座或 67 座的说法可能将右翼碉楼数量漏载，即印房的四座以及正黄旗二座。据此，则香山碉楼数量当为 68 座。

笔者在香山地区调研旗人聚落的过程中，对其现存碉楼作了初步考察，很多处于村落的边缘地带，有的破损严重。在访谈中有当地老人告

---

① 柳茂坤、白鹤群：《京旗外三营》，北京出版社 2000 年版，第 2、第 5 页。

② 侯仁之主编：《北京历史地图集·清西郊园林》，北京出版社 1988 年版，第 51 页。

③ （清）于敏中等纂：《日下旧闻考》卷一百二《郊坰》，北京古籍出版社 2001 年版，第 1689 页。

④ （清）于敏中等纂：《日下旧闻考》卷一百一《郊坰》、一百二《郊坰》，北京古籍出版社 2001 年版，第 1677、1689 页。

⑤ 《钦定大清会典事例·工部·营房》（嘉庆朝），台湾文海出版社 1992 年版，第 213 页。

⑥ （清）光绪《顺天府志·京师志八·兵制》，北京古籍出版社 2001 年版，第 244 页。

知，碉楼有死与活之称，民间更是有所谓"七死八活"的说法。①"活碉楼"是指可以从内部楼梯爬到顶部的碉楼，"死碉楼"则是指内部砌成实心只能借助外部云梯攀爬的碉楼，而当地的碉楼主要以"死碉楼"为主，是为了训练而建造的。而且，碉楼还有藏式与羌式的区别，藏式碉楼顶部平整，羌式则将顶端一层建成半座建筑。健锐营现存碉楼共计七座，据学者的具体调查情况不容乐观（参见下表）。

表1　　　　　　　　　　香山地区现存碉楼调查情况②

旗属	位置	底宽	高度	样式	备注
八旗印房	香山正黄旗	二层底边长3.86米	二三层距2.4米；三层高2.4米	藏式	底层有土堆无法测量底边
八旗印房	香山正黄旗	二层底边长3.8米	二层高2.5米；三层高2.2米	藏式	下层建有建筑
正红旗	炮司内	底边长6.3米	一层高3.2米，二层高2.8米	羌式	死碉楼
镶蓝旗	无梁殿侧	不详	不详	藏式	半座、死碉楼
正白旗	王锡彤墓前	底宽6.4米，二层宽6.02米	一层高3.6米，两窗间距2.8米	藏式	死碉楼
正白旗	梁启超墓前	底边长5.4米，二层宽5.1米	一层高2.5米，二层高1.9米	羌式	死碉楼
正蓝旗	镶蓝旗汽车站西	不详	不详	羌式	活碉楼

　　这些为数不多的碉楼遗存，是清代八旗驻防与旗人文化的重要载体，也是清代重要的军事聚落遗存。以往在城镇化与城中村改造过程中，对碉楼的保护重视不够，大量住宅建设用地将其包围，不利于对其整体保护与利用。对这硕果仅存的几座碉楼，笔者认为应当合理保护规划，使之与旅游文化资源的开发相结合。希望在今后的规划过程中，能够给其留下一席

① 2014年3月15日香山北正黄旗村那氏访谈。
② 转引自樊志斌《乾隆年间健锐营考——以西山碉楼为中心》，收入海淀区人民政府香山街道办事处编《香山：寺庙与旗营》，北京出版社2010年版，第209—210页。

之地，使其成为香山独特的历史文化景观。

四 余论:新型城镇化与历史文化生态保护

近年来，随着城市化建设的加速推进，园林周边建设用地面积大增，对三山五园历史文化保护区形成合围之势。自然环境破坏严重，许多承载历史信息的物质载体逐渐消失，保护区周边的缓冲空间急剧压缩。三山五园作为北京西郊皇家园林保护区，不应仅仅局限于对园林本身的保护与利用，而是应当考虑将其周边的生态景观与历史文化遗产资源重新加以发掘、整合，使之真正成为一张城市生态文化名片，为首都的生态文明建设做出应有的贡献。

本文谈到的六郎庄与香山碉楼，都是三山五园周边地带值得认真发掘、合理保护的对象。我们应当吸取以往城市改造的教训，首先注重环境的维护如水源、借景、生态系统的保障等；其次尤其应注意传承和延续历史文脉，通过保护其历史文化遗产（物质文化遗产与非物质文化遗产）来打造文化景区的特色景观；在此基础上，以三山五园为代表的皇家园林才能在城市发展中实现自身服务功能的创造性转化，为现代生活服务，为城市发展服务，最终实现向城市文化、景观、生态核心的功能转化与加强。这也是新型城镇化背景下，历史文化景区保护的必由之路。

New-type Urbanization and Protection of Historical and Cultural Scenic Spot

——A Case Study of Three Hills and Five Gardens

Li Yang

Abstract：Three Hills and Five Gardens, the royal gardens in Qing Dynasty, were very famous scenic spots in Beijing. Under the background of New-type Urbanization, the government and academy should both face the problem of realizing the overall protection of Historical and cultural Scenic Spot, so as to realize the protection and constructions for Historical and cultural Scenic Spot surroundings. This paper aims to take Three Hills and Five Gardens as an example to discuss this issue.

Keywords：new-type urbanization；protection of historical and cultural scenic spot；Three Hills and Five Gardens

论当下北京新兴节庆的优化发展[*]

张　勃^{**}

摘　要： 当前对节庆论坛展会的规范和清理是政府对节庆发展的强制性干预，一定程度上对新兴节庆造成了冲击，但也为新兴节庆的转型提升、优化发展提供了重要契机。当前情境下，为了促进北京新兴节庆的优化发展，需要将北京节庆发展提高到文化建设、经济建设、社会建设和城市建设的高度加以认识，并使之品牌化、多元化和专业化。

关键词： 北京；节庆；优化发展

节庆活动是以文化传播、文化享用、文化消费为主要目的，以年度为周期，在节日期间专门组织的、在特定时间和特定地点开展、由一定数量人员参与的、具有公共性的系列行动。20 世纪 80 年代以来，受改革开放、文化经济、旅游业发展、民众文化需求增加等诸多因素的影响，旨在促进地方经济发展、加强文化建设、提高显示度而新兴的地方节庆活动在北京蓬勃生长。近来受国家对庆典论坛展会清理和规范的影响，新兴节庆活动受到一定冲击。这种情况下，如何促进北京新兴节庆的更好发展，发挥更加积极的作用，是需要认真思考的问题。

一　将当前对庆典论坛活动的规范清理视为北京节庆活动优化发展的重要契机

近来对节会庆典论坛的清理始于 2010 年。《国务院办公厅转发国务院

---

*　科研项目：本文为北京市哲学社会科学规划项目"北京文化日历构建研究"（项目编号：12ZHB013）系列成果之一。

**　张勃，北京联合大学北京学研究所研究员。

纠正行业不正之风办公室关于 2010 年纠风工作实施意见的通知》（国办发［2010］26 号）中明确提出要"坚决纠正庆典、论坛活动过多过滥问题"①。不久，中央纪委、监察部、财政部、国务院纠风办四部委联合下发了《关于对党政机关举办庆典、研讨会、论坛活动开展清理摸底的通知》（中纪办［2010］30 号），要求各地区各部门按照"谁主管谁负责"的原则，开展清理摸底工作，减少过多过滥的庆典、研讨会、论坛活动，"除国家法定节日外，以市（县）庆、校庆、公祭、城市建设、旅游景点、历史文化、特色物产等为名举办的庆祝活动"均在清理之列。2011年 4 月 5 日，中央办公厅、国务院办公厅印发了《关于开展清理和规范庆典、研讨会、论坛活动工作的实施意见》，中央纪委、中央办公厅牵头成立了全国清理和规范庆典研讨会论坛活动工作领导小组，负责对全国清理和规范工作的组织领导、统筹协调、政策指导和监督检查。之后，各地政府纷纷清理整顿自己的节庆活动。北京市也成立了清理和规范节庆论坛展会活动工作领导小组，并对自己市域内的相关活动进行清理整顿，比如2014 年确定取消 47 项节庆论坛展会活动，保留 61 项（其中 30 项是节庆活动），同时规定各类新闻媒体对未经批准的节庆、论坛、展会活动不得进行宣传报道。

　　节庆活动的规范和清理并非意味着新兴节庆不再重要，也不意味着新兴节庆活动不再发展，而是提出了新的要求，使政府对节庆活动的帮扶方式由扶持主导向规范管理和提供政策、公共服务等方向转变，并加强对政府机关及领导干部的规范和管理。然而毋庸讳言，这种规范和清理毕竟对新兴节庆活动造成了冲击，尤其在当前北京不少节庆活动是由政府机关主办的情况下，不少节庆活动会因此而消沉。

　　不过，清理和规范工作不能仅视为对节庆活动的打击，更应视为北京节庆活动得以转型提升、优化发展的重要契机。它将使北京节庆从单纯量的增长走向质的提升。这一方面是因为这种情境迫切需要对北京节庆活动应该如何发展进行深度思考，思考则有助于北京节庆活动的未来建设和发展；另一方面是因为在规范和清理的要求下，那些被清理掉的节庆固然失去了发展的空间，但那些被保留下来的节庆则拥有了继续发展的合法性和正当性。如果这些节庆活动能够因势而起，顺势而变，紧紧抓住机遇，则

---

① 参见中央政府门户网站 http://www.gov.cn/zwgk/2010-04/08/content_1576322.htm。

可能发展成为重要的节庆品牌。

二 将北京节庆发展提高到文化建设、经济建设、
社会建设和城市建设的高度加以认识

节日作为时间的驿站，生活的华章，在传承发展民族文化和北京地方文化、保存世界文化多样性以及凝聚人心、推动经济发展、促进社会和谐、影响城市空间的功能布局、缓释社会成员心理压力、满足其精神情感需求等方面具有重要价值。节庆活动既是一种经济现象，也是一种文化现象。节庆建设可以助力城市的文化、经济和社会发展，好的节庆活动对城市发展具有积极的综合影响。对此已有学者进行系统总结：体现在政治方面，在于可以提高城市知名度，对市民价值观念的提升具有重要、积极的作用。体现在经济方面，节庆活动是一种"注意力"经济，是城市经济的发展引擎，节庆活动的成功举办，首先可以对城市的国民经济发展产生巨大的推动作用，在酒店、运输、旅游、会展、零售、通信、传媒和广告等活动相关的行业中产生较强的直接经济效益，其次则能够优化产业结构，极大地促进举办城市的旅游、会展、餐饮、交通、住宿等产业部门的较快发展。体现在文化方面，节庆活动可以激活传统文化的各种元素，丰富民众的文化生活，增强公众对自我文化的认同，起到文化传承的重要作用。同时，它也带来城市文化的融合与创新，促进城市理念和思想的创新。在环境方面体现在，一方面节庆活动可以促进活动空间和活动场馆的营建和利用，促进城市交通、通信、城建、绿化等基础设施的建设，优化城市环境。另一方面，节庆活动本身就是能够集中展示城市风貌、多层次传播城市信息的媒介，具有独特的传播效应，对宣传和传播城市形象发挥着重要的作用。[①] 这样的概括同样适用于北京。可以说，北京节庆发展不是简单的小事情，而是关系着北京文化建设、经济建设、社会建设和城市建设的大事情。一方面，北京节庆建设是文化、经济、社会、城市建设的重要内容，另一方面也是进行上述诸多方面建设的重要方法和路径。事实上，节庆活动实践也已经在很大程度上证明了这一点。

---

① 王春雷、赵中华主编：《2009 中国节庆产业发展年度报告》，天津大学出版社 2010 年版，第 27—30 页。

以北京国际电影节为例，该节创立于 2011 年 4 月，是继上海国际电影节之后国内第二个获得国际电影制片人协会认可（FIAPF）的国际 A 类电影节，由中国国家广播电影电视总局和北京市人民政府主办，国家广播电影电视总局电影管理局和北京市广播电影电视局承办，以"融汇国内国际电影资源，搭建展示交流交易平台"为主旨，以"国际性、专业性、创新性和高端化、市场化"为定位，每年举办一届。据统计，第一届北京国际电影节吸引了 700 多家中外电影机构、2000 多位中外嘉宾和北京各界 10 万人次的广泛参与。2014 年 4 月 16 日至 23 日举办的第四届北京国际电影节的"国际化"更加明显，获益更丰。本届电影节共有来自 6 大洲、88 个国家和地区的 837 部影片报名参加天坛奖主竞赛单元，其中国际影片 682 部、国内影片 155 部；共有来自 6 大洲 79 个国家和地区的 1520 部影片报名参加北京展映，其中境外影片 1127 部、境内影片 393 部，从中遴选 48 个国家和地区的 260 部优秀影片在北京 33 家影院及学术机构放映 600 余场次。电影市场则吸引了来自 24 个国家和地区的 724 个电影企业和机构，248 家参展商参展，比上届增长 20%，其中国际展商 125 家，首次超过国内展商数。实现签约项目 32 个，签约总额 105.21 亿，比上届增长 20%，再创中国电影节展交易之最，北京电影市场已成为最活跃、最具吸引力和最大规模的世界电影市场之一。可以说，北京国际电影节对北京文化产业的发展、城市形象和美誉度的提升已经发挥和正在发挥着十分重要的作用。

类似这样的节庆活动不仅惠民，而且是北京建设社会主义先进文化之都、走向国际化、建设世界城市的重要抓手。

三　明确北京节庆优化发展的方向，在品牌化、多元化、专业化方面积极展开行动

北京是一座拥有 3000 多年建城史和 800 多年建都史的历史文化名城，也是全国的政治中心和文化中心，并将努力建设成为在国内发挥示范带动作用、在国际上具有重大影响力的著名文化中心城市。如果我们将节庆活动视为北京实现自己战略发展目标的重要抓手，那么就需要加强顶层设计，注重节庆的科学规划，在节庆活动建设方面更自觉、更宏观，更具有前瞻性，在为谁建设、谁来建设、建设成什么样、怎样建设等重大问题上

有明确的思路。其中，"为什么建设"解决的是节日建设的目标问题；"谁来建设"解决的是节日建设的主体问题；"建设什么样子"解决节日建设的内容问题；"怎样建设"解决的是节日建设的路径问题。在应办哪些节庆、应在何时举办、以多长时间为宜等方面，必须有一个超前的规划。从城市性质和城市功能而言，北京既需要建设具有广泛国际影响力、能带来显著经济效益、提升城市知名度的品牌节庆活动，也需要发展以主要满足市民需求为导向的区域性节庆活动。在这一过程中，则需要根据情况使政府（不同级别）、市场、社会等多种力量互相协调，使北京节庆朝向品牌化、多元化和专业化方向发展。具体而言，可以在以下几个方面展开行动：

（一）强化节庆品牌意识，在认真调查当下北京节日时空间布局的基础上统筹规划，注重各区县之间节日活动的区别与联系，形成一个多层次多类别既有经济效益又有社会效益的节庆体系

近年来北京新兴地方节庆活动增长迅速，但这些节庆活动大多是北京下辖 16 个区县或各区县下的乡镇、村落以及一些文化公司、文化事业单位等自行建构的，缺乏宏观上的统筹安排，这导致了节庆活动具有明显的时空分异特征。在时间上"形成三个鲜明的节庆高峰，即 9—10 月的金秋高峰、2 月的春节高峰和 4—5 月的春季高峰"[①]。在空间上也存在较大差异，各区县多寡不一。"节事举办较少的区县，如通州、平谷，每年仅 6—7 次。而节事举办较多的区县，如怀柔、房山、门头沟每年举办的节事数量均在 15 次以上；从节事规模来看，各区县也存在着明显差异。"[②] 为了促进节庆活动的优化，更好地发挥节日的多种功能，有必要将 16 个区县作为一个整体加以考虑，仔细分析和评估不同区县的资源优势和节日发展现状，同时结合当前对节庆活动的规范和清理，促进北京节庆活动的转型与提升，形成一个多层次多类别既有经济效益又有社会效益的节庆体系。

---

① 刘敏、刘爱利：《北京节庆活动的发展演进与综合效应研究》，《江苏商论》2010 年第 5 期，第 27 页。

② 戴琳琳、盖世杰：《北京郊区节事旅游发展时空分异特征》，《地理科学进展》2011 年第 8 期，第 1060—1061 页。

1. 可以在目前保留的 30 个节庆活动中选择若干效果好、前景佳的节庆活动进行重点打造，目标是将其建设成为国际化的品牌节庆活动。与一般的节庆活动相比，国际化的品牌节庆活动在改善城市文化基础设施和服务、改善城市形象、展示作为国家文化中心城市的重要性、促进文化产业的长期持续发展、促进城市发展成为文化旅游目的地以及提高在世界文化、经济领域的参与度等方面具有更加强大的功能，北京亟须这样的节庆品牌。目前来看，北京市政府可以协同相关中央政府部门主导，选择北京国际电影节、北京国际图书节、北京国际旅游节等作为国际品牌节庆加以重点建设。

2. 北京下辖 16 个区县，可以由地方政府主导着重发展一至两个节庆活动，作为本区（县）域内的品牌。实际上，经过较长时间的发展，北京下辖 16 个区县的每一个区县，都基本上形成了自己的节庆品牌，这些节庆品牌应该得到保留并获得进一步发展。

3. 博物馆、公园等文化场所以及街道社区可以根据自己的工作需要和市民（居民）的文化需求自行举办节庆活动。这些节庆活动可以依托传统节日来举办，也可以有别的选择，比如社区可以举办自己的社区文化节。

4. 企业等经营单位也可以根据自己的工作需要和文化需求自行举办或联合举办节庆活动。

（二）处理好政府与企业组织、社会组织以及居民的关系，在政府发挥重要作用的同时，充分调动企业组织、民间组织和居民的积极性

从新兴地方节庆兴起之初一直到现在，对它劳民伤财、奢靡浪费、滋生腐败的批评就没有停止过。毋庸讳言，不少地方节庆确实存在这样的问题，然而也应看到社会对新兴地方节庆活动的需求以及新兴地方节庆存在的重要性。因此，应该理性地对待新兴地方节庆的建设和发展。一方面要避免奢侈浪费、滋生腐败，另一方面也要看到政府参与旨在推动地方经济文化发展和社会进步的新兴节庆活动的必要性。其一，地方政府是公共文化服务的提供者，举办新兴节庆尤其是举办以公共文化服务为旨归的节庆活动，本身就是公共文化服务的一种方式，政府有职责参与其中，并给予一定的资金支持；政府也有必要在调查民众需求的基础上，有计划地推进一些节庆活动的开展，以激发普通居民主动参与的热情。其二，成功的新兴节会会产生巨大的经济效益和社会效益，地方政府往往是直接或间接的受益者，从受益者担责的角度看，地方政府有必要为新兴节庆的成功举办贡献力量。其三，节庆活动的良性发展，需要多种力量的协作，必须动用大量资源，尤其节庆初创阶段，往往支出大于收入，这时候格外需要地方政府担当重任。事实上，一些著名的、产生巨大经济和社会效益的地方新兴节庆确实是由地方政府最先发起、并由地方政府主持操办的。

总体上看，北京的新兴节庆活动有不少是在政府自上而下的推动中举办的，政府在节庆活动运作过程中一直发挥着重要作用。包括给予资金、人力、物力等方面的支持、参与节庆活动总体框架方案和实施方案的策划、制订与实施，也包括在对外宣传、办节场地、税收管理等方面给予政策优惠和扶持。近年来伴随着节庆活动运作经验的日益积累和政府主导的弊端的显现，人们逐渐认识到，建立节庆活动的市场运作机制、多渠道筹措办节资金、充分发挥企业和市场在节庆动作中的主体地位和作用、以节养节、以节强节乃是促进节庆活动健康发展的长久之计。在这种情况下，政府的作用发挥应该适当降低并做出调整，将主要精力放在节庆活动的整体规划、政策扶持以及吸引多种力量参与节庆活动的组织运作，并平衡、协调多方矛盾和利益冲突等方面，而在微观运作方面则更多让位于市场和社会力量。与此同时，要在节庆活动中发现可以进行市场化运作的因素，使社会组织、企业组织、普通民众积极参与到节庆活动当中。

节庆活动作为有组织的大型活动，是一个包括策划、营销、组织、实施、评估等环节在内的复杂过程，也是一个由目标、主体、客体、资源、形式等诸多要素有机组合成的复杂系统，若想使节庆活动获得成功，需要节庆专家的深度介入，尽量使节庆活动的每一个环节都做到科学高效。为此，就有必要整合力量，充分利用专家资源，成立专门组织，加强节庆活动的基础研究和应用研究，并使专家介入到整个节庆活动的运作过程当中，为北京节庆建设提供坚实的智力支持。其中有必要重视节庆行业协会作用的发挥。

民众的智慧是无穷的，节庆终究要服务于民众，而且只有民众接受的节庆才能真正扎根生长。因此，在节庆运作的整个过程都要注重民间参与，为民众表达诉求、愿望、创意和意见提供平台和机会，积极吸纳草根创意，将民众的智慧真正转化为力量。而让民间参与的过程也是赢得民众对节庆更多理解和支持的过程。

（三）充分尊重地方文化传统，科学办节，重视节庆策划，确定节庆目标和主题，规范节庆名称，确定节庆日期和地点，提升节庆活动品质，挖掘节庆内涵，增强节庆魅力

北京有着悠久的地方文化传统，历史时期形成了包括庙会在内的十分丰富多彩的节庆文化活动，至今有着强大的影响力。这些节庆是北京特色的重要体现，也是进行新兴节庆建设的基础和资源，必须加以充分尊重，要以科学精神建设新的节庆活动。当我们将节庆策划、组织实施、评估视为一个不断重复再现的活动过程，那么策划就是这个过程的第一个环节，尤其是首次策划，更对节庆的成功起着关键性作用。

第一，确定节庆的目标、主题是节庆策划的首要内容。

目标和主题是节庆活动的核心，节庆所有的其他要素，包括节庆名称、LOGO、活动内容、活动时间、活动空间的选择与布置、餐饮、节庆商品、工作人员的服装乃至色彩、声响的选用等，都受制于目标和主题，都要为目标和主题来服务。节庆的目标一般可以分为三类，即经济目标、社会文化目标和政治目标，一个节庆往往以其中的一种作为自己的主要目标，而主题则有人物、物产、饮食、花卉、文化艺术、自然生态、民俗等多种可加选择。

第二，为节庆确定好的名称。

从目前全国范围内的节庆名称来看，基本上采取"地名＋主题＋节"的命名方式，如果是全国性或国际性的节庆，则在主题前冠以"中国"或"国际"二字，以突显节庆的级别，如菏泽国际牡丹文化旅游节、南宁国际民歌艺术节等。北京节庆的命名也大致如此。由于节庆往往具有一年一度（也有两年或多年一度）周期性举办的特点，因此具体到某一特定年份的节庆活动，则往往冠以某某年某某节或第×届某某节，如第四届北京国际电影节、第四届前门历史文化节等。由于名称是使一个事物与其他事物区别开来的专门标签，一旦确定，便要保持稳定性，甚至由于时势的变化连节庆的目标和主题也发生一定变化时，节庆的名称也不要轻易改变。从北京节庆的现状来看，在节庆名称方面存在一定的问题，主要表现在同一个节庆活动的名称不统一，使用不规范，比如2013年举办的妙峰山传统民俗庙会就有"第21届妙峰山传统春季民俗庙会"、"第21届妙峰山传统民俗庙会"等不同名称。这在一定程度上会造成混乱，影响节

庆的生存和发展。

第三，确定节庆的举办时间。

节庆在历法中所处的位置及其长度，同样关系重大。节庆时间的确定往往要综合考虑多种因素，但和主题关系尤其密切，以物产、花卉、自然生态以及民俗为主题的节庆深受时间的制约。总体上来看，北京节庆在时间安排上存在两大问题。其一是节期不稳定。既表现在开幕时间不一，也表现在节庆持续时长不一。只要看下面前门历史文化节和海淀文化节的节期安排即可明晰这一点。

前门历史文化节历届节期表

年份（届别）	2010（一）	2011（二）	2012（三）	2013（四）
持续时间	9.28—10.15	8.6—8.15	8.7—8.18	8.7—8.25

海淀文化节（2006—2013）节期表

年份（届别）	2006（三）	2007（四）	2008（五）	2009（六）
持续时间	5.16—6.18	5.28—6.20		5.30—6.26
年份（届别）	2010（七）	2011（八）	2012（九）	2013（十）
持续时间	5.28—6.25	6.28—7.29	12.24—2013.1.23	9.22—10.31

前门历史文化节前四届持续时间分别为 18 天、10 天、12 天、19 天，海淀文化节 2006 年的持续 34 天，2007 年持续 24 天，2013 年则持续40 天。

其二是部分节庆持续时间过长。节庆是不寻常的日子，它因为人在这段时间里从事特殊的活动并产生特殊的情感而与平常的日子区别开来，人们在节庆里的体验和情感十分重要，只有那些引起人们特殊体验和情感的节庆才会被人们记住并愿意年年欢度。而特殊的体验和情感往往是浓缩的精华，是在短暂时间里迸发出来的日常生活中的高潮部分，因此，节庆时间不宜过长，否则就会失去节庆真正的意义，变得徒有虚名。现在不少北京节庆持续的时间都过长了，持续 20 余天以上的节庆活动颇不鲜见，像首都职工文化艺术节竟然长达 5 个多月的时间，第八届于 2011 年 4 月 24日开幕，到 9 月 26 日才闭幕，第九届同样从 4 月持续到 9 月。

从优化的目的出发，一方面有必要对北京的节庆名称进行规范，至少在官方发布的文件中要统一名称。另一方面，则有必要从宏观上对诸多北京节庆的节期从在历法中位置到持续长短进行认真的规划：

（1）将北京的诸多节庆尤其是前景好、潜力大、效益佳并获得政府支持的节庆活动的节期进行统筹安排，既能满足节庆自身的硬性需求，又使得16个区县内的北京节庆在一年内的分布大体均衡，争取每个月份都有一定数量的节庆安排。统筹安排时优先考虑那些受自然因素或传统文化因素影响较大的节庆，然后再考虑受自然因素或传统文化因素影响较小的节庆。同时还要注意节庆自身已形成的传统。至于节庆持续时间的长短，则要根据节庆的具体情况加以确定，不强求整齐划一。考虑到节庆持续时间的长短并不与节庆的影响力、知名度具有正相关关系，而且节庆持续时间过长不易形成关注焦点，还会消耗更多的人力、物力，因此节庆持续时间不宜过长。

（2）节期一旦确定，无论是在历法中的位置，还是持续时间长短，都尽量保持稳定性，没有特殊的情况不做变更。

第四，确定节庆的地点。

任何节庆活动的展开都需要空间，固然有些节庆在地点选择上有比较大的自由度，不必执着于一处，但许多节庆对于地点的依附性很强，特定地点的自然环境、人文景观及其所承载的文化对节庆活动产生十分重要的影响。比如我们很难想象在一个不生长荷花的地方举办荷花节，在不出产西瓜的地方举办西瓜节。一个恰当的地点一定会助力节庆的发展。因此地点选择是节庆策划的重要内容。节庆地点的确定要具体情况具体分析，但要结合节庆的主题、目标、节期和活动加以综合考虑，首要的是能够为节庆的开展提供必要的活动空间，其次要看该地点是否具有优质的资源以承载节庆的内涵、凝聚节庆的精神，并为前来参加节庆活动的人提供舒适惬意的环境和条件。自然环境优美、人文传统悠久、民俗文化丰厚的地点往往值得格外关注。

已经举办了多届的节庆，尤其是历史悠久的节庆也要考虑地点问题。这样的节庆往往已经形成了相对固定的活动地点，而地点本身则已成为节庆不可或缺的有机组成部分，它是节庆活动的展开空间，也是节庆精神的寄寓之所，不应该轻易变更。否则节庆就会受到沉重打击，甚至是致命的打击。比如妙峰山传统民俗庙会如果离开妙峰山，再精彩，也不再是妙峰山传统民俗庙会。

第五，提升节庆活动品质，挖掘节庆内涵，增强节庆魅力。

一个节庆活动能否最终成为广大民众喜闻乐见、愿意将时间、精力、金钱投入其中的活动，归根结底要取决于该节庆是否具有足够的文化魅力，是否能够打动人心，引发人们的情感共鸣。而节庆的文化魅力主要来自节庆活动和内涵，而内涵又主要蕴含于活动之中。如此一来，节庆活动就成为节庆策划中极其重要的内容。

节庆活动的设计一般要围绕着目标和主题来进行，但一个节庆将什么样的活动纳入进来并没有一定之规。从目前情况来看，节庆活动的设计者们需要突破三个认识上的误区：

误区一：越新越有吸引力。创新在我们国家是出现频率非常高的一个词语，已经扩展到了社会的方方面面，被赋予极高的价值，被视为"一个民族昌盛不竭的动力"。理论要创新，制度要创新，经营要创新，技术要创新，教育要创新，仿佛不主张创新就是落后守旧，就是不思进取。而在节庆领域，创新同样被认为具有极高的价值。"创新是现代节庆活动发展不竭的动力，从现代节庆的创立、沉淀到成为新的文化风俗，每一阶段保持鲜活都离不开创新"① 的观点代表了许多节庆策划者、组织者的观点。在这样一种谋求创新思路的主导之下，节庆的目标、主题、活动甚至节期每年都被为着创新的目的而不断进行着各种改变。北京大多数节庆也有类似的追求。然而这种追求背离了节庆的基本规定性。

节庆之所以成为节庆，是因为在相对固定的日子里具有特定的约定俗成的活动。如果没有相对固定的日子与相对固定的活动的结合，哪怕被叫作节庆也只能是徒有虚名。中国有许多传统节日，其中春节无论从数量之多，还是节日持续时间之长，抑或历史之悠久来看，都堪称中华民族最大的节日，它之所以有这样大的影响力，不在于它的变，而在于它的不变：两千余年来，春节一直处在农历新旧年转换的时间节点，一直保持着辞旧迎新的主题。

对于一个新兴节庆而言，最大的成功是它能转化为传统，成为一个地方的传统节日。而要真正实现这种转化，就必须保持节庆的相对稳定性，

---

① 《创新是现代节庆活动发展不竭的动力》，参见浙江在线，网址 http：//www. zjol. com. cn/05jq/system/2008/08/20/009857810. shtml。

就必须让一些活动年年在节庆上举办，使其成为经典，成为品牌，成为节庆的标志性活动。也许有人担心不变会造成年年相似重复的结果因而会失去对民众的吸引力。然而，正如春节展示给我们的，正是人们年复一年的重复操作，放鞭炮、贴对联、守岁拜年的习俗才传承越千年。在这里，重复并没有成为阻力，反倒成为习俗，并内化为个人的习惯。毋庸讳言，人确实有求新逐异的心理，但也应看到人还有在重复中满足需求的倾向。更进一步讲，"求新逐异"中的新并非意味着最近出现的事物，而是受众心中以为的"新"，是那些给人新的感觉的事物，而传统的同样可以给人新的感觉。对于那些已经举办了若干届的北京节庆而言，现在最关键的问题并不是如何年年推陈出新，而是如何在历年推出的活动中发现深受民众喜欢的活动，并将其作为经典、品牌加以发掘发展，年年举办，不断进行品质提升，逐渐形成节庆的个性。

误区二：越多越有吸引力。"众口难调"，不同的人对于活动的需求不一样，因此，如果节庆活动丰富，满足参与者需求的可能性就会增大。然而，活动丰富并非提升节庆吸引力的必要条件，换言之，活动内容相对集中的节庆同样有可能获得成功，得到大家的认可。这一方面是因为在经费、人力、物力等资源有限的情况下，过于追求活动量上的多必然会影响到活动的品质；另一方面，活动过多容易导致游客的分散，无法形成节庆现场人潮涌动、摩肩接踵、万众狂欢的热闹效果，而这更是人们参加节庆所需要的感觉。

误区三：越洋越有吸引力。新兴节庆往往有国际化的追求，并且将国际化与去本土化、去传统化相联系。然而，在当前全球化时代，越是民族的就越是世界的，传统文化散发着诱人的气息。固然有些节庆可以成为现代文化、异文化集中展示的舞台，但更多节庆还是应该成为民族与地方文化集中展示的场合。其实就是以展示现代文化、异文化作为追求的节庆，也应该注意运用具有民族特色的表达方式。北京将建设中国特色的世界城市作为城市发展目标，在节庆中尤其是国际节庆中就需要更好地将传统与现代、本土与外来、民族与国际进行有机结合。

突破误区的同时，在进行节庆活动设计时，还应该格外注重活动的可参与性。正如前面提到的，民众已不满足于在节庆中仅仅作为旁观者的身份，民众参与性不高是北京节庆活动目前存在的一个突出问题，因此，需要根据具体节庆的主题对参与性活动进行强化，为民众体验提供更多机会和平台。此外，要重视文化活动的设计，不要用经济活动取代文化活动。"文化搭台，经济唱戏"一度是举办节庆的主要诉求，然而，越来越多的事实表明在当下更优的选择是文化搭台，文化唱戏。文化戏唱好了自然就会产生经济效益。

（四）完善节庆运作，提高节庆活动的经济效益和社会效益

节庆运作是一个包括策划、组织实施、评估等环节在内的活动过程，每一个环节都关系着节庆能否成功。一般来说，人们往往注重对节庆的策划和组织实施，对于评估则容易忽视。然而，为了改变现在普遍存在的节庆重举办轻效果、重投入轻产出的现象，进一步提高节庆活动的各种效益，就必须重视评估作用的发挥。政府下大力气清理规范节庆活动，也应建立在对节庆的评估之上。

节庆评估既包括过程评估，即对节庆从策划到组织实施到评估的整个运作过程进行评估，也包括绩效评估，即根据特定标准对节庆举办后所产生的经济效益、社会效益和影响力进行评估，并以评估结果作为对待节庆态度的基本依据。对办节效果低下、老百姓不认可的节庆则不予支持，对那些老百姓拥护、节庆业态好，有发展潜力的节庆则大力支持，加强培育，助其发展。

鉴于北京市域内节庆众多，节庆建设意义重要，更有必要加强评估工作。而在这个过程中，依据服务性原则、因地制宜原则、重点突出原则、连续性原则和准入标准原则组织编订北京文化日历具有重要意义。第一，北京文化日历的编制过程，也是对北京既有节庆进行普查的工作过程，对于摸清家底，分析发展态势，发现特点、优势和不足之处具有重要意义，可以促进北京文化活动的科学建设和理性发展。第二，北京文化日历设立准入标准，将一批内涵丰富、参与度广、影响力大、发展前景好的地方节庆纳入其中，本身就是一种评估工作，而文化日历文本则集中呈现了评估的结果。当然，北京文化日历的编制及其文本的传播阅读的所产生的作用并非仅止于此。①

---

① 关于文化日历作用的论述，具体可参见张勃《城市文化日历构建及其相关问题的思考》，《青海社会科学》2012 年第 5 期。

结 语

在全球化、现代化、休闲化时代，随着节庆多种功能的被发掘、呈现和认知，大众对于民族认同、国家认同、休闲娱乐的迫切需求以及更加开放的文化心态将为多种节庆活动的未来发展奠定坚实的基础。与此同时，人们生命中的劳动时间越来越少，可以用于休闲的时间越来越多。这些重要的社会变化，是过去几十年以及当前北京各种节庆得到恢复、产生、发展的充要条件，也构成了未来北京节庆发展的生态环境。优胜劣汰，适者生存，一些节庆被淘汰，一些节庆继续存在，是节庆发展的常态。北京节庆在发展过程中也存在此起彼伏、彼起此伏的现象。这一现象的发生，既深受政府干预的影响，又是市场或曰民众文化选择的结果。当前对节庆活动的规范和清理是政府对节庆发展的一种干预，一定程度上对节庆活动造成了冲击，但同时它也是北京节庆活动得以转型提升、优化发展的重要契机。只要处理好政府与企业组织、社会组织以及居民的关系，在政府发挥重要作用的同时，充分调动企业组织、民间组织和北京居民的积极性，统筹规划，科学办节，北京就能够促进节庆活动的良性发展，实现节庆活动的品牌化、多元化和专业化，从而产生巨大的文化效益、经济效益和社会效益，为首都北京的城市建设和功能发挥起到积极作用。

Discussion on Optimizing the Development of New Festivals in Today's Beijing

Zhang Bo

Abstract：The clearance of festivals, forums and exhibitions at present is mandatory intervention to the development of festivals, which had negative impacts on new festivals. and also gives an important opportunity to transform, upgrade and optimize the development of new festivals. Under the current situation, it's necessary for people to recognize that the development of festivals in Beijing is closely related with cultural construction, economic construction, social construction and urban construction. New festivals should be developed with the trend of branding, diversification and specialization.

Keywords: Beijing; festival; optimizing the development

现代化大都市传统节日的当下存在

——以北京为例

景俊美*

摘　要：传统节日以一种特有的文化范则，提醒着人们去认识和解读宇宙、人生、社会以及人自身，为人们提供具有神圣秩序意义和情感交流价值的象征性文化载体。然而，城镇化甚至信息化的巨大影响，使得传统节日的生存土壤骤减，面临着巨大的存继问题。本文通过对北京的清明、端午、中秋、春节四大传统节日的调研分析，关注传统节日的当下存在，有利于解决传统节日遭遇时代危机的种种问题，为传统节日的未来发展提供借鉴。

关键词：传统节日；新型城镇化；传统文化；复合性；文化载体

悠久的历史文明给北京带来了丰富的文化资源，但传统的文化资源不一定都符合现代人的审美品位，因此，我们需要寻找承载历史又观照现实的文化灵魂。这"魂"不仅仅是长城、故宫等有物质载体的文化遗产，更多时候，它渗透在百姓的日常生活之中，伦理生活、节庆婚俗，皆有可观。中国的传统节日是民众年度时间生活的重要"段落标志"，更是民众在感知时间的基础上建立起来的文化与社会秩序。北京作为文明古都与世界城市的混合载体，传统节日在它的生命体里以什么样的方式得以呈现，是一个值得深究也包含意味的论题，笔者通过四大传统节日（清明节、端午节、中秋节、春节）的理论与实践分析，探讨、明晰这一论题。

---

* 景俊美，北京市社会科学院助理研究员，中国人民大学在站博士后。

一　清明:祭祀是天

　　紫桐花开，清明到来。清明首先是表征物候的节气，出现于汉代以前。古书《岁时百问》中记载，万物生长此时，皆清洁而明净，故谓之"清明"。节气清明是季节时序的标志，而作为节日的清明，是融合了传统的寒食节与古老的上巳节以及节气清明之后的节日呈现，它现身于唐代并迅速成长，影响力与波及面非前述二节可比，有学者曾指出清明节之所以取代寒食与上巳二节，是"文化节日对时间符号的让步"①。白居易有诗云"风光烟火清明日，歌哭悲欢城市间"②，点明了清明节的节日主题：悲戚与欢乐共存，歌声与哭声同在。清明节在唐代，与寒食、上巳交织与共，其习俗与文化蕴涵皆已基本定型，并影响至今。主要表现有四：祭祖扫墓、插柳避邪、踏青游春与游艺饮食等。

　　首都北京的清明，与传统社会中的文化意涵已经相去甚远。但是这并不意味着节日的意义已荡然无存。相反，在祭祖扫墓的层面上，节日清明的意义一直或隐或显地被记忆、被凸显。一方面，北京的清明即使有假日的保障，也很难再现"四野如市"③的景象。这主要因为大部分市民已经远离了乡土，即使是那些固守在密云、怀柔、延庆等拥有土地的农民，他们的生活理念与生活方式也已经远离了农业耕作的传统。大型机械的运用，承接市区农家乐的商贸，电子媒介等游艺新产品的层出不穷，让年轻人只知"钱"的重要，不知"闲"的奥妙。即使是生态环境的问题让人们越来越意识到远离喧嚣贴近自然的美好，但是这样的"远离"不再只

----

　　①　施爱东认为，文化节日是可以随着时代的变化而不断变迁的，可清明节气恰恰不是文化节日，它是由太阳运行和数学分割而产生的时间符号，是一种逻辑的产物，因而是不可变的，可变的文化节日不幸遇上了不可变的节气符号，结果秀才遇到兵，有理说不清，可变的文化节日让位给了不可变的时间符号。参见刘魁立《中国节典：四大传统节日》，安徽教育出版社 2008 年版，第 61—63 页。

　　②　(唐)白居易：《清明日登老君阁望洛城赠韩道士》。参见 (清)彭定求等编《全唐诗》(增订本)，中华书局 1999 年版，卷 456 第 20 首。

　　③　宋孟元老的《东京梦华录》中写道："四野如市，往往就芳树之下，或园囿之间，罗列杯盘，互相劝酬。都城之歌儿舞女，便满园亭，抵暮而归。"参见 (宋)孟元老著，邓之诚注《东京梦华录注》，中华书局 1982 年版，第 178 页。

是停留在"清明"这一特有的"节点"上，周末与假日的新"节点"取代了清明踏青游春和游艺竞猜等功能。因此，今日的清明与传统之别显而易见。另一方面，作为节日的清明在北京依然有它顽强的生命力，这一生命力的最突出表现是清明祭奠亡故之人。

笔者通过 2010—2013 三年的实地调研，总结出北京清明的祭祀方式主要有三种，第一种方式是清明扫墓。扫墓又分两种行为，一种是个人行为的扫墓，比如扫亲人、朋友或者自己想要纪念的名人之墓；另一种是集体行为，比如各中小学组织的扫烈士之墓，扫政治人物之墓。而无论是前者还是后者，这种扫墓的方式都是显性的，后者甚至有被不断强化的国家意识。第二种方式是清明烧纸，主要表现是"十字街头""公园僻角"的默默祭奠，这种行为相对来说是隐性的，甚至有被禁止的可能。① 第三种是网上祭祀，这是一种新型的祭祀方式，参与群体主要是有网络经验和网络时间的"网民"。三种方式有别，但终极意义相近，体现的意涵与中国人的人生理念与文化哲学密不可分。中华民族有深厚的尊祖敬宗与孝顺父母的传统，孝道贯穿于"生"与"死"的全过程。《论语·学而》有云："慎终追远，民德归厚矣。"② 所谓"慎终"，即丧尽其哀、凡事必诚；所谓"追远"，则祭尽其敬、追念祖亲。中国古人认为："万物本乎天，人本乎祖。"③ 生时敬养，死后祭念。"祭"者，乃是追"养"继"孝"的一种表现，体现了"报本返始"的文化理念。

尽管在当下巨变的社会里，清明这一节日之于都市人与假日无异。追起因由，既有文化断代的历史原因，更是世界一体化、新型城镇化的时代

---

① 这一祭祀方式也有其因由所在，主要是城市化进程的加快和丧葬标准的统一，让城里人无"地"可葬或无钱买"地"葬。笔者在网上和实地做过调研，目前"公墓"价格普遍偏高，甚至高得离谱。以网上标榜"北京价格最低的公墓"——京南卧龙公墓为例，其促销信息在最显眼的地方有文：从即日起至 4 月 30 日来我公墓购墓地赠送四十年管理费；自选墓区 5000 元/平米起。另有草白玉龙凤墓造型需 7800 元，草白玉小围栏墓造型 9800 元，花岗岩直板墓造型 11800 元，花岗岩围栏墓造型 22800 元，花岗岩中方碑墓造型 25800 元和官帽围栏墓造型 26800 元等。（详见 http://www.zhwolonggm.cn/sale.htm2012—2—26 下午）笔者粗略做了一个测算，不计管理费、丧葬费、骨灰盒、棺木等其他正常丧葬费用，一个人亡故后，想要进入公墓最起码需要 3—5 万元，这是一个普通市民一年不吃不喝不花费的全部收入。本文对该公墓没有任何微词之意，只是略举一例说明问题。

② 杨伯峻：《论语译注》，中华书局 1980 年版，第 6 页。

③ （汉）戴圣、崔高维校点：《礼记》，辽宁教育出版社 1997 年版，第 75 页。

使然。但是，清明作为节日依然保有自身的文化意蕴。传统节日是社会生活在时间维度里展开的节点，每一个节点又承担着不同的文化功能。俗语有云："清明到，儿尽孝。"今天，清明节作为中国四大传统节日之一，祭奠怀念是其核心。祭祀，也便成为清明最具生命力的习俗之一。清明等传统节日是一种民俗事象，传承与变异是其发展史上的一体两面。通过上述的分析，我们可知北京清明节的过节形式也许有所变化，但是祭祀本身的寄托，不但没有减淡，反而有加强的意味。

二　端午:淡化有因

农历五月初五，是端午节。中国人以此为界，开始了从春入夏、由闲及忙的季节。中国地域广阔，节日的呈现南北不同、东西有别，习俗差异很大。这天，有的地方制粽、插艾，有的地方竞渡、祈福，有的地方讲究吃"五黄"（黄鳝、黄鱼、黄瓜、咸鸭蛋和雄黄酒）或"五红"（烤鸭、苋菜、红油鸭蛋、龙虾、雄黄酒），有的地方则争相制、挂香袋。但是对于大多数的中国人而言，端午只有粽子，只有屈原，只有远离现实生活的遥远历史和被商家不断炒作的商品销售。一言以蔽之，对于正在经历城镇化的当下中国而言，端午节呈现出习俗弱化趋向。

在节日的链条上，端午居中，承前启后，成为节点，于悠悠历史中交织成一条博大精微的河流。从时间的轴线去溯源端午的节日文化，层累的记忆与复合的主题使得端午节在人们的心中日益聚集。从空间的坐标去比照端午文化，则显示出不同地区与不同族群的差异化选择。而无论是相通的记忆还是相异的选择，端午节的文化主题仍然是多元的。其多元主题主要表现在三个层面，即恶月恶日的恐怖、图腾崇拜的遗存和纪念圣贤的精神。[①] 今天，在很多地方依然留存的端午习俗即昭示着端午悠久绵长的习俗承传，也寄寓着人们丰赡真切的情感归属。

历史上的北京城，作为元明以来的都城，上述三种元素呈现最集中的是"恶月恶日的恐怖"，也即对主宰人类命运的未知力量的敬畏与警觉。辽金元时期，端午节俗以国家拜天仪式为中心，同时又具有演武性质的射

---

① 详见景俊美《中国传统节日在当代的精神价值》，中国艺术研究院博士学位论文，2013。

柳、击球竞技，是一种国家主导的节俗形态；明清以后北京的端午节强调
的是家庭形态，家庭性节日民俗占据主导地位。① 不过，无论上述哪一历
史时期，传统社会里的端午节日形态都较为完整，礼俗呈现则生动而多
元。当下的北京城，因新型城镇化与现代科学技术的巨力渗透，在"恐
怖"自然进而"敬畏"自然乃至上升到禁忌与信仰的层面上的节日意义
与力量呈现已经越来越弱。相反，文化传播与文化交流以及国家意识形态
的主导作用，让屈原之于端午的意涵成为一种普世意义。因而，端午的另
一层文化内涵被凸显，即纪念圣贤的精神。不过，现代社会尤其是大都市
的空间语境中，节日面临的最大问题，是仅仅有纪念的元素，而欠缺较
为合理的纪念载体。于是，对于北京的普通民众而言，端午只剩下粽子
成为人们唯一尚能"狂欢"的对象。2007 年 12 月 16 日，国务院通过
并公布了修改过的《全国年节及纪念日放假办法》，端午节被纳入到了
国家法定节假日的行列。有了假日保障的节日安排，首都民众首选的节日
活动不是寻找传统的踪影，而是与往日的星期制度安排没有两样的休闲
娱乐。②

　　2013 年 6 月 12 日，是我国的传统节日端午节。北京城没有龙舟竞
渡，也看不到史料上记载的比武与射箭传统。笔者主要考察了东城区与朝
阳区的京城街巷，除了吃粽子和个别地方有人贩卖红丝线、五毒香囊等辟
邪手工艺之外，看不出这一天和往常有什么两样。东岳庙以民俗博物馆著
称，笔者赶到那里考察时，看到了为端午而举办的一系列活动，虽然组织
者经过了精心的策划，但是除了小朋友参与的那段时间有些情趣之外，不
到中午，这里又回归到清冷与安静上来。2014 年端午节即将来临之际，
我受到《文化月刊》的邀约，组织了关于端午节的文章。在约稿的过程
中，我穷尽了自己有关民俗圈、人类学圈与非物质文化遗产圈的朋友们，
想请他们写一写自己的端午，以共享节日的意义。可是找了十几个人，他
们几乎都不怎么过端午节，更谈不上有什么节日的习俗以共享给他人。这
是京城的节日现实，它告知我们端午作为节日在京城已经淡化，其残存的
碎片将在与各种力量相互磨合的过程中，成为未来节日复兴与重建的

---

　　① 详见萧放《北京端午礼俗与城市节日特性》，《华中师范大学学报》（人文社会科学版）
2012 年第 1 期。

　　② 参见吴承忠《北京市民端午节休闲行为特征及其影响因素》，《城市问题》2012 年第 9
期。

可能。

节日习俗是承载意义与信息的文化符号，是节日不可或缺的组成部件。今天，我们提倡传统、重视文化的首要前提，就是它可以疗治物质丰盈之后的精神困乏。现实的生活中，人与人、人与物以及人内心的平衡，随时需要文化给我们参考。就整个中华民族而言，端午节等传统节日文化是在变动中传递的活态文化，旧的习俗可能会消失，新的习俗也会相应产生。只要我们还能够营造自己的诗意空间，那么承载中国人精神情感的文化就不会消失。而就某一个地区或城市看，当这一地区在过节期间最欠缺节日的习俗与载体时，那么这个节日即使被呼吁也已经走在了它的暮季黄昏。在可以预见的未来，它的命运只有两种，要么彻底消失，要么涅槃转型。

三　中秋：团圆是魂

"玉露金风满桂枝，清光因此更华滋。一年月色最明夜，千里人心共赏时。"[1] 中秋之夜，晴空如洗、月明如镜，最能引起人的诗情与画意。比之中国的其他传统节日，中秋节作为节日出现在唐代，至宋正式形成，属于"后来者"。明清时期，中秋节已经与春节即当时的元旦齐名，成为仅次于春节的第二大传统节日。中秋佳节，"月亮"是核心，古人又称之为月夕、月节、拜月节、玩月节、追月节、赏月节等，一切皆围绕"月亮"进行。今天，中秋节是一个团圆共福天涯同庆的节日，回望首，它更是一个诗酒添香、连通血脉的节日。比照之中，北京城的当下中秋是一种怎样的节日呈现？笔者通过实地调研简要分析之。

2013 年 9 月 19 日，是传统的中秋佳节。笔者择取首都北京有代表性的地区进行了实地调研，它们分别是：繁华的商贸区、人流量集中的交通枢纽、著名的旅游景点和文化场所。调研人群针对三类：儿童、青年和老年。繁华的商贸区，笔者择取的是东直门的银座商场和动物园的商品批发市场。这两个地方笔者去过无数次，平日里顾客很多，尤其是动物园的商

---

① （宋）林光朝：《中秋月夜》，转引自萧放《岁时——传统中国民众的时间生活》，中华书局 2002 年版，第 192 页。

品批发市场，平日里可以用人山人海来形容也不为过。但是，中秋节这天，无论是上午还是下午，商场里的人较之往常要少得多，动物园的商品批发市场尤其明显，个别商户还关了门。银座商场较之往日，顾客也明显减少。人流量集中的交通枢纽，笔者选择的是东直门交通枢纽和西直门交通枢纽。比之平日的早高峰和晚高峰以及周末的郊县高峰而言，这两个交通枢纽的人流量并不算多，个别线路有一定的排队现象。著名的旅游景点，笔者选择的是北京动物园、天安门广场和前门。此三处人流量都很大。尤其是动物园，在节日当天，家长带着小朋友去看动物的人特别多，排队现象比较严重。天安门广场除了戒严，在每一个日子里都会承纳来自世界各地的游客，但是在中秋节这天，人不算多。前门也是如此。文化场所笔者择取的是北京天文馆和西单图书大厦。北京天文馆与动物园隔着一条宽马路，在往常的日子里，多数人或者去动物园看动物，或者去商品批发市场购物，去天文馆了解知识的人则不算多，甚至从这里走过的很多人，都不知道这附近还有一个天文馆。中秋节这天，北京天文馆的人流量比较大，这一点开始有点超出笔者的预料，后来反而是令笔者最欣慰的地方。西单图书大厦的顾客，平日里也不算少，中秋节当天，人更多一些，结账处有一定的排队现象，体现了节日之中，人们的文化关注日益提升（详见下表）。

2013 年北京市中秋节节日呈现分析

择取地点	繁华的商贸区	人流量集中的交通枢纽	著名的旅游景点	文化场所
节日呈现	人很少	有一定的排队现象	人流量有所区分	人相对较多
原因分析	节日消费趋于理性	节日安排更加合理	节日选择日渐多样	文化关注日益提升

从调研的人群结构来看，以上四处的活动人群以青年为主，动物园则以小朋友为主，老年人只是在和家人一同出来时，偶有出现。

2013 年中秋节当天，从上午 9 点钟的东直门交通枢纽开始，到傍晚 7 点钟的前门景象，笔者看到了一个日益理性的节日呈现。结合往常的中秋节调研，笔者从北京城中秋节的过节实况中总结六点特征：（一）节日消费趋于理性；（二）节日安排更加合理；（三）节日选择日渐多样；（四）节日的文化关注日益提升；（五）户外的节日活动人群以青、少年为主；（六）节日传承与节日变化同在。换句话说，当下北京城的中秋节出现了一些新的变化，也许兔爷的活动范围在不断缩小，人们也很少再去拜月祈福，但是归家的便利与居家的温馨，令越来越多的人选择了团圆日的幸福相偎，这也是为什么平日里人来人往的商场里，之所以人少的原因吧。文化聚拢的价值观念与相应的社会结构有依存关系，价值观念又支配人们的行为选择。人们在过节的日子里，不以消费为首，不以玩乐为唯一，便是节日非同于假日的"文化内化"① 后的理性呈现。毕竟，这是一个团圆的日子。家，才是我们最应该停留的地方。

三 过年:归家是上

百节"年"为首。春节作为传统节日的第一大节，在北京城的表现分两个层面：一方面它承载了传统的气息，另一方面它又渗透了现代的元素，是一幅古文明与新文明并立呈现的图景，既有鲜明的文化时空差，又暴露出自己的各种不足。从人群特征上，北京春节也有两种呈现：一是传统北京居民的节日呈现，二是流动人口的节日呈现。前者和中国的其他城镇没有太大区别，以家庭团聚、年夜饭、走亲访友、春节庙会、春节联欢晚会、春节旅游等为主要节日呈现。后者则以一年一度的"春运"景观为最大呈现。但无论是前者还是后者，一个突出的主题没有变，那就是"归家"。

2014 年 1 月 21—23 日，笔者做了有关"2014 年北京春节传承情况"的问卷调查，共发放问卷 147 份，回收 143 份，其中有效问卷为 140 份。在问卷调查的人群中，在北京地区居住超过 20 年以上的居民 34 人，居住 10 年到 20 年之间的 34 人，居住 5 年到 10 年之间的 35 人，居住 0 年到 5 年之间的 34 人（详见下图）。

统计分析显示，北京常住人口与流动人口的比例相当。受访人群中，

---

① 所谓"文化内化"，指的是人们把通过一定模式的价值观、信仰、语言和其他符号内容以形成某些特定的（社会）民族心态或人格系统、从而促进"社会人"的造就的一种文化社会现象。参见潘德冰《社会场论导论——中国：困惑、问题及出路》，华中师范大学出版社 1992 年版，第 224—225 页。

在京居住时间

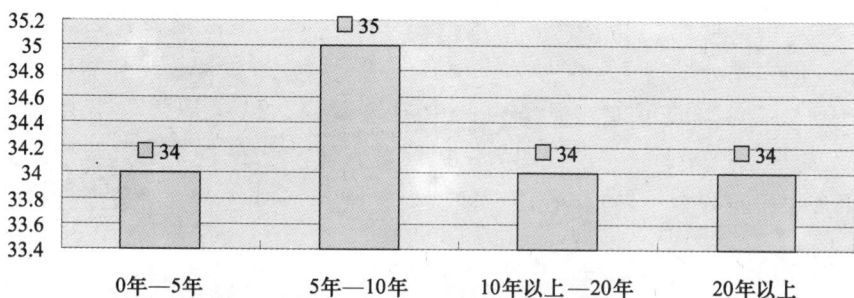

2014 年春节将要选择的过年方式仍以"回家"为主，共有 84 人选择了过年"回家"，占总选项的 60%，而"工作""旅游"与"宅在自己家"等其他三项之和只占 40%。数据还显示，"宅在自己家里"比"工作"与"旅游"的总选项还要高，体现了信息化时代都市生活的一种常见现象——不管是过节还是平时，"宅"是人们十分重要的生活方式（详见下表）。

春节选择的过年方式

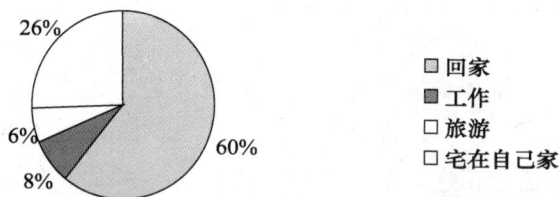

　　尽管，在大多数流动人口以及已经取得北京市常住居民身份的"异乡人"看来，"挤春运"是最痛苦和春节中最令人讨厌的"过年形式"。① 但是，漫漫征程回家路仍然是很多人的选择，因为在中国人的

---

　　① 问卷调查的设计中，有一题为"您最讨厌的过年形式是什么？"在所有的备选答案中，"挤春运"超越了"打麻将""大吃大喝""压岁钱""放鞭炮""守夜"、"看春晚"和"其他"等选项而高居榜首。严格意义上说，"挤春运""打麻将"和"大吃大喝"都不能算作所谓的"过年形式"，但是因为北京城是一个常住人口与流动人口共同组成的城市所呈现出的特有过节"样态"，故而笔者将上述三项亦设计到这一题之中。

内心，亲情是无与伦比的情感，过年更是这一情感得以集中体现的重要节点。因此，在回答"春节最想做的事"的调查中，选择"与亲人在一起"的人最多，占78%，而选择"娱乐"和"安静地做自己想做的事"的人则分别占7%和15%。结合上述三题分析可知，尽管都市生活给了人"宅"的可能，但是内心中最想做的，仍然是"与亲人在一起"。这就呼应了问卷调查的另一道问题，即"您最喜欢的过年形式是什么"的问题中，"吃年夜饭、团圆饭"成为所有选项中的最爱（详见下图）。

最喜欢的过年形式

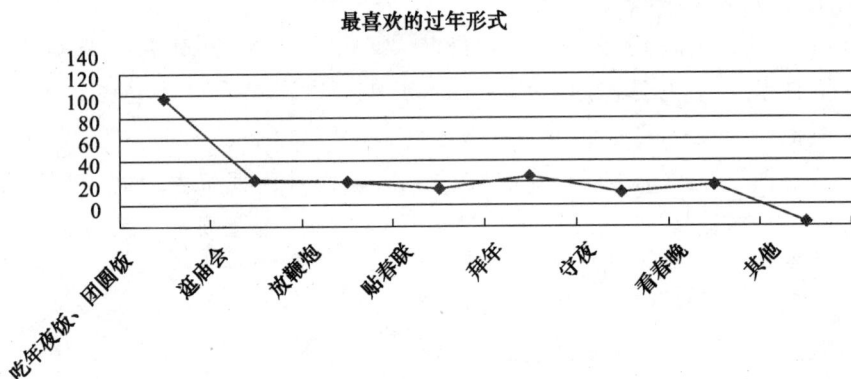

社会虽不是一个简单的个人相加的总和，但是社会却以每一个个体的存在为基础。因此，要考察某一社会现象，我们既需要研究个体，也需要跳离出个体本身来综合研究。春节从远古走来，已经从原始的"祈谷之祭"演变为今天的"普天同庆"，节日的功能更是随着时代的变迁而不断迁衍，进而日渐体现为混合与杂糅的交织与渗透。作为首都的北京，融合了"传统文化""现代文化"和"地方文化"等多样文化元素，其节日呈现自然博杂繁富，但是深植在人们心中的情感意义与价值理念仍然是节日的文化核心。伽达默尔曾指出："在节日场面中，总有一种激昂的东西使参与者超出了他们的日常存在而进入一种普遍的交会之中。"① 节日与常日的不同，正在于其瞬间中"高度自我充实的心灵交会"，在于其不依托于外界而直指内心的意义获得。

① ［德］伽达默尔：《戏剧的节日特征》，见严平编选，邓安庆等译：《伽达默尔集》，上海远东出版社 2003 年版，第 547 页。

每逢年节，中国人最倚重的是"回家"。各地的习俗呈现方式可能不同，却都能归一到对"家"的挂牵，对"亲人"的依恋。在北京，这种依恋因为春运而得以更鲜明的表现。因此，归"家"永远是北京以至于全国、全世界华人的永恒价值选择，也是过年所给予我们的最"美"生命体验。

一切历史的本质，首在于它的当代性。清明、端午、中秋、春节四大传统节日随着时间的推衍而日渐改变了既有的形态，但是节日的核心主题仍然留存。这些核心以文化的形式给予了我们以生命的意义，既教我们入乡随俗，又向我们展示古往今来的世界与历史。是我们认识人生与世界的重要参考，也是我们走向未来的重要支撑。传统节日中所承载的各种民俗事象，更是表达情感、思想、理念、价值和信仰的方式与载体，是凝聚民族认同的最好纽带。因此，节日作为集物质与精神为一体的文化载体，是丰富生活、调剂生活的有力手段，也是接续历史、连接未来的枢纽，是存在的生活和有生命的遗产。

Present Situation of Traditional Festivals in Modern Metropolis

——Taking Beijing as an Example

Jing Jun-mei

Abstract：The traditional festivals with a unique cultural norm, reminding people to recognize and understand the universe, life, society and human being, provide the symbolic cultural carrier with divine order of significance and emotion exchange value for the people. However, the great influence of urbanization even and the informatization has weakened the survival basis of traditional festivals and effected its current existence Investigating the Beijing's Tomb Sweeping Day, Dragon Boat Festival, the Mid-Autumn Festival and the Spring Festival is helpful to solve the problems of traditional festival meeting the age crisis.

Keywords：traditional festivals；new-type urbanization；traditional culture；compound；culture carrier

北京日坛春分文化节与社区文化建设[*]

吴丽平^{**}

摘 要： 日坛春分朝阳文化节是北京朝阳门外街道一项文化品牌。除了文化表演、民俗饮食、游艺竞技等项目外，文化节每两年一次展演中断已久的祭日典礼。本文回顾了明清以来日坛祭日传统，并在调查的基础上较为全面地呈现了 2012 年祭日典礼和文化节活动，第三部分就文化节与社区文化建设的关系提出看法。

关键词： 日坛春分 社区建设

2012 年 3 月 20 日春分日，北京日坛公园内举办了"第六届春分朝阳文化节"。此文化节活动既包括舞蹈、歌曲、民乐、民俗展示等文化表演，又设置春食街、绝活儿街、民俗娱乐健身区、民俗游艺竞技区等供人观赏和游玩。时至 2012 年，春分朝阳活动已举办了五届，与前五届有所不同的是，2012 年春分朝阳文化节，在日坛公园内的方形祭坛上较完整地复原了一场中断已久的祭日典仪。经过朝阳区文化委员会、朝阳区朝外街道办事处等相关单位的通力打造，"春分朝阳文化节"已成为北京朝阳门外街道的品牌和一年一度文化盛典。

依托特定的城市空间，挖掘传统文化资源，融合现代文化因素，来提升城市社区形象，已经成为当下城市社区文化建设的一项重要内容。那么，这种在官方策划、组织、指导下，声势和规模颇为浩大的社区文化活动，在耗费人力、财力复原传统典仪时，典仪本身能否凝聚人心；在赢取社区品牌称号的同时，能否充分调动社区居民参与其中的主观能动性；而

---

* 北京优秀人才资助项目"北京传统礼仪空间的当代应用研究——以七坛为例"（项目编号：2011D005022000011）

** 吴丽平，中国社会科学出版社编辑。

文化节所展示诸多非物质文化遗产，能否成为当代活态文化传统的典范，对于上述问题的追问，即是本文关注北京日坛公园"春分朝阳文化节"的原因所在。

一

有学者指出，北京早在金代便建有日坛，据《金史·礼志一》载："朝日坛曰大明，在施仁门外之东南，当阙之卯地……春分朝日于东郊。"① 明迁都北京后，初期实行天地合祭，日月之祭只是作为祭祀天地的配祀，没有单独祭祀。嘉靖礼制改革，实行四郊分祀，才建立日坛，这就是今日北京日坛原型。据明《春明梦余录》卷十六载：

> 朝日坛在朝阳门外，绕以垣墙。嘉靖九年（1530）建，西向，为制一成。坛方广五丈，高五尺九寸。坛面用红琉璃，阶九级，俱白石。棂星门西门外为燎炉、瘗池，西南具服殿，东北为神库、神厨、宰牲亭、灯库、钟楼，北为遣官房。外为天门两座：北天门为礼神坊，西天门外迤南为陪祀斋宿房五十四间。护坛地一百亩。②

1530 年建于朝阳门外的日坛，以方形祭坛为主体建筑，坛面用红色琉璃砖砌成。清代日坛建筑风格和空间布局大致沿用明朝，但清朝 260 年的时间里，日坛有幅度不等的修建。雍正二年（1724），旧名为"礼神街"的日坛外牌坊，改名为"景升街"，此外，日坛西南空阔之处建照墙三座，1726 年，祭坛下增设神龛、炉盖以抵御风雨。乾隆七年（1742），具服殿移至祭坛的西北处，奉祀衙署移至西南处。乾隆二十年（1755）日坛参照天坛建筑样式进行了较大的修缮工程，其中日坛内墙用砖两面镶砌，原高七尺六寸的外墙，增高三尺，并增砌两条道路。嘉庆五年（1800），兴修日坛神库。日坛神库由钦天监兴修，确定移出和请入神牌

---

① 据《金史·礼志一》：朝日坛曰大明，在施仁门外之东南，当阙之卯地，门墙之制皆同方丘……春分朝日于东郊。转引自刘祚臣《北京的坛庙文化》，北京出版社 2000 年版，第 74 页。
② （清）孙承泽《天府广记》卷之八，北京古籍出版社 1982 年版，第 84 页。

的时日。光绪十三年（1887），又重修了祭台、神库。①

明清日坛祭祀，被列为国家中祀。祭祀时间为春分日卯时（5—7点）。根据史料记载，"甲丙戊庚壬年"，由皇帝亲祭，其余年份则遣派官员行礼。皇帝亲祭时，"乐用七奏，乐章曰曦，舞用八佾，牲用太牢，爵用陶（旧制用玉）"。祭祀所用祝版，"用赤质朱书，玉用赤璋，帛用红色礼神制帛"，皇帝祭服用赤色。② 从清朝祭日情况来看，几乎每年由皇帝亲祭或遣官祭祀。其中顺治十一年（1654）皇帝于日坛内行祭日典，顺治朝其余数次则遣官祭祀。雍正皇帝亲祭次数达五次。清其他皇帝在位期间，多次亲祭。据《清实录》记载，光绪三十年（1904），光绪帝亲祀，"甲寅，春分，朝日于东郊。上亲诣行礼"。这应该是清王朝最后一次皇帝祀日。

中华民国的建立，宣告了封建帝制的终结，帝制时期的国家祭祀制度大多被废除，祭祀场所也转为他用。据1934年5月北平市坛庙调查，日坛上的方形祭坛上所铺的金砖已失去大半，坛内大部分房屋已被军分会尉官差遣队占用，坛内近五十亩土地出租，另有二十余亩被"天然博物院附属日坛苗圃"所占用，种植桃、杏、梨、苹果、核桃、柿等，每年春季出售。日坛外坛，已有多处坍塌。坛内外荒草杂生，钟楼已塌毁。③ 1951年，北京市人民政府将日坛扩建为占地21公顷的日坛公园。

二

2012年3月春分日，日坛内较为完整地复原了清代日坛祭日典仪。祭日典仪举行的地点在祭日方坛，祭坛上摆放大明神位。人数众多、声势浩大的卤簿仪仗在坛东门处候场，他们手持旗扇伞盖，缓缓步入坛内，巡展两圈后，于祭坛东侧站立。"皇帝"在赞引官恭导下步入坛门，陪祀官左右跟随。皇帝及陪祀官员在大明神位前行三跪九叩头礼。皇帝向太阳神（即"大明神"）上香并献玉和帛。在经过初献、亚献、

---

① 《光绪大清会典事例》卷433，礼部144"中祀"。
② 同上。
③ 《北平市坛庙调查报告》，1934年5月37日。

终献后，导迎乐起，卤簿仪仗、皇帝、陪祀官及乐队陆续退场。日坛祭日典仪完成。

祭日典仪的复原是一项庞大而繁杂的工程，从祭祀乐器、祭祀服饰、坛上器具的仿制，到卤簿、舞生的动作排演等，以及典仪流程的安排，复原工作组都尽可能地遵照清代文献中的相关记载来加以复原。朝阳文化馆作为负责复原典仪的单位，专门成立工作组，搜集资料，聘请清史、祭祀礼乐专家论证，汲取其他坛庙在复原祭祀典仪过程中的经验。此次的复原工作，制作了中和韶乐所需的各种乐器，又延请非物质文化遗产传承人仿制祭祀物品。参加典仪的人员事先要经过多次排演。其中乐生是由朝阳区崔各庄地区善各庄村的"援朝文化大院"民乐队演奏，在卤簿、舞生的动作排演上，则协调北京武警总队朝阳支队的指战员来完成任务，三里屯京剧协会的四位会员则演绎"太常寺官员"。①

此外，在长达一个小时的祭祀过程中，主持人解说祭祀音乐、祭祀器具、仪式内涵、日坛建筑用途以及祭拜者的分工等。典仪活动，除了复原明清国家典仪外，期间还穿插了一项现代仪式，即"太阳礼"。太阳礼的动作如下：

> 自然端正直立，双脚分开与肩同宽，两小臂与地面平行，象征着四海升平；右手握拳紧贴于胸，左手紧握，寓意把希望交给太阳，双手放于胸前以表达对太阳神的崇敬，祈盼太阳神保佑我们的祖国繁荣富强，国泰民安。

"太阳礼"同样是在主持人引导下，由参加典仪的群众来共同完成。在祭坛这一特定的空间里，众人共同行"太阳礼"，从某种程度上来说，诚如官方所宣传的，这也是对"朝阳"之名做出最好的诠释。

无论是复原明清祭日典仪，抑或是创制的"太阳礼"，典仪本身的性质和意义与明清时期国家政治仪式相差甚远。诚如学者所言，"在帝制中国时代，政治仪式承担了社会、政治秩序的生成、再造、反复确认、强化

---

① 朝阳区文化馆编《复原清代日坛祭祀典仪工作流水簿》。

的基本性任务，从而达成维持现存权力关系、整合社会的目的"。① 2012
年春分祭日典仪，声势颇为浩大、隆重。虽然在春分日坛这一特定时空
"场"里，典仪的祭祀器乐和祭祀过程参照明清国家典仪，但整个典仪过
程更多的是一种表演的性质，缺少仪式本身所具有的神圣感。其中"皇
帝""清大臣"乐舞生"大明神位"等，在仪式过程中只是表演中的道
具，对于参与其中的观众而言，更多的是感受一场"博大精深的中华礼
乐文化"。至于"太阳礼"的创制，表达崇拜太阳神的内涵，在行为上也
试图引导在场观众进入神圣氛围，然而，毕竟是初次行为，观众或社区对
此仪式的认同感还远未形成，典仪"凝聚人心""整合社会"的功能未能
实现。②

三

如开头提到的，除祭日典仪外，春分朝阳文化节还包括文化表演、
民俗饮食、游艺竞技等活动。这些活动主要集中在日坛公园南门处。日
坛南门进口处，摆放"第六届春分朝阳文化节"的布告牌，南门口的
东西两侧为春食街，往北通道两侧则为民俗手工艺品街，南门壁画前搭
建布置一新舞台，供开幕式所用。日坛公园设置多处游艺竞技，供人
游戏。

开幕式由电视台知名主持人主持。开幕式上，不仅有北京歌舞剧院专
业表演者表演的节目，社区居民表演的文化节目也不在少数。例如，朝外
地区文化协会舞蹈队、龙凤空竹表演队自编节目《龙飞凤舞》，以及舞台
上展示的踢花键、抖空竹、打花棍、太极拳等各式民俗健身项目，则由朝
外社区和长期在日坛公园活动的居民表演。日坛公园一直以来是周围社区
居民晨练的重要场所，晨练居民根据自身爱好自发组织，颇成规模，定期
参加演出。其民间组织包括雅宝里社区空竹队、雅宝里社区腰鼓队、三丰
里社区揉力球队、吉庆里社区太极队、吉庆里社区秧歌队、吉祥里社区
"开心港湾"健身操队等，这些组织参加朝外街道大型公益演出，在朝外

---

① 马敏：《政治仪式：对帝制中国政治的解读》，《社会科学论坛》2003 年第 4 期。
② 关于庆典仪式中的"凝聚人心""整合社会"等功能，参见［美］维克多·特纳编《庆
典》译者序，方永德等译，潘国庆校，上海文艺出版社 1993 年版。

社区有较高的知名度。一年一度的文化节也是这些组织展现技能的舞台之一。

开幕式的互动节目环节，其中一项活动是为生肖属龙的居民发放太阳糕，选择的居民既有84岁高龄的老革命，也有年仅12岁的少先队员，还有48岁的非公企业老板。据文献记载，在北京，太阳糕一般出现在农历二月初一，是民间节日中和节"祀日"的一种特殊食物，"二月初一，街上卖太阳糕，岁一次，买之以祀日也"①，"二月初一，俗称中和节，云起于唐李泌，市中货太阳糕，以祀太阳星君"②。太阳糕，即在白米面中加上糖，糕面上用彩面做鸡形，或打着鸡形红戳。③ 民间农历的二月初一和二十四节气中的春分，时间上较为接近，但两者时间并非重合，蕴含的意义也有所不同。把太阳糕这一民间传统食物，移置到春分朝阳文化节中，在某种程度上吻合太阳糕"祀日"的含义，这一传统资源的再现和重新组合，有其合理性。另外，开幕式上还突出现代北京精神、环保理念，即在辖区学校、公园树木集中的地方挂鸟巢，为鸟儿筑新巢。鸟巢是由朝外地区8家社会单位提供，社会单位包括中粮集团、东岳庙、神路街电话局、旺市百利等。

为期三天的文化节，设有春食街和民俗手工艺品街。春食街，集中展卖民族小吃，包括隆福寺小吃店、年糕杨、月盛斋、锦芳、大顺斋等，其中既有上百年历史的北京老字号，又有成立不久的食品公司。民俗手工艺品街上的民俗展示，包括拉洋片、泥塑、面塑、风车、篆刻、巧娘工艺等，基本来自北京华商非物质文化遗产促进会会员。另外，日坛内还设置民俗娱乐健身区和民俗文化表演区，前者包括打花棍、蹴球、风筝、踢毽儿、空竹；后者包括中幡、舞龙舞狮等，这些活动穿插进行。

参加文化节的人员，包括进入日坛祭祀时祭坛内的观众，文化节开幕式时观看节目的观众，以及逛文化节的人，大多以社区内的居民为主。媒

---

① 《燕京杂记》，转引自李家瑞编《北京风俗类徵》（上册），商务印书馆1937年版，第42页。

② 《水曹清暇录》，转引自李家瑞编《北京风俗类徵》（上册），商务印书馆1937年版，第42页。

③ 《一岁货声》，《天咫偶闻》，转引自李家瑞编《北京风俗类徵》（上册），商务印书馆1937年版，第43页。

体也积极参与此次春分文化节。北京电视台新闻频道、生活频道，对此次文化节的诸多内容进行了多方位的报道。媒体的宣传在一定程度上扩大了文化节的影响。

四

第六届日坛春分朝阳文化节，依托日坛公园这一特殊空间，利用"春分"这一传统节气，挖掘祭日典仪、太阳糕等历史资源，创制太阳礼，结合当下社区居民丰富的文化生活，以促进社区的文化发展。诚如开头所言，春分朝阳文化节是朝阳区朝外街道的一项文化品牌，无论是祭祀仪式的恢复，还是文化节中的各项活动，其中社区一级的基层政府策划组织的一场文化活动，官方承担了从组织、策划、现场的几乎所有职责。其中，朝阳区文化委员会负责祭日典仪，朝阳区园林绿化局日坛公园则提供场地。春分朝阳文化节是社区一级的基层政府策划组织的一场文化活动。结合文章开头提到的三个问题，文化节能否凝聚人心，能否调动社区居民参与其中的能动性，以及能否成为当代活态文化传统的典范，这些问题都很难去衡量，只是依笔者浅见，大致有以下三方面可以有待加强。

第一，进一步凸显、强化祭日典仪中太阳神的信仰成分。太阳神信仰可追溯至新石器时代，早在西周时已形成春分朝日祭。[①] 仪式本身正是由于有信仰依据，才具有强大的持久性。第六届春分朝阳复原的祭日典仪，是一种表演性质的仪式活动，其目的在很大程度上旨在展现传统礼乐文化，其中所用的祭祀音乐中和韶乐及仪式过程，与这几年北京陆续恢复的各个坛庙的祭祀活动大都雷同，所以仪式本身很难凸显其独特性。也正因仪式的表演性，所以很难发挥仪式本应具有的凝聚人心、整合社会的功能，也很难使仪式成为"个人与群体之间的纽带，人类与大自然的纽带"[②]。当然，日坛祭日典仪也试图借用"春分日坛"这一特定时空，强调对太阳的尊重和敬畏，其中太阳礼创制的意义在于此。然而，

---

① 杨志刚：《中国礼仪制度研究》，华东师范大学出版社 2001 年版，第 308 页。

② 参见［美］维克多·特纳编《庆典》译者序，方永德等译，潘国庆校，上海文艺出版社 1993 年版。译者序第 4 页。

仪式信仰成分的加强、仪式的深入人心是一个长期实践的过程，在选择适合社区的仪式活动的同时，还需要仪式的细节更加精致化、合理化和更具感染化。

第二，以基层政府为主导的前提下，充分调动和激发社区居民参与活动的主动性和积极性。地方政府利用地方文化促进地方建设和文化发展，是当下许多国家和地区的普遍选择。朝外街道举办的文化节正是一场由地方政府倡导的城市社区文化建设，这种努力是值得肯定的。在文化节中，朝外街道也在不断整合社区资源，调动社区不同工作、不同身份的居民的参与性。但另一方面，社区居民仍然是一个被动参与的过程，尤其在文化节的策划方面并没有发出他们自己的声音。如果说基层政府和社区居民之间在文化节的策划、组织上是一个合作的关系，双方可以就某一个问题争论，提出建议，这种方式将有利于社区居民对文化节的认同感的增强，有利于积极性的调动和提高。

第三，精心挑选民间食物、民俗工艺、民俗技艺等非物质文化遗产，展示民间传统，成为展现当代活态文化传统的典范。虽然春分朝阳文化节上的春食街、民俗手工艺品街大打"非物质文化遗产"口号，但从实物来看，更多偏重于商业营利性质，与联合国教科文组织定义的"促进文化多样性和激发人类的创造力"的非物质遗产仍有较大差距。

因而，非物质文化遗产的选择上要尽可能选择真正具有代表性的文化成果，这既可以是社区的，也可以是北京范围的。其内容除了静态的物品展示、制作以外，也可以有北京地区的各种曲艺表演。春分日坛成为一个特定的时空场，吸引有价值的和有创造力的非物质文化遗产，此处也成为非物质文化遗产、民俗活动的展演地、艺术交流的汇聚地，民俗活动在这里可以进行面对面的表演和互动。春分日坛在为扩大非物质文化遗产的影响力，在保存和推动民间文化保护的同时，春分日坛本身也在提升其文化价值，成为一个社区的品牌，更广泛地被熟知。

The Cultural Festival and Community Construction

Abstract：The culture festival held in Ritan at the spring equinox is one of the brands of the Beijing Chaoyangmenwai community. Besides folk games, art performances and so on, the traditional ceremony of worship sun also is held every two years. The article reviewed the ceremony since Ming and Qing Dynasties, and discussed the relationship between cultural festival and community construction.

Keywords: the Altar to the Sun, the spring equinox, Cultural Festival, community construction

《红楼梦》中的大观园与传统文化

金 诚 殷 芳*

摘 要：大观园是《红楼梦》一书中最重要的空间环境，对其研究已成为红学研究领域中的一大分支。本文从传统文化中环境设计的角度出发，对大观园的园林与环境艺术，以及对现实中造园艺术与环境设计的影响进行研究。大观园的总体布局、山水文化、建筑艺术及其深邃意境等体现出了中华传统文化中的园林艺术思想，唤起了国人对本民族文化认同。

关键词：《红楼梦》；大观园；传统文化

引 言

曹雪芹在《红楼梦》一书中为我们描绘了一座极为秀美的园林——大观园。雪芹借元妃之口，《题大观园》绝句云："衔山抱水建来精，多少功夫筑始成。天上人间诸景备，芳园应赐大观名。"① 这首诗既道出了这座园林名称的由来，又高度概括了它的精美。在世界范围内的"红学"研究中，大观园已日渐为学界所关注。这座坐落在文学圣殿中的园林，无论是在布局、造景、建筑风格、意境创造方面，还是在通过以景达情、情景交融来深化主题诸方面，都堪称我国古典园林中一颗璀璨的明珠。曹雪芹用笔构筑的这座园林艺术殿堂，表明曹雪芹不仅是一位伟大的文学家，而且还是一位当之无愧的造园艺术大师。

---

* 金诚，北京市西城区文史学会副会长、西城区文联理事；殷芳，华艺出版社编辑，中国满学会理事、北京满学会学术秘书，北京市西城区文史学会理事。
① （清）曹雪芹、高鹗：《红楼梦》，人民文学出版社 2005 年版，第 242 页。

一　大观园的总体布局

中国古典园林一般可分为四大类型，即帝王宫苑、第宅园林、寺庙园林、名胜园林。

所谓第宅园林，园主大多为皇亲国戚。"大观园"是钦封一等荣国公府第的后花园。"大小姐又选了贵妃"，据此，大观园可归属为第宅园林。但是，由于大观园又是贾元春才选凤藻宫贤德妃以后，贾府为"启请内廷鸾舆入其私第"而修建，因而又多了一些帝王宫苑的色彩。

大观园的构造布局吸取了中国园林艺术的精髓，其布局特点是主体建筑中轴对称。园子有正门五间，迎门是作为障景的假山石——"曲径通幽"。沁芳桥亭、"省亲别墅"牌坊、"顾恩思义"殿、大观楼等都在一条轴线上，且前后呼应。花园部分，则与中轴对称无关，完全按地形地貌的特点自然布局。主体建筑的轴线并不延伸去干预山水园林的自然布局，这是中国古典第宅园林的一般规律。"建筑物四周的园林景物是树无行次，石无位置，山有宾主朝揖之势，水有迂回萦带之情，一派峰回路转、水流花开的自然风光。"[①] 甚至建筑物本身的位置也是随着地形变化而高低曲折、参差错落。"凸碧山庄"建在山上，"凹晶溪馆"构于洼处，正好合乎"室之有高下，犹山之有曲折、水之有波澜；水无波澜而不致清，山无曲折而不致灵，室无高下而不致情"[②] 这一精辟见解。大观园中轴线的西半部为诸钗居住之所。如潇湘馆、蓼风轩、稻香村、蘅芜院、秋爽斋；西北为观赏花木的风景区，如红香圃、荼蘼架、芭蕉坞、芍药栏等；稻香村附近是带有山野风味的自然风景区；东部则是清堂茅舍、佛寺丹房幽静所在；介于东西两部分之间则或为水上建筑，或为山上建筑，穿插点景，别有姿容。

曹雪芹历经"康乾盛世"。他幼时生活的南京织造府是康熙六次南巡三次下榻的地方。其园林风貌可谓极一时之冠。况且苏州、扬州、常州、

---

① 袁晓国主编：《中国历史文化》，高等教育出版社 2006 年版，第 167 页。
② 北海公园管理处编：《乾隆皇帝咏西苑北海御制诗》，中国旅游出版社 2007 年版，第 18 页。

无锡等处的著名园林，雪芹都有机会游览，这些都给他留下了不可磨灭的印象。他说造园要"有自然之理、得自然之趣、虽种竹引泉，亦不伤穿凿，古人云'天然画图'四字，正谓非其地而强为其地，非其山而强为其山，即百般精巧，终不相宜"①。这是他感性认识的升华，是对造园艺术理论的精辟概括，生动地体现了五代荆浩在《山水节要》中所说的"山要回抱、水要萦回""山立宾主，水注往来"的自然山水园林的布局构思。②

山水布局作为造园的主要因素，在大观园中交待地非常明晰。

大观园的水，从会芳园的西北角引入至大观园的东南角流出。"原从那闸起流至那洞口，从东北山坳里引到那村庄里，又开一道岔口引到西南上，共总流到这里，仍旧合在一处，从那墙下出去。"③ 这是书中贾珍向贾政的介绍。从造园角度讲，贾珍之言一是说明了这是一股活水，二是交待了水有源、有流、有去向。只此即可以看出曹雪芹独具匠心、滴水不漏、一丝不苟地在设计他心中的园林。"那闸"是指园子东北角的沁芳闸，流到园子西北角的萝港、花溆，至稻香村分成两股，一股奔园东南角的紫菱洲和蓼溆，过正中的沁芳桥；一股从稻香村过蜂腰桥，经藕香榭，到荇叶渚。两股水曲曲弯弯到翠烟桥西合并为一处，从怡红院向东南墙角下流出去，转了大半个园子，可谓极尽曲折掩映之巧。

大观园的山，在书中第十七回贾政携宝玉诸人游览园子时不只一次提到"主山"在大观楼后，向东向西两翼分脉。向西穿蘅芜院到稻香村，向东过沁芳闸桥，直到东侧的栊翠庵等幽尼佛寺女道丹房。十七回脂批云："两见大主山，稻香村又云怀中，不写主山，而主山处处映带，连络不断。"④ 真是画龙点睛之笔。

综上所述，大观园的总体布局体现了接驾、观赏、宴乐、居住、游乐等多种功能。曹雪芹精心地运用了轴线与非对称的对比方法，进行了顺应自然地势地貌的巧妙设计，把许多院落和自然景区组合为一幅天然画图，成为中国古典园林的集大成者。概括曹雪芹造园艺术所遵循的章法及其高

①　（清）曹雪芹、高鹗：《红楼梦》，人民文学出版社 2005 年版，第 225 页。
②　（明）唐寅：《六如画谱》，中华书局 1985 年版，第 18 页。
③　（清）曹雪芹、高鹗：《红楼梦》，人民文学出版社 2005 年版，第 232 页。
④　（清）曹雪芹：《脂砚斋重评石头记》，中州古籍出版社 2010 年版，第 135 页。

超的技巧，主要有以下几点：

（一）在有限的地域空间里，再现了山水自然之美。明代造园大家计成在《园冶》中指出造园之最高境界乃使景物"虽由人作，宛自天开"，曹氏之鬼斧神作寄仙境于人间，寓意曲折含蓄，引人回味，隽永无穷。

（二）综合园林的各种要素，合理安排，兼顾多种功用。

（三）造园布局如同书法绘画，做到了"意在笔先"和"贵先立意"，胸中自有丘壑。

（四）注意了以功能为标准的区域划分，主次明确，主景突出。

二　大观园的山水艺术

山，是大自然中凸起的地貌。古代园林为模仿自然，反映自然，或是圈进现有的山峦，或是堆土叠石造成假山。以其如画的姿态，曲折变化的轮廓，突破平淡的天际线。并且在山的某个适当的位置，点缀楼台亭阁寺塔等各类建筑，使建筑与山势互相映衬、烘托，创作出许许多多画面，形成各有特点或截然有别的环境，以增加园子的美感。

大观园内的山除主山是土山外，一般小山多为石山。土山用石块叠砌挡土，石山兼用薄土以点缀花草树木，处处点景，景随步移。刚入园就见一片翠障"白石嶙峋，或如鬼怪，或似猛兽，纵横拱立。上面苔藓斑驳，藤萝掩映"①。这个名曰"曲径通幽"的翠障就是石质山。苔藓可附石生长，而藤萝则借石隙中的薄土生根。

从潇湘馆向稻香村前行，先见青山。这青山正是大主山向西的余脉。茅屋土墙隐在山根中，村前是山坡菜地。只有土山才能把山野田园景观体现得那样逼真自然。

蘅芜院，一入门便是"突出插天大玲珑怪石"，这就是我们至今还常见的以"瘦、绉、漏、透"为美的太湖石点景之法。

芭蕉坞、花溆一带，"水出石洞，萝薜倒立"。这里也是用山石构成，才能出现傍岩幽壑水出石洞的天然景观。

顺沁芳闸大桥径直走不远，便是以山景取胜的风景区。山下有曲洞可

---

① （清）曹雪芹、高鹗：《红楼梦》，人民文学出版社 2005 年版，第 219 页。

容人出入。山上有凸碧堂可供赏月。这里是土石并用的较大的山。

至于院内、路旁、山下、水边置石触目可见。或如秀峰，或如峭壁，或如圆岩，或如冈峦，各面成景，供人们品题欣赏，为大观园增加诗情画意。

水，是园林的"血液"，有水园林才有生命。水面上波光粼峋的倒影衬托着周围的景色更加多姿秀美。园林的经典著作《园冶》很重视水的设置。它指出："低凹可开池沼，卜筑贵从水面，立基先究源头。疏源之去由，察水之来历。"① 本文前已提及水在大观园中的源头、聚合、走向及其出处，由此可见在曹雪芹造园思想中对水的重视。"贾政等行来，至一大桥前，只见如晶帘一般奔入，原来这桥便是通外河之闸、引泉而入者。宝玉道：'此乃沁芳泉之正源。'"在这段话旁有脂批云："写出水源，要紧之极。近之画家著意山水。若不讲水又造园囿者，惟知弄莽憨顽石壅笨冢，辄谓之景，皆不知水为先着。此园大概一描，处处未尝离水，盖又未写明水之从来，今终补出，精细之至。"② 一语道出雪芹深谙造园三昧的纯熟高妙的造诣。

雪芹笔下的水景，为园容增色颇多。有的"一带清流，从花木深处泻于石隙之下"，有的如"清溪泻玉"，有的"水声潺潺，出于石洞"，有的"落花浮水，水愈清溜"、"溶溶荡荡曲折萦纡"。水到闸前"如晶帘一般奔入"、"宛如瀑布银练倒悬"。水引入院内，则开沟尺许，绕阶缘屋至前院盘旋竹下。这多么富有诗情画意。

院内各种池沼，有的宽阔似湖海，有的窄小如沟渠，各池大小形状不一，但都相连属。沁芳桥是跨池建筑，柳叶堤是跨水建筑；芭蕉坞后山山下的水池，垂柳夹岸，桃杏遮天，风景优美；迎春住的紫菱洲、惜春住的蓼风轩都是池边建筑；怡红院后面"石梁卧波，池清见鱼"，佳景成趣。藕香榭、滴翠亭、芦雪亭、荷叶渚都与水景互为映衬，点缀风景；宾主分明构成一幅幅引人入胜的画面。曹雪芹堪为善用水法的园艺大师。

---

① （明）计成原著、陈植注释：《园冶注释》，中国建筑工业出版社 1988 年版，第 56 页。

② （清）曹雪芹：《脂砚斋重评石头记》，中州古籍出版社 2010 年版，第 137 页。

三　大观园的建筑艺术

上文已提到大观园建筑与水的配置。本文再就建筑本身略加表述，以为补充。

《园冶》中指出："凡园圃立基，定厅堂为主，先乎取景，妙在朝南……筑垣须广，空地多存。任意维持，听从摆布，择成馆舍，余构亭台。构式随宜，栽培得致。"[①]　这段话是说，园林建筑是园林艺术中不可缺少的要素，并且常常作为主景出现，整个园子必须以某一座雄伟壮观的建筑物作为主景突出出来，凭依此建筑可俯视全园。围绕着主体建筑再布置其他配套景物，在周围植绿披红，使园子中心更为突出，不致成为一盘散沙，零乱散碎，不得要领。

大观园正是这样。它的主体建筑就是在中轴线上，处于制高点位置的大观楼。雪芹描写它是"崇阁巍峨，层楼高起，面面琳宫合抱，条条复道萦纡。青松拂檐，玉兰绕砌；金辉兽面，彩焕螭头"[②]。这三十六个字极尽金碧辉煌、富贵华丽，给人以庄重、威严之感。连同其稍下的"顾恩思义"正殿，体现了给贵妃娘娘停銮驻舆、接见家人的功用。

其余景物则在雪芹笔下成为理想境界、世外桃源的化身。作者将自己理想化为文中一员，向往生活在无拘无束、无忧无虑、不分贫富、不分贵贱、平等和睦、欢乐幸福的理想国中。为设计这种理想生活，在风格上必须表现建筑安置随宜得体，舒适活泼，典雅而又自然。第十七回贾政察看大观园，"只见正门五间，上面筒瓦泥鳅脊，那门栏窗格，俱是细雕时新花样，并无朱粉涂饰，一色水磨群墙……左右一望雪白粉墙下面虎皮石，砌成纹理，不落富贵俗套……"[③]

又如芦雪亭的茅屋土壁、槿篱竹牖；稻香村稻茎掩护的黄泥墙；月洞门内是碧波清水、白石横梁的怡红院；翠竹夹路，中间是石子漫成甬路的潇湘馆等都在简朴中透露出雅洁的意境。

---

① （明）计成原著、陈植注释：《园冶注释》，中国建筑工业出版社1988年版，第71页。
② （清）曹雪芹、高鹗：《红楼梦》，人民文学出版社2005年版，第228页。
③ 同上。

在大观园中有不少供人们居住、燕乐的自由式的院落组合，如怡红院、潇湘馆、凸碧山庄、凹晶溪馆、梨香院等。每一个院落都分别辅以山石、水池以及芭蕉、海棠、竹子、梅花等各种植物。在大观园中人们享受着山绕水环的自然美，转到庭院内部时，空间则变得比较封闭、狭小。诸园林要素更加精巧玲珑，使人们的心情变得恬静、安宁，陶醉于赏景寻趣，去追求"庭院深深深几许"的幽深意境。这些园中之园的设置，能使大观园取得"小中见大"的对比效果。大观园的大空间与庭院内的小空间，很自然地成为一种对比。人们从院落里更能感受到全园的宏伟和宽广，而在大园中又能体味到小园的精美。

大观园中单体建筑式样齐全。诸如殿、楼、阁、厅、堂、斋、轩、馆、亭、台、榭、洞门、牌坊、桥、庙、庵、架、棚、栏等大小建筑，雪芹无不随心所欲，设置得宜。可谓面面俱到，毫无苟且。殿有顾恩思义殿，楼有大观楼，阁有缀锦阁、含芳阁，厅有议事厅，堂有凸碧堂、嘉荫堂、榆荫堂，轩有蓼风轩，馆有潇湘馆、凹晶馆，亭有芦雪亭、沁芳亭、滴翠亭、牡丹亭，榭有藕香榭，桥有沁芳亭桥、沁芳闸桥、朱栏折板带桥、蜂腰桥、翠烟桥，庙有玉皇庙，庵有栊翠庵、达摩庵。这一系列大小形状各异的建筑，结合自然景观的特点，因地制宜地用墙、路、阶、台、花草树木联系起来形成独特的园林景观，丰富多彩，美不胜收。

四　大观园的意境

王国维在《人间词话》一书中指出："词家多以景寓情……不知一切景语皆情语也。"[1] 曹雪芹笔下的大观园"宛似丹青传画稿，一丘一壑惹人思"。造园如作诗文，总是要抒发一种感情，表达一种意愿，倾诉一种理想，而这种感情、意愿和理想是通过人对景物的感受而体味出来的。一般造园家在构思时，往往将园中主要风景区的意境，用题咏、匾额、楹联、石刻反映出来，这是造园的最后一道工序。这实际上是人的情感在客观景物上的印证。曹雪芹借贾政之口说："若大景致，若干亭榭，无一字

---

① 王国维：《人间词话》，施议对译注，岳麓书社 2008 年版，第 176 页。

标题，任有花柳山水，也断不能生色。"① 为何不能生色？就是因为园林本身的客观表现，不能直抒胸臆，而题对能画龙点睛地集中表现出园林艺术的意境。

大观园是曹雪芹理想中的"天仙宝境""世外桃源"，他尽情地描写生活在大观园里的人物的自由愉快的生活。"秀水明山抱复回，风流文采胜蓬莱。绿载歌扇迷芳草，红衬湘裙舞落梅……名园一自邀游赏，未许凡人到此来。""高柳喜迁莺出谷，修篁时待凤来仪。""借得山川秀，添来气象新。""竿竿青欲滴，个个玉生凉。"② 这些都是大观园中人对园子的感受，同时也使读者感受到了"木欣欣以向荣，泉涓涓而始流"，"悦亲戚之情话，乐琴书以消忧"的自然美和生活美。

然而沉痛的现实、坎坷的遭遇，使曹雪芹清醒地认识到这一切不过是过眼云烟红楼幻梦而已。他把主人公的悲惨结局丝丝入扣地倾注到对园中花木的吟咏中去。例如：宝玉咏白海棠句云："晓风不散愁千点，宿雨还添泪一痕。"③ 李纹赋红梅花："冻脸有痕皆是血，酸心无恨亦成灰。"④ 湘云《白海棠和韵》云："花因喜洁难寻偶，人为悲秋易断魂。"⑤ 黛玉《菊梦》："醒时幽怨同谁诉，衰草寒烟无限情。"⑥ 宝钗《忆菊》："怅望西风抱闷思，蓼红苇白断肠时。"⑦ 本来是大自然中极美的事物，在大观园主人的眼中得到的感受却是：愁，悲秋，断肠，薄命，断魂，血，灰，泪。这不正是反抗、是控诉、是呐喊、是诘问、是探索、是追求吗？

美的环境和悲剧的命运发生了极大的冲突，给读者以强烈的对比。对美的感受越深，对主人公的遭遇就越寄予同情。这正是曹雪芹塑造"天上人间诸景备"的大观园的巨大艺术效果，也正是它的意境所在。

结　语

曹雪芹把《红楼梦》主人公的生活环境——大观园，作了高度美的

---

① （清）曹雪芹、高鹗：《红楼梦》，人民文学出版社 2005 年版，第 217 页。
② 同上书，第 243 页。
③ 同上书，第 494 页。
④ 同上书，第 677 页。
⑤ 同上书，第 500 页。
⑥ 同上书，第 514 页。
⑦ 同上书，第 509 页。

刻画。他运用了生活经历和广博的学识，查阅了有关的造园、建筑、花草树木的资料，用饱含着爱的笔调，以娴熟的文字，集古典园林之大成造就了大观园。这是比客观现实中的具体园林"更美、更典型、更理想"的艺术形象。大观园的学术价值应当引起学术界更广泛、更深入的研究，其造园的艺术技巧也深值得我们学习和借鉴，使中华民族的园林传统文化得以继承和发扬。我们不但要感谢曹雪芹留下了传世之作《红楼梦》，更要感谢他留给我们的那座旷世经典的大观园。

Grand View Garden and Traditional Culture in *Dream of Red Mansions*

Jin Cheng， Yin Fang

Abstract：The Grand View Garden is the most important space environment in the book of *Dream of Red Mansions*. The research about it has become a major branch in the field of Redology research. In this paper， the garden art of Grand View Garden and its effect on building garden art and environment organization are studied. The overall layout， cultural landscape， architecture and profound conception in Grand View Garden， reflect the traditional Chinese culture of garden art andraises awareness of our nation'ss cultural identity.

Keywords：Dream   of   Red   Mansions； Grand   View   Garden； traditional culture

清代三山五园兴衰及其启示

李佳桧　赵连稳*

摘　要： 三山五园作为北京西郊的皇家园林，位于京西海淀，这里山清水秀，环境优美。作为举世瞩目的皇家园林，从兴到衰经历了自清圣祖玄烨至清末几代帝王的时间。清圣祖玄烨时期是三山五园建造的初始阶段。清世宗胤禛时期，主要是对三山五园中的建筑进行了进一步的扩建。到了清高宗弘历年间，国力强盛，大事兴建，三山五园达到了其鼎盛时期。而到了清文宗奕詝时期，随着国力的衰退，三山五园开始走向衰落。三山五园从兴到衰不仅体现了其自身的演变过程，也昭示了整个清王朝的盛衰。

关键词： 清代；三山五园；兴衰

三山五园作为北京西郊的皇家园林，位于京西海淀，这里山清水秀、环境优美。论及三山五园的兴衰史，笔者认为从三山五园的整体上来说，其从兴到衰经历了自清圣祖玄烨至清末几代帝王的时间。清圣祖玄烨时期是三山五园建造的初始阶段，如三山五园中的畅春园和圆明园都是在这一时期建造的。清世宗胤禛时期，主要是对三山五园中的建筑进行了进一步的扩建，如圆明园中的二十八景就是在这一时期建造而成的。到了清高宗弘历年间，随着国力的强盛，大事兴建，三山五园中的大多数建筑都是在这一时期建造完成的，三山五园达到了其建筑的鼎盛时期。三山五园的衰落是从清文宗奕詝时期开始的。清宣宗旻宁以后，清朝政局经常处于动荡之中，国库的空虚使得清政府再也无力经营皇家园林，三山五园中的多数园林在这一时期开始荒废。清文宗奕詝及清德宗载湉年间是三山五园急剧

---

* 李佳桧，北京联合大学专门史研究生；赵连稳，北京联合大学三山五园研究院研究员。

衰落的时期。咸丰十年（1860）八月，英法联军攻入北京西郊，对以圆明园为首的三山五园进行了大规模的抢夺和焚烧，使得三山五园中的建筑所剩无几。光绪二十六年（1900），八国联军的入侵，三山五园再遭劫难，其辉煌历史成为人们的记忆。

一　三山五园的兴起

（一）京西的地理环境和园林的兴起

北京西郊作为皇家园林的所在地，地理环境十分优越。这里不仅有众多的河流，还有许多山丘为依托，使其成为依山傍水的绝佳之地。清康熙《大兴县志》对北京西郊的地理环境有清晰的记载："西山秀色甲天下，寺则香山、碧云，水则玉泉、海淀，而卢沟桥关门巍立，即古之桑乾河，京邑之瀍、涧也。"① 从这段史料中可以看出，京西不仅有优越的自然环境，还有众多的庙宇衬托其中，如著名的香山寺和碧云寺。不仅如此，"从西山峡谷中流出的永定河，如同流经洛阳城的瀍水、涧水一样"，② 绵延不绝。

三山五园作为整体的皇家园林建筑群兴起于清代，但是其中的多数园林都是在之前朝代园林的基础上修建的。其中最早的园林可以追溯到辽代，如"香山静宜园"的基址上就有辽代中丞耶律阿勒弥的别业。到了金代，金世宗又在原耶律阿勒弥的别业的基址上修建了香山寺。金章宗完颜璟对于香山的景色十分喜爱，并多次前往香山游览。《金史·章宗纪》记载了这一过程："明昌四年三月，幸香山永安寺及玉泉山；承安三年七月，幸香山，六年九月，幸香山。"③ 元代对于香山寺的经营范围进一步扩大，据《元史》记载："皇庆元年四月，仁宗给钞万锭修香山永安寺。"④ "沈榜的《宛署杂记》中记载了元代曾有'香山八景'：护驾长松、饮仙寒井、香莲金界、松顶明珠、佛阁云梯、祭台星影、乳峰古寺、

---

① （清）张茂节：《大兴县志》卷1《形胜考》，康熙二十四年刊本。
② 赵连稳：《京西文化初探》，载《三山五园和京西文化研究与保护利用》，研究出版社2014年版，第72页。
③ （元）脱脱：《金史》卷10《章宗本纪》，中华书局2005年版，第228页。
④ （明）宋濂、王祎：《元史》卷24《仁宗本纪》，中华书局1976年版，第194页。

妙高云堂。"① 明代对于香山进行了更大规模的建设，不仅增加了多处建筑，还兴修了许多新的庙宇，成为许多文人墨客作诗的绝佳之地。三山五园中另一皇家园林"玉泉山静明园"的历史最早可以追溯到金章宗完颜璟时期。金章宗完颜璟为了便于在玉泉山游玩，命人修建了自己的行宫——芙蓉殿，据《金史·章宗纪》记载，金章宗于"明昌元年八月，幸玉泉山；六年四月，幸玉泉山。承安元年八月，幸玉泉山。泰和元年五月，幸玉泉山。三年三月，幸玉泉山；七年五月，幸玉泉山"②。从这则史料中金章宗去往玉泉山的次数上可以看出其对于玉泉山的喜爱程度。金章宗明昌年间，玉泉山的"玉泉垂虹"被誉为"燕山八景"之一，这使得玉泉山的名气也随之加大。到了元明时期，玉泉山的规模更加扩大，众多的庙宇和独特的建筑兴建起来，例如"昭化寺、上下华严寺、金山寺、崇真观、观音寺、补陀寺等"③。而作为三山五园中修建最早的畅春园则是在明武清侯"清华园"基址上修建而成的。《帝京景物略》对清华园内的景观有精细的介绍："（丹棱）沜而西，广可舟矣，武清侯李皇亲园之。方十里，正中，挹海棠。堂北亭，置'清雅'二字，明肃太后手书也。亭一望牡丹，石间之，芍药间之，濒于水则已……园中水程数十里，舟莫或不达，屿石百座，槛莫或不周。灵璧、太湖、锦川百计，乔木千计，竹万计，花亿万计，阴莫或不接。"④ 后随着明王朝的衰败，清军的入关，清华园也就成为清人的园林。

（二）静宜园、静明园和畅春园的修建

到了清代，为了皇帝休憩的需要，更为了皇帝们避喧理政的需要，上文中提到的三个园林（香山静宜园、玉泉山静明园、畅春园）得到了大规模的修建。香山静宜园在清代最早是作为清圣祖玄烨的香山行宫而修建的，其正式修建的年代是在康熙十六年（1677）。根据张宝章先生在《京西名园》一书中的介绍可知，清圣祖玄烨在游览香山时留下了一些诗词，如"《来青轩临眺二首》，来青高敞眺神京，斜倚名山涧水清。此日君臣

---

① 张宝章：《京西名园》，开明出版社 2000 年版，第 37 页。

② （元）脱脱：《金史》卷 10《章宗本纪》，中华书局 2005 年版，第 128 页。

③ 张宝章：《京西名园》，开明出版社 2000 年版，第 127 页。

④ （明）刘侗、于奕正：《帝京景物略》卷 5《西城外·海淀》，上海古籍出版社 2001 年版，第 320 页。

同览赏，村村鸡犬静无声"①。玉泉山静明园正式命名的年代是在康熙三十一年（1692）。虽然是在此时期命名的，但玄烨自康熙十四年（1675）起便经常游览玉泉山，并于康熙十九年（1670年）修建了玉泉山行宫。康熙二十一年（1672）将其命名为"澄心园"，而"静明园"的名称就是在原"澄心园"旧名上更改的。自静明园建成后，玄烨便经常在这里游览，有时还会处理一些朝廷政事。畅春园正式修建的年代在康熙二十六年（1687）。对于畅春园修建的原因，笔者认为有两个：第一个原因就是清圣祖玄烨首次南巡时，由于对江南园林非常青睐，归来后立即命人在原武清侯的别墅"清华园"废址上修建了这座大型的皇家园林，这只是一个表面的原因，清圣祖玄烨修建畅春园更深层次的原因还是在于它的地理位置极为适宜，与静宜园、静明园相比，这里距京城较近，既可以避免喧嚣，又可以免除臣僚觐见的奔波之苦，以实现最初的建园目的——游园不废政务。清圣祖玄烨在畅春园的活动极其丰富，不仅处理朝政，还经常与一些名儒谈诗作画，并十分关注皇子们的学习情况。自畅春园建成之后，玄烨便经常在此活动，最终也是病逝于畅春园清溪书屋。

（三）雍正时期对京西皇家园林的扩建

清世宗胤禛时期对京西一带的皇家园林进行了大规模的扩建，而最值得一提的是三山五园中以"万园之园"著称的圆明园。圆明园最早是在康熙四十六年（1707）作为皇四子胤禛的赐园而建造的。清世宗胤禛时期对圆明园进行了大规模的扩建，圆明园四十景中的二十八景就是在这一时期建造完成的。这二十八景主要包括勤政亲贤、正大光明、九州清晏、镂月开云、天然图画、碧桐书院、慈云普护、上下天光、杏花春馆、洞天深处、坦坦荡荡、长春仙馆、茹古涵今、四宜书屋、平湖秋月、蓬岛瑶台、廓然大公、夹镜鸣琴、西峰秀色等精美的景观。

二 三山五园的鼎盛

三山五园在清高宗弘历年间达到其强盛时期，而这一时期园林的强盛在很大程度上源于国力的强盛。上文中提到的圆明园四十景中的其余十二

---

① 张宝章：《京西名园》，开明出版社 2000 年版，第 38 页。

景在乾隆时期建造完成。在圆明园四十景建造完成后，清高宗弘历仍觉得不能体现皇家园林的整体气势，为此继续大兴土木，陆续建成了长春园和绮春园两座园林作为圆明园的附园，也就是通常所谓的"圆明三园"。玉泉山静明园虽然是在清圣祖玄烨时期建造的，但是其真正达到鼎盛的时期则是从乾隆十五年（1750），也就是清高宗弘历加大对静明园建设这一年开始的，直至乾隆十八年（1753）静明园内的主体建筑群基本建造完成。而作为三山五园中最后建造的一座皇家园林——"万寿山清漪园"也是在乾隆时期建造的。清漪园在乾隆十五年（1750）开始兴建，到乾隆十九年（1754），园内的大部分建筑基本完工，"包括万寿山前山、昆明湖和东宫门一带的工程，共一百零一处建筑"①。

　　直至乾隆十九年（1750），"三山五园中"最后一座皇家园林——"万寿山清漪园"的建成，标志着整个三山五园建筑群的整体完工，也标志着京西皇家园林进入了它最鼎盛的时期。从三山五园整体布局上来看，它所呈现出的是一种众星捧月的建筑格局，这也体现了"皇权至上"的皇家园林建造理念。三山五园全盛时期，自海淀镇至香山，散布着静宜园、静明园、清漪园、圆明园、长春园、绮春园、畅春园、西花园、熙春园、镜春园、淑春园、鸣鹤园、朗润园、弘雅园、澄怀园、自得园、含芳园、墨尔根园、诚亲王园、康亲王园、寿恩公主园、礼王园、泉宗庙和圣化寺等几十处皇家离宫御苑与赐园，连绵二十余里。

三　三山五园的衰落

（一）乾隆中期以后三山五园衰落

　　三山五园自修建到鼎盛，历经了清圣祖玄烨、清世宗胤禛、清高宗弘历三代帝王，直至乾隆前期，达到了其最鼎盛的时期。但到了乾隆中期以后，随着清政府的财政危机，三山五园随之失修，也随之走向衰落。而其中以"畅春园"表现得最为明显。"畅春园"的衰落是从乾隆四十二年（1777）开始的。据史料记载，乾隆四十二年，孝圣皇太后去世，弘历下旨畅春园今后将作为奉养皇太后的所在地。但是，乾隆年间以至嘉庆年间，都不再有皇太后，畅春园只好闲置下来。对于闲置的园林，其管理人

―――――――

① 张宝章：《京西名园记盛》，开明出版社 2009 年版，第 338 页。

员自然也不会很多。据《（光绪）顺天府志》记载："（乾隆）四十二年
裁撤畅春园汛十五处，仍留门班五处，日以副参领、署参领一人、护军
校、护军五十八人守卫。嘉庆七年裁撤畅春园守卫护军营官兵，交巡捕营
官兵看守。"① 到了清宣宗旻宁时期，畅春园已被荒废多年，此时期的畅
春园又遭到了人为的大规模拆毁。道光二十二年（1842）第一次鸦片战
争的失败，《南京条约》的签订，使得清政府陷入严重的财政危机中。此
时的大清王朝已无力经营除了"圆明园"以外的其他园林。畅春园几乎
与废园相差无几，到了清文宗奕詝时期，畅春园完全变成了废园。

（二）咸丰十年（1860）英法联军焚烧三山五园

咸丰六年（1856）10月，英法联军为了攫取更多的在华利益，利用
"亚罗号事件"和"马神甫事件"挑起了第二次鸦片战争。三山五园也正
是在"第二次鸦片战争"中进入了它的焚毁阶段。咸丰十年（1860），英
法联军攻入北京，但是他们并没有直接进入北京城，而是在北京西郊一带
大肆掠夺，其中处于西郊的圆明园成为他们进攻的主要目标。据史料记
载，法军于咸丰十年（1860）10月6日晚，首先闯入圆明园，英军于次
日紧随其后。进入圆明园后，英法联军开始了疯狂的掠夺，园内珍贵的宝
物几乎荡然无存。不仅如此，为了掩盖他们的罪行，避免留下犯罪证据，
英军决定于10月18日清晨纵火焚烧圆明园，大火连烧三天三夜，使得圆
明园葬身于火海之中。圆明园的焚烧并没有满足英法联军的侵略欲望，他
们接着又将畅春园、玉泉山静明园、香山静宜园、万寿山静宜园等其他园
林一并焚烧。焚烧之后的三山五园，除了"圆明园"和"清漪园"内的
一些建筑因未被侵略者发现，而幸存下来以外，其他园林几乎荡然无存。

（三）光绪二十六年（1900）八国联军再次焚毁三山五园

第二次鸦片战争使得三山五园遭到了大规模的毁坏，也使得清政府的
财政危机进一步加深，为了满足慈禧太后晚年享乐的需要，三山五园中的
"万寿山清漪园"在光绪十二年（1886）得到了重新的建造，截至光绪十
四年（1888），被焚毁的大部分建筑得到了修复，并将其原有的名称"清

---

① （清）周家楣、缪荃孙：《（光绪）顺天府志》卷8《京师志·兵制》，北京古籍出版社
1987年版，第258页。

漪园"正式更名为"颐和园"。到光绪二十一年（1895），园内的全部建筑修建完成。颐和园的修建虽耗资巨大，但终究使这座"虽由人作，宛自天成"的皇家园林散发出它往日的光辉，但这样的辉煌却如昙花一现，光绪二十六（1900）八国联军的再次入侵，使得以"颐和园"为中心的三山五园再遭劫难，三山五园也是在这次浩劫中彻底失去了它昔日的辉煌。

四　三山五园兴衰的启示

三山五园伴随着清王朝的兴盛而兴衰，伴随着清王朝的衰落而衰落，三山五园的兴衰史就是一部浓缩的清朝国家兴衰史，从中我们可以得出以下几点启示。

（一）随着政治地位变化而兴衰

作为理政和休憩合二为一、而首先是理政场所的皇家苑囿，其兴衰必然与理政地点的变化密切相关。畅春园的全盛时期是在康熙年间，其原因就是因为清圣祖玄烨把畅春园作为处理朝政的重要场所。清圣祖玄烨二十六年（1687）二月二十二日，清圣祖玄烨首次驻跸畅春园，以后经常在畅春园理政，至六十一年（1722）十一月十三日病逝于清溪书屋，36年间，计居住畅春园257次3800余天，年均驻园7次107天，最短者为29天，最长者为202天。雍正时期，圆明园政治地位上升，成为御园，清帝理政地点改在圆明园。清高宗弘历时期，将畅春园定为皇太后的居所。清高宗弘历经常赴畅春园内向皇太后问安，并在园中随时处理一些政事，清高宗弘历的母亲活到乾隆四十二年（1777）。应该说，雍正和乾隆时期的畅春园还是处于盛期。可是自乾隆四十二年后，至嘉庆朝的40多年内，清朝没有皇太后，畅春园便始终处于关闭状态，一直未得到修缮，到了道光年间已经是破败不堪。清宣宗旻宁即位后，以畅春园年久失修、不堪使用为由，便将其母亲奉养在圆明园绮春园。此后，没有了政治地位的畅春园加速败落下去，甚至把畅春园九经三事殿拆毁。颐和园在乾隆时期达到鼎盛，虽然由于英法联军和八国联军的焚烧掠夺，一度衰落，但由于慈禧太后要在此园理政避暑，因此还能够维持着皇家园林的气派。

（二） 与国家民族命运紧密相连

三山五园在乾隆时期达到鼎盛，以后随着国力的衰退而步入衰落之境地。清朝在嘉庆以后对三山五园没有再进行大规模的修缮。鸦片战争后，清朝国力逐步衰落下去，咸丰十年（1860），英法联军入侵北京，在疯狂掠夺之后，一把大火将三山五园焚烧，英法联军的暴行受到世界爱好和平的人们的谴责，法国大作家雨果在《致巴特雷上尉的信》中怒斥英法侵略者是"两个强盗"。清政府在和西方列强签订了一系列屈辱的条约后，又苟延残喘了几十年，虽然其间有洋务运动，但仍然没有挽救其颓势，甲午中日战争，天朝帝国被蕞尔小国打败，举国震惊，戊戌变法遂起，可惜的是仅仅维持了103天便失败了。光绪二十六年（1900），八国联军侵入北京，三山五园再次惨遭洗劫。此后，除去颐和园以外的西郊皇家园林，加速衰败下去。

（三） 随着国家经济实力的削弱而衰落

清圣祖玄烨至清高宗弘历前期，清王朝正值康乾盛世，政局稳定，国库充足，为此这一时期的三山五园也达到了其发展的鼎盛时期，但随着乾隆中期国家财政日渐吃紧，三山五园也随之走向衰落，道光时期已经只能够对园林进行一些维修而已，特别是第一次鸦片战争的惨败，每次和西方列强的冲突基本上都以失败告终，随之而来的是巨额赔款，使得清政府再也无力经营皇家园林，例如同治年间，清廷很想重修圆明园，但因财力不足，不但拆了清漪园、静明园和静宜园所存枋木2800余件，而且还向大臣借款，还是无法重修下去，被迫停止下来。

三山五园与清代国家的盛衰是相辅相成的，其兴衰史就是一部浓缩的清朝国家兴衰史，如何从三山五园的兴衰过程中汲取教训，实现中华民族伟大复兴的中国梦，是摆在每个中国人面前的重大问题，中国从来没有像今天这样接近实现民族复兴的中国梦，我们再也不能失去这次难得的机会！

The Rise and Fall of Three Hills and Five Gardens and Its Enlightenment

LI Jia-hui, Zhao lian-wen

Abstract: Three Hills and Five Gardens as the Beijing royal garden of western suburbs, located in West Beijing, Hai Dian district. As a world-renowned royal garden, it experienced from prosperity to decline from the beginning of Qing Dynasty to the end of it. Qing Emperor Xuan Ye period is the initial construction stage of Three Hills and Five Gardens. It carried out a further extension in the building during Qing Emperor Yin Zhen period. Three Hills and Five Gardens reached a peak period of its construction during Qing emperor Hong li early period and got to decline in the mid period. The decline process of Three Hills and Five Gardens not only reflects its evolution process, but also shows the ups and downs of Qing dynasty.

Key words: Three Hills and Five Gardens, Royal Garden; the rise and fall

地方案例

新型城镇化形势下地方文化保护与传承

——以京西幡会及太平鼓等"非遗"项目为例

张广林　袁树森　安全山[*]

摘　要： 随着新型城镇化步伐加快，原在农村的一些非物质文化遗产项目（例如京西幡会、太平鼓和京西山乡戏曲）及其他优秀传统文化面临着传承人才和传承方式等挑战。但是，如果把新型城镇化作为一个新的舞台和契机，或许是一种新的机遇。接纳传统文化，可使新城镇更具文化特色与吸引力和凝聚力；走进新城镇，可使优秀传统文化焕发新的生机，更有利于传承与发展。具体做法或形式，可以有很多种，如公园场馆式、社区活动站式、中心运营式、分散公益式、项目与校园对接式、特色文化产业式等等。

关键词： 新型城镇；传统文化；保护传承

以传统农业文明为基础、以古村落为载体的乡村优秀传统文化，在新型城镇化中如何保护与传承，是一个重要课题，京西门头沟区已经进行了一些有益的尝试。

一　在新型城镇化形势下保护与传承乡村优秀传统文化的意义

现在我国正在大规模地开展城镇化建设，集村并镇，一家一户的平房

---

* 张广林，北京永定河文化研究会会长。

四合院拆了，农民住进了楼房，变成了城镇居民，生活水平和生活质量得到了显著的提高。但同时也出现了另一个问题，那就是优秀传统文化的流失。农村的传统文化失去了依存的基础，这对于中国文脉的延续将是极大的损失。因而我们在城镇化建设过程中，必须要注重对优秀传统文化的保护。

新型城镇化不是简单的城市人口比例增加和规模扩张，而是强调在产业支撑、人居环境、社会保障、生活方式等方面由乡村到城市的转变，实现城乡统筹与可持续发展，也可以说是由农村农民到城镇市民的转变，由乡村文明到城镇文明的转变。原来的乡村人因生产生活及精神需要，创造了具有地方特色的传统文化；新型城镇化的人们，不仅需要生产生活环境及条件的改善，同时也需要更加丰富多彩的精神生活。所以，城镇化建设与传统文化传统并不矛盾。

传统文化是一个地区的文化名片，具有讲仁爱、重民本、守诚信、崇正义、尚和合、求大同的时代价值。新型城镇化中保护和传承优秀传统文化及其"非遗"项目，就是维护和发展文化脉络与承继关系，使新型城镇化更具有文化特色，更能丰富城镇人的精神生活，更有利于培育和弘扬社会主义核心价值观。

二　京西地区保护与传承优秀非物质文化遗产的成功案例

（一）京西幡会

京西幡会，即北京市门头沟大台地区千军台、庄户联村古幡会，曾统称"天仙会"及"天人吉祥圣会"，起于明，兴于清及民国初，据传清康熙年间曾受皇封。每年元宵节期间在两村轮流走会，农历四月初一参加当地福龙山娘娘庙会，还曾到妙峰山、涿州、斋堂等地庙会进香，故又称"朝顶进香会"。受战乱及其他因素影响，曾三落三起，历经四百余年传承至今。

幡会现有 20 面旗、幡，为大幡而非中幡；除地名标志幡外，均绘有神像或神名，又谓之神幡。每年元宵节走会，从筹备到请神、挂幡、踩街、接会、走会到送神、收幡，历时十余天；除旗、幡及吹奏、打奏乐班外，还有娘娘驾、银锤铁铜、号角等仪仗，有号佛会、狮子会、秧歌会等娱神或自娱会档,还曾办有剧团,走会日晚上演出。外出村民,春节可以不回来,但元宵节必须回来,过元宵节比过年还重要、还热闹。乐班演奏,保存下来的有几十个曲牌,在不同场合演奏不同曲牌。走会时,数十个会档、数百个角色、数百人乃至上千人参观,依序行走于山沟、村落古道上,旗幡高耸,鼓乐震天,花会穿插,场面宏大,蔚为壮观,有人称之为京西深山里的"狂欢节"。各种中国传统乐器,演奏各种古典曲牌,有人称之为北方古典音乐的"活化石"。娱神之中兼自娱,节庆与宗教、民俗、民间艺术相结合,热闹而不失庄重,繁复而不失仪序,凝心聚力,充分体现天人合一、团结和谐、生生不息、吉祥向上,是优秀的民间传统文化,独特的非物质文化遗产。

京西幡会的各种角色,加起来需要四五百人,随着一些原有的、但已失传多年的会档陆续恢复,所需人数还在增加。但是,近些年来,孩子外出上学,青年外出工作及在外成家,留在村里的人愈来愈少,而且多是些老弱病残;尤其是原来的一些老艺人,随着年龄老化甚至故去;原来作为传承力量的少年儿童在外上学,平时无法传授培训,而且孩子们也未必都愿意学习,走会角色的"人荒"和技艺接续力量的"人荒"问题日益凸显。现在,联会两村中的庄户村及板桥等村居民又开始搬迁,将分散到新的不同的地区和社区,解决走会时的角色聚集和文化传承问题已迫在眉睫。好在这些困难或问题已经陆续地得到解决。

1. 政府及相关部门切实重视和支持。千军台庄户幡乐先被列入中国传统文化保护项目,继而幡会被列入北京市非物质文化遗产代表项目并有望升为国家级,千军台村被公布为中国传统村落,受到各级领导重视,并给予了切实有力的支持。门头沟区文委资助更新了幡会的服装、道具和乐器,修缮了板桥过街楼及北港沟的娘娘庙、菩萨殿、龙王庙及千军台接会广场。最近又投资修缮古道、古桥和龙泉庵。门头沟区公安局和地方派出所、京煤集团森林防火部门在走会期间组织力量到现场,确保了活动安全。区社工委协助申请市政府购买社会组织服务项目,扶持文保协会开展幡会保护传承工作,包括编写操作性传承手册。大台街道办事处申请专项工程资金,并协调地区各单位支持正月十五走会活动。

2. 成立文保协会,牵头做好幡会保护传承工作。2006 年,大台地区成立文物保护协会,不久改为文化遗产保护协会。从民间层面担负起幡会保护传承的组织协调职能,并使保护传承变为幡会成员的自发自觉行为。

福龙山庙会及幡会中的号佛会、银锤铁铜、娘娘驾及号角等会档也都陆续
恢复。该协会的主要成员是千军台、庄户两村的领导和幡会中的负责人。
每年元宵节走会，从春节就开始碰头研究策划，然后分头落实。

3. 走向社会。20 世纪 70 年代，由于地下挖煤采空，原大台公社社员
"农转非"，庄户、板桥等村拆迁，一部分庄户村村民迁移到门城地区坡
头一带居住，其中有不少是幡会中人。他们在新居住地组建了幡乐班，坚
持日常排练，走会时回村参加活动。该地区文保协会成立后，也组建了一
支有社会人员参加的古幡乐团。

2014 年元宵节的京西幡会走会活动是近年来最好、最热闹的一次。
在组织形式上，实行了政府（即大台街道办事处）主导，协会（大台地
区文化遗产保护协会）主办，社区（千军台、庄户两村居委会）参加、
社会（当地矿厂、派出所和区有关部门）支持。在演员队伍中，除大台
地区古幡乐团和板桥村村民加入外，最亮眼的是吵子班的表演，演员年龄
相当、个头匀称、队伍整齐、表演到位。他（她）们是门头沟大峪中学
初中部（原坡头中学）的学生，经过一段时间排练后即参加演出，取得
了很好的效果。

（二）京西太平鼓

利用学校下午课后到下学前的一段时间，"非遗"组织或传统文化演
出团体与学校对接，让部分学生参加学习和表演，演出团体有了源源不断
的新鲜血液，更加生气蓬勃；优秀传统文化走进校园，充实了课后活动内
容，又使学生接触、接收到地区优秀传统文化，更加热爱家乡，意义更为
深远。门头沟"京西太平鼓"已有多年经验，如果继续加以推广，有利
于实现优秀传统文化后继有人和滚动式传承发展。

太平鼓表演在京西门头沟曾十分普遍，特别受当地妇女们欢迎。编写
《中国民俗文化志·北京·门头沟区卷》时了解到，新中国成立前出生的
门头沟妇女，很多是伴随着太平鼓声长大的。她们自小就听着熟悉的鼓乐
节奏，跟着太平鼓表演队伍一起走街串巷。当她们长成一个个亭亭玉立的
少女时，便在农闲时节与伙伴们三五成群地练起来。出阁到了婆家后，马
上就加入到婆家村的太平鼓队伍里。有几位嫁到丰台区的妇女，花甲之年
参加表演仍腰腿轻盈，风姿不减当年。1952 年，北京搞民间花会会演，
大峪村代表队给观众留下了深刻印象。由于多次政治运动和拆迁等因素，

太平鼓这一乡村表演形式有可能成为历史，但区文化部门经过一定加工整理后，以学校学生为主，中老年艺人参加组建起京西太平鼓队，除在本区表演外，还参加了国庆游行、第十一届亚运会、全国农运会、北京国际风筝节、北京市农民艺术节及北京 2008 年奥运会，向全国乃至全世界人民展示了其迷人的风采。现已成为国家级非物质文化遗产项目，且生命力愈加旺盛。

三　京西地区非物质文化遗产项目保护与传承仍面临一些困难

实际生活中，京西幡会曾面临的传承困难并非个案。例如斋堂镇柏峪村的燕歌戏和清水镇燕家台等村的山梆子戏，也有类似现象。

据研究京西山乡戏曲的谭怀孟先生讲，柏峪村曾有燕歌（秧歌）戏、河北老调、山梆子、蹦蹦戏（曾随白牡丹学评剧）等戏种及戏班，演出的剧目至少有 60 多出，现以燕歌戏为主，保存下来的有《大本孙继皋卖水》《狮子洞》《水牛阵》《罗衫记》《西河沿》《打芦花》《鳌山灯》《清风亭》《过山》和山梆子《佘唐关》《双官诰》《汾河湾》等，逢年过节和有特殊需要时演出。近年，区里拨款数百万元改建了演出礼堂，每逢演出时，把已搬走或外出的演员临时通知回来。但客观地说，这并非长久之计。原来的演员随着年老或其他情况，不能参加演出了怎么办，留在村里的人能否保持接续传承，不能说不存在问题，至于发展，更令人担忧。

清水镇燕家台村的山梆子戏起于明，衰于清，但传承至今。因是穷人组合起来戏班子，曾名花子班。名虽不雅，但发奋自强，相传曾到北京、河北、山西、内蒙古等不少地方演出。在本村，逢年过节、庙宇祭祀、丰收喜庆时都要演。当年村中年长一些的人，即使不在戏班，也都能唱上两段。就连妇女骂孩子的话，也多与戏有关，如："你个短命小罗成的、祭天灯的、大白脸（奸臣）曹操、遭天杀的"等，可见山梆子戏已植入当地百姓生活。村里还流传着一首歌谣："村西头街面宽，五道庙门口朝南。戏台楼高两丈三，坐南朝北年复年。每逢佳节喜庆日，神鬼与人同台欢。"1945 年抗战胜利后，戏班恢复，表演庆功。"文化大革命"期间，戏班改为毛泽东思想文艺宣传队，主演现代"样板戏"。1978 年恢复戏班，延续至今，每年演出四五十场。传统剧目有：《临潼山》《麒麟山》

《三义记》《辕门斩子》《打瓜园》《清风亭》《打金枝》《牧羊圈》《包公跪嫂》《红鬃烈马》《六月雪》《大登殿》《风波亭》等三四十出。保留至今的有《算粮登殿》《金水桥哭殿》《辕门斩子》《反午门》《司马庄》《佘塘关》《桑园会》《牧羊圈》等 20 多个剧目。雁翅镇淤白村蹦蹦戏又名"评腔梆子戏"，据传与东北二人转、京东唐山一带蹦蹦戏及西路评剧等有渊源。该村戏班成立于民国二十年（1931），名曰义和班，除在村内表演外，还曾到昌平、怀来、延庆等地演出。剧目有《老少刘公案》《夜宿花亭》《蜜蜂记》等三四十出，但保留至今的只有《老少刘公案》。近年，区、镇文化部门为淤白村剧团配置了服装、道具、乐器等。但由于青年人外出的较多，传承存在困难。

清水镇龙王村、下清水、李家庄、洪水口、田寺村，斋堂镇西斋堂，雁翅镇田庄、马套村等村的山梆子戏和大村、泗家水及军庄镇东山村的蹦蹦戏等，也都程度不同地存在类似问题。

四　在新型城镇化过程中保护与传承非物质文化遗产的对策建议

（一）在新型城镇建设中可以辟建传统文化园区

根据生态涵养发展区和首都西部综合服务区功能定位，门头沟区确立以旅游文化休闲产业为主导产业；近年结合棚户区改造，永定河及沟峪治理、S1 线建设等，打造新门城，实现了"一湖多园、五水连动"。各镇也加紧进行新型城镇建设，已经或将出现一批新居民社区。在此基础上，结合旅游，可以开辟优秀传统文化园区及社区文化活动站。

1. "非遗"文化园区建于区政府所在地区，至少有两种经营方案供选择。一是集中经营式。即选一个已建成的公园或新开辟一个公园，内设大小不等的露天广场，供不同"非遗"会档演出使用；建一座剧院式演出场馆，供各个传统文化团体排序依次演出。可以选派或委托一个文化公司进行经营管理，参演团体从中提取一定比例的提成，作为保护、传承的经费补充，也使演员得到一部分收益。二是分散公益式。即利用门城多园及镇建公园，在每个公园内开辟一个演出场地，供一个或各会档轮流演出活动或排练使用。

2. 相关镇或街道办事处，辟建一个展示活动场馆。设一展室，以文字、图片、影像、动漫、实物等形式，记录展览本镇（办）"非遗"；设一展示及活动场地，供演示使用。这样，既能够让各"非遗"项目有所依托，又丰富了区域内文化生活，更让市民和游人有一个参观的目的地，还可以形成一个旅游文化品牌。

3. 举办各种活动，如文化节、文化会演、文化沙龙等，增加演出机会，也借机吸引社会人士和游客。

（二）部分项目可实施产业化

将优秀传统文化或"非遗"项目实行产业化传承与运营。可以学习蔚县"打树花""拜灯山"项目先进经验，东北二人转的产业化经验也值得借鉴，能够创造更好的经济效益和社会效益。

例如王平镇韭园村，正在进行新农村建设试点。该村包括韭园、桥耳涧、东落坡、西落坡四个村庄，加上相邻的东西马各庄和南港村、东石古岩村，合称王平镇东八村。内有汉代军事遗址、元代碉楼大寨、明代马场遗迹、桃花谷鬼谷书院，几处农业观光采摘园区，多座寺庙、多家"古道驿站"，京西古道西山大路及门头沟国家步道 A1 线穿境而过，尤其是富有"枯藤老树昏鸦，小桥流水人家，古道西风瘦马"意境的"马致远故居"，近年来游人不断。2013 年在这里举办了"马致远元曲文化（北京）论坛"，有 10 个省市、近 40 名散曲名家参加。借新农村社区建设之机，完全可以打造"元曲之乡"或"元曲园"。除原有物质、非物质文化遗产和观光园区软、硬件基础外，还可以增加元曲艺术氛围，播放元曲音乐，表演元杂剧折子戏，请元曲演唱者进园办专场，请京西幡乐团演奏元曲曲牌音乐，柏峪燕歌戏剧团演出元曲元素的戏曲，举办元散曲艺术研讨会，建立元曲艺术培训基地等，实现特色传统文化与产业化运营有机结合。

再如门城镇，可以建一座传统艺术剧院，由一家企业实行市场化运营，请本区传统文化艺术团体或城里剧团来演出。还可以建传统技艺和民间艺术一条街，展销紫石砚、麦秸画、十字绣、山茶等"非遗"产品、根雕艺术品、永定河石收藏品，以及各种当地优特产品等。

综上所述，新型城镇接纳优秀传统文化，可使新型城镇更具特殊吸引力和凝聚力；优秀传统文化适应新形势、新环境、走进新型城镇，也将会焕发勃勃生机，更利于传承发展，可实现"双赢"。

Protection and Inheritance of Traditional Culture under The Background of New-type Urbanization

——A Case Study of West Beijing Streamers and Taiping Drum

Zhang Guang-lin, Yuan Shu-sen, An Quan-shan

Abstract: With the new-type urbanization rapidly developing, some intangible cultural heritage projects in rural areas are facing the challenges in the aspects of inheritance talents and inheritance mode. . However, the new-type urbanization is taken as challenge as well as a new opportunity. Accepting the traditional culture makes a new-type town full of characteristics and attraction. The new-type towns can serve as places of park, community station and cultural industrials so as to attract people to visit.

Keywords: new-type urbanization; traditional culture; protection and inheritance

延续京西文脉　留住家园乡情

——试论新型城镇化与门头沟古村落的保护利用

侯秀丽　刘德泉 *

摘　要：门头沟区是首都北京古村落最集中、保存最完好的地区；京西古村落群是北京历史文化的一颗璀璨明珠，是古都北京重要的、有机的组成部分。京西古村落蕴含着中国优秀传统文化的丰富基因，在新型城镇化建设中一定要正确处理好"城"与"村"、"新"与"古"的关系，切实保护好京郊这一富有地域特色的文化遗产集群，延续京西文脉；依靠门头沟的青山绿水，利用京西古村落群适度开发乡村体验式休闲旅游，在回归自然的同时为身处都市的现代人留下温馨乡情和精神家园。

关键词：新型城镇化；京西古村落；保护；利用

城镇化是当前中国发展的主题词之一。党的十八大报告提出，要坚持走中国特色新型工业化、信息化、城镇化、农业现代化的"新四化"道路。新型城镇化到底"新"在哪里？它与中国传统文化的保护与传承有何关联？那些蕴含着中国优秀传统文化基因的古老村落在新型城镇化建设中如何给予保护和利用？这些都是摆在当代中国人面前，不仅需要从理论上廓清，而且必须要用实际行动来解决的迫切问题。认真学习《国家新型城镇化规划（2014—2020 年）》和专家学者的精彩解读，利用门头沟地方文化人多年对京西古村落历史文化研究的成果，并结合门头沟古村落保

---

* 侯秀丽，北京永定河文化研究会副会长；刘德泉，北京永定河文化研究会名誉会长。

护利用的现状，我们逐步理清了思路。

一　京西古村落群蕴含中国优秀传统文化丰富基因

门头沟区地处北京西郊，98.5%是山地，千山万壑，大山连绵，永定河自西北向东南贯穿全境。历史上长期是古都北京的能源基地、建材基地、佛教和民俗圣地。境内有通往河北、山西、内蒙古的骡马大道，西北修有内长城，有两座戍城（沿河城与斋堂城）和17道关口，既是交通走廊又是拱卫京城的重要设防地。门头沟区村落的形成、分布与自身的自然地理、区位特点和相应产业密切相关，由此构成了古村落文化的多样性。这一规律取决于门头沟祖辈对区域自然地理的认知，也决定于京西村落和都城北京的密切关系。

（一）门头沟村落概况：历史久，分布广，形成原因复杂

门头沟区村落出现很早。11 万年前门头沟就有古人类活动，新石器时代门头沟有了村落的雏形，出现了一批原始聚落。商周时期已经出现了村落，秦汉、隋唐、辽金元时期村落不断增多，明清时期村落迅速增加。依据北京永定河文化研究会 2008 年完成的《门头沟古村落生态文化资源及其开发前景的研究》课题成果可知，门头沟区金元时期见于碑刻文献记载的村落有 23 个，明万历时不少于 137 个，清光绪时不少于 168 个。据门头沟统计局统计 1984 年门头沟有自然村落 271 个，因为各种原因搬迁、合并、农改非，现在还有行政村落 177 个，其中见于古籍和碑刻记载的有 112 个。

门头沟区村落广泛分布在 1445 平方公里的区境内，大体沿着六条线展开。其一，沿永定河及其支流分布；其二，沿交通大道分布；其三，依庙宇及其香道分布；其四，沿内长城及关口分布；其五，随煤窑及其他矿点分布；其六，沿山麓水源、沟峪分布。

门头沟区的村落形成原因复杂，特点鲜明。依其原始成村之因可分为农户村、商户村、庙户村、庄户村、军户村、窑户村、匠户村、难户村、移民村、坟户村、家族村。从形成和生产生活背景的角度关注门头沟村落，有利于理解门头沟古村落文化的多样性。

（二）门头沟古村落：数量多，级别高，保存好

古村落存在于村落的汪洋大海中，它是村落的组成部分，又是村落中的精华，保存着丰富的历史文化信息。我们界定的古村落指的是形成于民国（1911）以前，仍基本保持着原有的村落格局，有一批完好的明清风格的古民居，有较丰富的物质和非物质文化遗产的村落。依据这一标准，《门头沟古村落生态文化资源及其开发前景的研究》课题组 2008 年结题时得出结论：门头沟现有村落中，有 54 个村依然保持着古村落风貌，数量约占全市古村落 70% 左右。其中斋堂川两个镇共有古村落 29 个，占门头沟现有古村落的一半以上。①

此前中国地质矿产大学孙克勤等人出版了《探访京西古村落》一书，登载了门头沟 33 个古村落，对宣传门头沟古村落起了很好的作用。但是关于门头沟有 33 个古村落的说法我们认为还不够全面、准确。2006 年北京市政府研究室、文物局等单位组成课题组进行调研，形成了《新农村建设中应注意保护古村落——京郊古村（落）镇保护利用研究报告》，认为全市 10 个远郊区县只保存 54 个古村落，其中门头沟区 33 个，延庆、密云、平谷、房山和昌平 5 个区县 21 个。②

近年门头沟城镇建设步伐加快，我们认定的古村落已消失了 6 个，如石门营拆迁后成为北京最大的棚改安置房所在地。许多城市边缘的古村落处于搬迁前的躁动之中，私搭乱建、侵街占巷严重，使村庄整体古朴风貌受到极大破坏，如三家店、琉璃渠等。另外，深山区古村落亦有不小变化，村民有的是出于改善自身居住环境的需求，有的是适应开发旅游的需要，有的是城镇搬迁后部分人口回流到山区老家，对部分古民居进行了翻旧建新。针对这几年的新变化，我们认为门头沟现存古村落大体应该还有 40 个左右。

门头沟不仅在古村落的保有量上在京郊占绝对优势，而且保护级别高。爨底下、灵水、琉璃渠入选前三批中国历史文化名村，爨底下明清古

---

① 刘德泉撰写《门头沟古村落生态文化资源及其开发前景的研究》课题报告，北京永定河文化研究会 2008 年编，内部资料。

② 孙进军执笔《新农村建设中应注意保护古村落——京郊古村（落）镇保护利用研究报告》，"京郊古村（落）镇保护利用"课题组，北京市政府研究室等单位 2006 年完成，内部资料。

建筑群还是"国保";这三个名村加上黄岭西、苇子水、沿河城、马栏、千军台等 8 个古村已入选了中国传统村落。至今数十个风格各异的古村落点缀着门头沟秀美的山川,是首都北京古村落最集中、保存最好的地区,构成了罕见的京西古村落群。

门头沟现存的古村落从保护现状上可分为三种:一是整体保护完好,主要集中在斋堂、清水两个镇,如爨底下、灵水等,约占现存古村落的10%;二是基本保护完好,如柏峪、沿河城、马栏等,约占现存古村落的40%;三是部分古建筑物保护基本完好,如军庄、涧沟等,这种类型的古村落数量较多,占现存古村落的 50%。

(三) 京西古村落群蕴含中国优秀传统文化丰富基因

自金代在北京建都以来,门头沟区绝大部分时间属于京畿赤县宛平,文化脉络源远流长。京西古村落群保存了大量的中国优秀传统文化基因,是千年古都北京重要的、有机的组成部分,是中华民族文化的瑰宝。

三个中国历史文化名村是京西古村落的杰出代表。爨底下是明清山地民居建筑文化村落,因在明代军事隘口"爨里安口"下方得名。整个村落建在峡谷北侧的缓坡上,依山而建,层层升高,整体为坐北朝南。占地约 1 万平方米,现存院落 76 个,房 656 间。一条蜿蜒的街道,把村落分成上下两部分。民宅以村北龙头为中心,形成南北中轴线,民居建筑高低错落,井然有序,形散而神聚,呈扇面状向下延展,使整座村庄建筑呈元宝状,构成和谐的整体,构成了独具特色的山地古民居建筑群。爨底下村建筑具有四个特点:规划布局严整,主次分明;民居古朴,整体精良;就地取材,因地制宜;地上地下,巧用空间;砖石木雕,装饰华美。充分反映了京西单一姓氏家族聚落的特点,体现了长幼有序、尊卑有别、和睦相处、吉祥平安的居住理念。

灵水村属于乡村士人文化村落,因明清之际出过多位举人又被称为"京西举人村"。因村中有建于汉代的灵泉禅寺,该村形成应该不晚于汉代。灵水村有一块"三禁碑",记述了康熙年间重修古龙池的经过,以及为了保护古龙池所做的严格规定。池内三禁:凶泼投跳,愚顽搅混,儿童汗溺。池台三禁:宰杀腥膻,饮畜作践,浆衣洗菜。有违者,鸣钟议罪,罚供祭神。三百多年前灵水村的老百姓就有了明确的环保意识,并且为了保护水源作了具体翔实的规定。这不仅是门头沟也是北京市比较早的环境保护碑，体现了门头沟人先进的环保意识。当代文人总结出来的"灵水八德"是桃核晚打、猪鸡圈养、君子不争、龙池三禁、诗书继世、生财有道、煤炭限采、共喝秋粥。特别是传承至今的感念举人恩德、和睦邻里的秋粥节仍在年年举办。如今斑驳的房舍、蜿蜒的巷道，伴着寺庙残壁、老宅深院和千年古树，浓厚的"举人文化"积淀，构成了灵水村的无穷韵味。

金碧辉煌流光溢彩的紫禁城是中国古建杰出代表，是中国文化的象征。但很少有人知道那些被梁思成先生称作"中国古典建筑典型特征"的琉璃构建大部分来自琉璃渠村。元代建设大都时，朝廷在琉璃渠设立了烧制琉璃的管理机构，明清继续在琉璃渠烧造皇家琉璃。800多年窑火不断，琉璃渠始终没有间断过皇家琉璃的烧制。直到现在北京的古建园林维修使用的琉璃都是来自琉璃渠的各窑厂。琉璃的原料是坩子土，经过开采、碾压、炼泥、制坯、烧制成型后，再经过上釉二次煅烧二十几道工序，黑灰色的坩子土就成了坚固、光鲜、亮丽的琉璃制品。琉璃渠村因拥有悠久的皇家琉璃烧造历史，琉璃过街楼、琉璃关帝庙、琉璃茶棚等市区级文物，传承"中华国粹"——国家级非遗琉璃渠琉璃烧造技艺而被誉为"中国琉璃之乡"。

另外，门头沟还拥有不少富有京西地域文化特色的古村落。如：明清商埠三家店是北京市历史文化保护区，也是传承国家级非遗京西太平鼓的代表村落；圈门一带的过街楼、窑神庙和大戏楼显示着门头沟厚重的煤业文化，被称为"门头沟之源"；涧沟村就位于中国民俗圣地金顶妙峰山脚下，每年庙会期间近百档老北京民间花会经此朝顶进香；斋堂桑峪村的过街楼、天主教堂显示着东西方并存的宗教文化；沿河城古城堡、柏峪村秧歌戏都是古代军事文化的遗留；冀热察挺进军司令部旧址所在地马栏村传承了红色抗战文化等。

中国民间文艺家协会主席冯骥才曾指出："中华文化的根、非物质文化遗产的载体都在古村落，我们的民俗、民间戏剧、歌舞、音乐、手工艺都在其中，'皮之不存，毛将焉附？'如果没有这些村落，这些民间文化遗产也就没有了。"

二　新型城镇化为京西古村落的
保护利用提供新契机

去年召开的中央城镇化工作会议明确提出要以人为本，推进以人为核心的城镇化，并提出让城市融入大自然，让居民望得见山、看得见水、记得住乡愁。通过认真学习纲领性文件《国家新型城镇化规划（2014—2020 年）》① 和有关专家的精彩解读，结合京西古村落的保护利用问题，我们弄清了三个基本问题。

（一）新型城镇化"新"在哪儿?

《人民日报》② 在对《国家新型城镇化规划解读》一文中提示：新型城镇化，别忘 6 句话。一是睡城鬼城弯路不能走；二是不以人为本当叫停；三是严禁搞运动式大干快上；四是城镇不能盖成水泥森林；五是城乡一体化别搞成一样化；六是要延续文脉留住刻骨乡情。其中第五、六句话与古村落保护问题密切相关。

（二）新型城镇化不是"城"与"村"的对立，而是要城乡协调发展

传统的城镇化，是城市优先发展的城镇化，而新型城镇化讲求城乡互补、协调发展；城乡一体化发展，绝对不能搞成"一样化"发展，不能把农村变为城市，而是要走城乡协调发展的道路。新型城镇化不是"去农村化"，不是城市文化对乡村文化的吞噬与操纵，而是两种不同文化各美其美、和而不同、共生互补。古村落是中华民族文化多样性的体现，需要得到保护，推进城镇化建设绝不能以瓦解农村文明、牺牲文化遗产为代价。

---

① 《国家新型城镇化规划（2014—2020 年）》中共中央、国务院 2014 年 3 月公布，参见 http://baike. sogou. com/v67036155. htm。

② 《国家新型城镇化规划解读》，《人民日报》2014 年 3 月 17 日，参见网址 http://www. kaixian. tv/gd/2014/0317/3249069. html。

（三）新型城镇化不是"新"与"古"的对立，而是要延续传统文化根脉

新型城镇化的基本原则之一就是"文化传承，彰显特色"。要根据不同地区的自然历史文化禀赋，体现区域差异性，提倡形态多样性，防止千城一面，发展有历史记忆、文化脉络、地域风貌、民族特点的美丽城镇，形成符合实际、各具特色的城镇化发展模式。

三　关于京西古村落保护与利用的建议

门头沟区的古村落群有几百年以至上千年的历史，有十分丰富的物质和非物质文化遗存，是农耕时代村落的活化石，是不可再生的宝贵遗产，具有非常重要的历史价值、文化价值和研究价值。京西古村落群是北京最大的古村落群，它不仅属于门头沟，也是古都北京的重要组成部分。对这些古村落的保护，是要保住门头沟厚重历史文化中的精华；是要保住首都这颗璀璨的历史文化明珠；是要保住山区村民实现小康走向现代化的重要资源；是要保住首都人民的精神家园和温馨乡情。

在新型城镇化大力推进的背景下，京西古村落群保护和利用的现状是喜忧参半。为此，我们特别提出以下建议。

（一）把京西古村落的保护利用作为门头沟新型城镇化建设的特色

将京西古村落群的保护利用作为门头沟新型城镇化建设的特色来认识和实施，符合门头沟区作为首都生态涵养区和西部综合服务区的区域功能定位，有利于门头沟培育旅游文化休闲产业这一新的主导产业，顺利实现经济社会发展转型，一定会得到各方面的认可和支持。为此，对新型城镇化与古村落保护利用之间的利害关系要全区上下达成共识，政府重视，人民自觉，凝聚合力，扎实推进。要将古村落的保护和开发利用问题作为门头沟新型城镇化的发展战略问题加以研究，坚持"科学规划、严格保护、合理开发、永续利用"的原则，制定出全面的保护开发规划与实施步骤，实行全区统筹。

（二）坚决落实有关政策法规和管理办法，切实加强对古村落的保护

目前涉及文物、非遗和名城名镇名村保护的国家层面和北京市层面的

相关法规都很健全，门头沟区也公布了《门头沟区古村落保护办法》和《门头沟区传统民居建筑修缮规范标准》，现在最需要的就是积极落实。层层落实区、乡镇、村委会和村民的保护责任，奖罚分明，迅速改变古村落不断遭受破坏的现状。

（三）从古村落自身特点出发，确立不同的保护利用开发取向

作为首都北京绝佳的文化旅游资源，针对京西古村落群，一定要明确：保护第一，合理利用，慎重开发。

古村落的保护开发不仅要注意古民居、乡土建筑、村落景观的保护，还要关注古村神韵的保护。朴素的民风民俗是古村落的魂。既有沧桑的村貌，又有古朴的民风民俗才是真正意义上的古村落。门头沟古村落有着丰富的非物质文化遗产，在古村落保护开发的过程中，传承优秀民俗，保持优良民风，既是精神文明建设的要求，又是村落开发得以持久的重要条件。古村落保护专家建议，在每个古村落建立一个小型的民俗展馆，收集乡土文物，对搞好古村开发具有重要意义，对此要及早动手，争取主动。民间文物的流失对古村落的保护与开发是不可弥补的损失，应引起高度重视。

在保护古村整体风貌的同时要做好基础设施建设，三线入地，电视电话网络畅通，公共交通便捷，民居舒适卫生，使村民能够享受现代文明成果。要尊重、鼓励村民对祖祖辈辈生活家园的由衷热爱，启发他们的文化自觉。京西古村落是山区人民世世代代创造的，古村落的保护与利用也一定要依靠当地人民。决不能采取简单迁走原住民的方式，不要把活态的古村落变成仿古度假村。

在尝试进行旅游开发时一定要处理好政府、企业和村民的三者关系，在开发路径上特别要注意三点：

第一，从村落的特点和文化背景出发，确定正确的利用开发方向。挖掘文化内涵，统一规划，突出特色，防止众村一面，低级重复，无序竞争。

第二，优势互补联合开发。门头沟不少地区具备村落联合开发的优势。区有关部门和乡镇发挥强有力的作用，以古村落为主的村落产业开发才能变为现实。

第三，把京西古村落的保护利用与沟域经济开发结合起来。整合各种

旅游资源综合开发，用文化吸引人，用生态留住人，让游客在青山秀水中
去探寻中国传统村落中传承至今的民俗民间文化。

（四）申报北京古村落历史文化保护区，争取财政和人才支持

鉴于门头沟古村落保护开发对丰富首都历史文化有十分重要的意义，
门头沟区应当积极申报北京市古村落历史文化保护区，争取中央和市政府
各有关部门的支持，特别是北京市财政的支持。注意吸收社会贤达和文化
人参与古村保护和新城镇建设。

On New-type Urbanization and the Protection
and Utilization of Mentougou Ancient Villages

HOU Xiu-li, LIU De-quan

Abstract：The best-preserved ancient villages in Beijing are located in
Mentougou District. This ancient settlement is taken as an important organic em-
bodiment of the history and culture of Beijing. In the construction of new-type ur-
banization, the relationships between city and village, new and ancient must be
properly treated. Thus the cultural heritage full of local characteristics in the ru-
ral areas of Beijing can be protected. The rural leisure tourism relied on the
beautiful country scene in ancient villages of Western Beijing can be moderately
developed.

Keywords：new-type urbanization；ancient villages in Western Beijing；
protection；utilization

学术评论

古今贯通　纵横结合
地域文化研究范式的奠基之作

——读司徒尚纪教授的《雷州文化概论》有感

张宝秀

读了司徒尚纪教授的新著《雷州文化概论》，想写篇书评，却由此引发我想到了很多。

司徒尚纪，中山大学地理科学与规划学院教授、博士生导师，广东省政府资深参事，是我的大师兄。我尊称他为"大师兄"，不仅仅因为他是侯仁之先生的第一位博士研究生，我是侯先生的第四位博士生，他名正言顺是我的博士大师兄，而且还有更多的原因，使他成为我心目中真正的大师兄。

司徒师兄功底深厚，学术敏感，科研高效，成果丰硕，是一位非常高产的高水平专家，他发表的学术论著已超过1500万字，撰写和主编出版的近40部著作，垒起来早已著作超身，而且如今他的专著还在一部一部地撰写、一本一本地甚至一套一套地出版。他对中国历史地理、中国地理学史、区域文化地理、区域发展与规划的理论和实践都有研究，尤其是在岭南历史地理和文化地理研究领域富有开拓性、系统性和创新性，造诣颇深，堪称翘楚，他在研究中常常是时空结合、古今结合、中外结合、多学科结合、理论与实际结合，理论成体系，方法多元化，驾轻就熟，游刃有余，逻辑严密，让人爱读，运用精准的学术语言，写出生动的文化效果，形成了独特的学术风格，具有明显的学术优势，我很崇拜他。

司徒师兄1984－1986年在北京大学地理系攻读历史地理博士学位的时候，我在地理系读本科。1984年暑期，司徒师兄和我们全系83级本科生一起到山西大同参加地貌实习，那时我就结识了他，后来还成了他的师妹。司徒师兄仁慈宽厚，性格温和，思维敏捷，幽默风趣，提携晚辈，关心后学，他分析问题，既有高度，又有深度，还有开阔度和远见性，让人听后深受教益。30 多年来，我们一直保持联系，他一直关心、鼓励、指导着我的学习、工作和进步，我遇到问题经常向他请教。他每次出版新作，都会寄给我一本（套），多年来持续不断，时时给我送来学术营养。每次在学术会议上相遇，他都会对我指点一番。每每在关键的时刻，都能得到他高屋建瓴、有如醍醐灌顶的指教和建议，让我受益匪浅，我很感激他。

近年来，他不仅关心、指导我个人的业务工作，而且关心、支持我担任主任和所长的北京学研究基地、北京学研究所的工作，他经常撰写论文，来京出席北京学学术年会和研究基地主办的其他国际国内学术会议，为基地的发展和建设出谋划策，因此他被我们研究基地聘请为特邀研究员。去年，他又将其担任副会长的广东省珠江文化研究会，带进北京学研究所作为执行主席单位的中国地方学研究联席会，加盟成为会员单位，有力地支持着这个民间学术团体的发展。我对师兄的感激感谢之情更是日益增深。由此看来，我的这篇"有感"收录在北京学研究基地的文集（年刊）《北京学研究 2014》中最为合适。

司徒师兄的专著《雷州文化概论》，2014 年 3 月由广东人民出版社出版，这是岭南地区大型综合性丛书《岭南文库》中的一种，是他岭南史地研究大树上的又一颗硕果，以远在我国大陆最南端、拥有鲜明地域个性但长期埋没无闻、被边缘化的雷州文化以及与之相应的雷州民系为研究对象，是全面研究、系统论述雷州地域文化的一部开山力作。全书 43 万多字，共 12 章，视角独特，内容新颖，纵横结合，架构合理，要素全面，逻辑清晰，环环相接，丝丝入扣，对读者很有吸引力，让人有一开始读就想一直读下去的兴趣。在我看来，这部专著至少在以下几个方面具有突出的学术贡献。

一是全面论述了区域文化与民系理论以及二者之间的关系。该书在第一章《绪论》的前三节中，从理论层面系统论述、清晰说明了区域文化、民系理论以及二者的关系。首先阐述了区域文化概念，其中包括区域的内涵、区域文化的定义和构成要素，他将区域文化的特点概括为以区域为文化载体、分布区域基本相连成片、具有比较一致的文化演进过程、拥有共同的文化特质和风格、具备比较一致的文化发展水平、以历史地名命名、存在一个区域文化中心等七个方面。然后阐述了民系概念，认为民系是同一个民族内部由于文化特质的差异而划分的群体，从民族学视野来看，斯大林关于民族的界定更适合于民系的认识和划分，除了共同的语言、共同的地域、共同的经济生活、共同的心理素质以外，还有一个自我认同的划分原则。继而论述了区域文化与民系组成一个区域文化共同体、彼此之间是互为表里和依托的关系、区域文化特征是民系存在和划分的依据的学术观点。

二是明确建立了雷州文化理论体系并明确了其在岭南文化体系中的地位。该书在第一章《绪论》的后两节中，全面论述了雷州文化和雷州民系，建立了雷州文化的理论体系。先是界定了雷州文化、雷州民系以及二者之间的关系。指出雷州文化泛指形成、发育于雷州半岛，并辐射到周边地区的一种区域文化，雷州民系应视为今广东地区的四大民系之一。二者之间的关系表现在：雷州文化是雷州民系存在的基础，也是一个历史前提；创造雷州文化的主体是雷州人，同是雷州文化的一个载体，两者共生共存，是一个协调、和谐人地关系的体系；雷州文化和雷州民系都是一个历史范畴，各有其历史演进过程和结果。最后分析了雷州文化和雷州民系在岭南区域文化体系中和民系版图上的位置，认为雷州文化是岭南文化的一种亚文化，雷州文化区是岭南四大民系文化区之一，应与广府文化区、客家文化区和潮汕文化区卓然并列，雷州文化是岭南文化最有时代和区域特色的文化类型之一，具有独特的历史地位和贡献。

三是深入分析了地理环境在雷州文化和雷州民系形成发展过程中的作用。司徒师兄在区域研究工作中一贯重视地理环境对区域经济、社会、文化等方面的影响，始终贯穿人地关系分析主线。《雷州文化概论》依然充分体现了这种研究风格，在紧接《绪论》之后的第二章《雷州文化和雷州民系形成发展的地理环境》，就分析了半岛地理区位、火山地质基础、平坦地貌、干热气候、玄武岩发育的红土、丰富的生物资源等自然地理条件和较为稳定的政区建置沿革、土著居民的历史作用、多元民族和人口来源、海上丝绸之路的作用、远离政治中心、历史上的贬谪之地等人文地理背景对雷州文化和雷州民系形成发展的影响和作用。最后，还从雷琼桂三足鼎立的政治牵制关系和雷琼本应属同一个文化区两个方面，分析、明确了雷州半岛与相邻的海南岛、广西钦廉地区的区域地缘与文化关系，进一步深化了对雷州文化形成、演化、特质和风格的认识。

四是系统总结了雷州文化和雷州民系的历史演进过程。该书第三章《雷州文化和雷州民系的历史演进过程》，贯通古今，在纵向上清晰地总结了源远流长、在岭南大地上独领风骚的雷州文化和雷州民系自古至今上下 6000 年的发展脉络和演进规律，并高度概括出各个发展阶段的特点：史前时期雷州文化的萌芽、先秦时期骆越文化在雷州的起源、秦汉至隋唐汉俚文化的碰撞与融合、宋元时期汉文化成为雷州文化的主体、明清时期雷州文化的定型成熟和雷州民系的形成、鸦片战争后雷州文化的转型与新生、现代方兴未艾的雷州文化。阐明雷州文化是在土著南越文化基础上，以中原汉文化为主体，博采荆楚、八闽、八桂文化以及海外文化等之精华，经过长期的碰撞、交融、整合、创新而成的一种地域文化体系，还从热作文化异军突起、海港文化崭露头角、风俗文化重新兴起、雷州城和湛江城区两大文化中心并峙格局的建立等方面描述了处在不断发展变化中、呈现出勃勃生机和活力的现代雷州文化。

五是细致梳理了雷州文化的组成要素及其空间分布规律。该书第四章至第十一章，在横向上，全方位、多要素、逐一梳理了农业土地利用、方言文化景观、海洋文化、饮食文化、宗教文化和民间信仰、风俗文化、流寓文化、文学艺术等雷州文化各个组成要素的历史演变、文化特质、空间分布规律。具体来看：（1）从洋田稻作和台地番薯种植为主构成的粮食作物土地利用景观、甘蔗和菠萝为主构成的经济作物土地利用景观、槟郎和橡胶种植为主构成的热带作物土地利用景观等方面阐述了雷州热带农业土地利用这种最基本的文化空间占用方式和最主要的文化景观特色；（2）从雷州方言构成、雷州话的文化特色、雷州方言的分布、文化内涵丰富的雷州地名等方面阐述了雷州方言文化景观与分布；（3）从热带海洋农业文化、海洋商业文化、海洋精神文化等方面阐述了雷州发达的热带海洋文化；（4）从雷州饮食文化的特点、特色菜肴两个方面阐述了雷州独具特色的饮食文化；（5）从称盛岭南的佛教文化、道教文化的演变与景观、西方宗教文化、各种各样的民间信仰及其传说等方面阐述了雷州多元的宗教和民间信仰；（6）从独具特色的岁时民俗、婚嫁风俗、娱乐风俗、丧葬风俗等方面阐述了雷州多姿多彩的风俗文化；（7）从科举人才的历史变迁、雷州文化精英、流寓文化在雷州等方面阐述了雷州人才和流寓文化；（8）从雷州器艺、雷哥、雷诗、雷剧、粤剧、雷州书法、雷州作家群体及其成就七个方面阐述了雷州的文学艺术。

六是综合概括出雷州文化的风格与特质。该书最后一章即第十二章纵横结合，关注当下，高度概括，认为经过历史的长期沉淀，由多元文化交融、整合而成的雷州文化，反映了人类适应雷州半岛热带和海洋地理环境采取的方式，对自然资源开发利用的价值取向，人类世代劳动成果的总体特征，以及深层精神世界的结构与风貌，集成了热带性、海洋性、多元性、原生性、刚烈性、平民性、务实性等文化风格和特质，同时指出了雷州文化的优势和不足。这是本书先总后分、先纵后横，最后走向综合的收官之篇、点睛之篇，也是颇具特色之篇。

总之，司徒师兄的《雷州文化概论》一书，既有缜密的理论思考，又有全面的实际分析，既有深邃的历史眼光，又有宽广的地理视野，古今贯通，纵横结合，大气磅礴，一气呵成，达到了很高的学术水平，可以说是奠定了地域文化研究的范式，为我国地方学和地域文化研究提供了一部可读可荐、可引可用的基础性、经典性参考文献。

北京学人

赤子情怀　北京情缘

——记北京学研究基地首席专家张妙弟教授

刘　丹*

　　张妙弟，男，1944 年出生，上海浦东人，教授，中共党员，享受国务院特殊津贴，1981 年获北京大学地理学系理学硕士学位。研究生毕业后留校任教，曾任北京大学地理学系自然地理教研室副主任。1988年调任北京大学分校城市与区域科学系副主任，后历任系主任、北京联合大学教务长、北京联合大学应用文理学院党委副书记（主持学院党政工作）、北京联合大学校长等职。兼任北京市文史研究馆馆员、北京地理学会副理事长、秘书长、北京当代史研究会副会长、北京古都学会副会长等。

　　张妙弟教授，自 1997 年作为骨干参与北京学所筹建工作至今，已在北京学领域耕耘 18 年之久。历任北京学研究所副所长、所长，北京市哲学社会科学研究基地——北京学研究基地主任、首席专家，是北京学研究所（基地）创立和发展的重要亲历者，为北京学研究事业的发展壮大做出了不可磨灭的贡献。

求学首都　结缘联大

　　张妙弟出身于上海浦东的工农户家庭，在上海郊区一所普通中学读完初中、高中。填报高考志愿时，他没有像当时大多数同学一样选择上海高校，而是对千里之外的首都北京满怀强烈的向往。尽管身边很多人都不理

* 刘丹，北京联合大学北京学研究所助理研究员。

解他的选择，他还是坚定了信念，将 22 个高考志愿中的绝大部分填报了北京的高校。1962 年，张妙弟如愿以偿，第一志愿被北京大学地质地理系录取，也从此与北京结下深厚情缘。

1962 年至 1968 年本科学习期间，张妙弟接受了扎实的基础学科训练，众多名师的谆谆教诲和为国为民的高尚情操陶冶了他的学术品行，诸位大师严谨深究的治学精神深深影响了他今后的治学之路。1968 年至 1970 年，张妙弟前往山西临汾接受工农兵再教育。1970 年，回到北京分配工作，他先后在石景山中学、石景山区教育局、石景山区农业局、石景山区科委任职。他干一行，爱一行，工作能力也得到单位和同志们的一致肯定，还曾获得石景山区抗震救灾先进个人光荣称号。1978 年，张妙弟考回北京大学地理学系攻读硕士研究生，并于 1981 年毕业留校执教至 1988 年。前后 16 年的燕园岁月，诸位名师成为张妙弟人生的引路人，他深情地说道："老师们的品行、学养、人生态度在我脑海中打下深深的烙印。王恩涌老师的解惑之道，卢培元老师的育人之法，陈昌笃老师的科研追求，侯仁之老师的社会担当……不管时间怎么流逝，作为楷模，老师们的言行始终影响着我人生的每一步。"

1988 年 3 月，北京大学分校城市与区域科学系（今北京联合大学应用文理学院城市科学系）急需骨干人才，张妙弟被调入，不久后他接替首任系主任卢培元教授，成为第二任系主任。从此，他结缘北京联合大学，并在多个领导岗位上任职，直至 2007 年 4 月离开北京联合大学校长岗位，2008 年 9 月退休。

北京联合大学成立于 1985 年，其前身是 1978 年北京市依靠清华、北大等老大学创办的 30 多所大学分校，以培养适应国家，特别是首都经济社会发展需要的高素质应用型人才为己任，是一所以本科教育为主，研究生教育、高职教育和继续教育协调发展的市属综合性大学，也是北京市重点建设的应用型人才培养基地。2001 年至 2007 年，张妙弟任北京联合大学校长。任职期间，他励精图治，不辱使命，在前人的基础上创新教育改革，进一步明确办学定位和办学宗旨，制定了"发展应用性教育，培养应用型人才，建设应用型大学"的办学宗旨，带领全体师生持续开展探索与实践，为北京联合大学新的发展立下了汗马功劳。他常说："在我脑海里，北京联合大学是市属院校，这个概念特别强烈。北京联合大学既要为北京市培养人才，也要直接为北京市的建设发展多做工作，在这一点上，北京联合大学责无旁贷。"

在北京求学和生活了50多年，历经半个世纪风雨，张妙弟工作的领域始终紧密服务于北京的地理研究和文化发展，对北京这座城市、对北京联合大学这所高校，他怀有深沉的热爱，首都早已成为这位自称"浦东游子"的第二故乡，联大也早已成为他的情系之地。

矢志不渝　致力北京学

早在1996年，北京联合大学在与韩国汉城市立大学进行校际学术交流时，受该校设有"汉城学研究所"的启发，就萌生了建立"北京学研究所"的想法。同时，曾在北京市人大、市政协、市教委工作的几位教育界老领导都对汉城学研究有所了解，建议市属综合性高校北京联合大学也筹建北京学研究所。当时主管联大外事、科研工作的姜成坛副校长积极响应，认为成立北京学研究所对推动学校发展、人才培养和服务首都经济建设能够起到积极作用。他找到时任经济学与城市科学系主任的张妙弟，希望北京学研究所依托经济学与城市科学系建立，张妙弟欣然赞成并执笔起草申请书上报学校，学校上报北京市教委和北京市编制办，并得到批准同意。北京联合大学北京学研究所于1998年1月正式成立，姜成坛任所长，张妙弟任副所长（1999年接任所长）。北京学研究所在成立之初，就有幸得到了北京市教育界领导的鼎力支持和专家学者的悉心指导。资深教育专家陶西平为名誉所长，侯仁之院士、舒乙先生、单霁翔先生为顾问。侯仁之院士为北京学题词"立足北京，研究北京，服务北京"，成为北京学研究所一直坚守的学术宗旨。

致力建设发展北京学18年，张妙弟为此倾注了大量的心血和热情。他认为推动北京学研究所成立的既有外因也有内因。外因包括韩国汉城学的启示，市教委的支持；内因则是北京社会经济发展对传承和发扬北京历史文化传统的内在需求，以及北京学研究的根本出发点与北京联合大学办学定位的契合。说起北京学的发展历程，张妙弟如数家珍：1998年至1999年，向北京市教委申请的"科技发展计划"项目揭开了北京学研究承接纵向项目、直接服务于北京市的序幕；1999年12月，北京学研究所召开第一次学术研讨会，学术研讨的年会制度由此确立，至今已连续召开16届会议；2004年，以北京学研究所为核心，北京市哲学社会科学研究基地——北京学研究基地授牌成立，成为北京市哲学社会科学规划办和北京市教委共同设立的首批市级研究基地之一；2014 年，北京学研究基地在基地三期建设验收中被评为优秀。

近些年来，"以地名学"的地方学研究在全国方兴未艾。张妙弟认为，各地方学研究领域有宽窄之分，研究边界有清晰和模糊之别，这是一种正常情况，不要一概而论，构建模式不必强求统一。基于研究性质和研究对象的特点，北京学的研究领域相对宽泛。在张妙弟看来，北京学研究基地工作的关键词有三个，就是"保护、传承、发展"——保护文化遗产，传承北京精神，为北京城乡以及更大区域一体化可持续发展做贡献。他担任北京学研究所（基地）领导职务期间，深入调研，准确定位，提出基地建设"三个平台"的总体定位，即：为北京市提供咨询服务的综合研究北京城乡发展、建设与管理的开放性研究平台；面向社会各界开放的以北京城市、历史、文化、民族、宗教、经济、管理、科技等方面资料为主体的信息交流平台；与社会大众互动的提升广大市民文明素质与科学文化知识的科普教育平台。在他的带领和所内全体同仁的共同努力下，北京学研究所（基地）积极开展北京城市及区域发展的综合研究和应用研究，围绕北京市中心工作和社会焦点、热点问题，先后承担了多项研究课题，开展了一系列决策咨询与社会服务工作，社会知名度和美誉度日益提高。

张妙弟当年从北京联合大学校长岗位上退下来之际，有多家民办高校出高薪聘请，面对显著优厚的待遇，他没有动心，而是接受北京联合大学的返聘继续留在北京学研究所工作，担任北京学研究所顾问，并继续担任北京学研究基地首席专家和基地学术委员会主任。他说："我在北京联合大学工作整整二十年，我热爱联大，我感恩联大。看着北京学从创立到发展，我舍不得离开北京学。只要需要，我愿意继续留在这里贡献我的力量。"铮铮之言，情真意切，拳拳之心，溢于言表。

建设团队　热心科普

18 年来，张妙弟先后担任北京学研究所副所长、所长和北京学研究基地主任和首席专家，为发展北京学研究事业殚精竭虑。他说："这些年来，我将工作的重点定位在两个方面，一方面，对内厘清工作重点，锻炼和培养人才队伍；另一方面，积极开展对外宣传和交流工作。"

张妙弟始终把人才培养工作放在突出位置，他提出以"四个圈层"为体系、专兼职相结合的多学科、多领域研究团队建设模式，充分整合各方面的研究力量和资源，共同开展北京学研究。他关心所内每位同志的成长，积极为大家创造条件，提供支持，提携后学。实践出真知，为提升队伍的调研能力，他时常带领大家开展田野调查，他一再强调："我们的业务考察绝不是游山玩水，而是扎扎实实带着问题来调研、来思考。"每次实地考察前，他都要求科研人员提前查阅文献资料，提出问题，现场交流。为加快科研团队建设，面向校内外设立北京学研究基地自设课题，并以此为抓手，帮助专职科研人员梳理、明确各自的科研方向，为申报更高级别科研项目做好培育工作。他精研善导，不辞辛苦，悉心帮助青年科研人员梳理研究思路，逐字逐句审阅完善申报文本。基地自设项目带动了基地科研人员以及校内一大批人文社科领域教师科研素养和科研能力的提升，基地课题和更高级别项目立项的数量逐年上升，培育了多项省部级、国家级科研项目和合作研究课题。

张妙弟不仅致力于为北京学研究所（基地）打造一支业务水平过硬的研究团队，更精心栽培后备干部，不遗余力为北京学事业发展培养后继人才。他爱才惜才，为北京学领导岗位选拔了得力的接班人，使北京学研究所（基地）团结奋进、风清气正的工作作风得以薪火相传。

侯仁之先生生前一直倡导：研究北京、规划建设北京不仅仅是少数专家学者和政府部门的事，更是广大市民和人民大众的事。我们有责任让群众更多地了解北京，把北京的历史文化普及到群众中去。群众了解北京越深入，对北京越热爱，保护、建设、发展北京就更自觉，更有积极性。北京学研究基地定位的"三大平台"之一就是面向社会大众的科普教育平台，基地科研人员积极参加校内外北京历史文化科普讲座活动，张妙弟对此更是身体力行，成为主讲团队中的骨干成员。他多次受邀，先后面向校内"北京学讲堂"和校外社会各界、图书馆系统、党校系统、老干部系统、志愿者系统、养老机构、传统文化研习营以及境外访问团体，主讲有关北京的讲座五十余讲，内容涉及北京的历史、文化、规划、建设、北京精神等多个学科领域，听众人数累计达到四千余人次。张妙弟主讲的讲座视角独特，观点清晰，图文并茂，形成了以历史为基本线索、以文化为内涵、以历史地理视角为特色的风格，再加上他本人在讲座中情绪饱满，声情并茂，现场感染力极强，深受听众欢迎和喜爱，为北京学研究的知识传播和科普宣传做出了卓越贡献。

潜心探索　成果丰硕

作为北京学的创始人之一，张妙弟亲身经历了它的诞生和成长的各个阶段，用他自己的话说："了解北京学就像了解自己的家里人一般。正因为这样，我没有说'研究北京学'，而是强调'探索北京学'，退休之后则是'继续探索北京学'。"在探索北京学的道路上，张妙弟博观约取，厚积薄发，未曾懈怠，辛勤耕耘终换来累累硕果。

张妙弟作为主持人或骨干成员，在自然地理学与人文地理学领域，先后参与国家"七五"项目"三北防护林地区遥感综合调查研究"、国家自然科学基金项目"秦岭大熊猫调查研究"、建设部项目"泰山风景名胜区调查与规划"、国家重大项目"清史"子课题"图录·北京及周边地区清代建筑遗存图片"、国家级项目《当代中国城市发展丛书》子项目《北京卷》等省部级以上研究项目二十多项。主编或参与编著《天府巴蜀》《秦岭大熊猫自然庇护所》《当代中国城市发展丛书·北京卷》《图说北京城》《北京中轴线》《北京学研究系列》等著作十余部。发表《刍议北京城中轴线研究十要点》等论文数十篇，获得国家林业部科技进步一等奖、国家建设部科技进步一等奖以及中科院、北京市、新疆维吾尔族自治区等各类奖励多项。

《当代中国城市发展丛书·北京》是北京学研究基地参与的国家重点项目，该书的编研工作得到北京市委、市政府的高度重视，市长亲自担任编委会主任。张妙弟担任编辑部常务副主编，参与拟定编写提纲、培训编写队伍、研究审读修改书稿等多项工作。2011 年 3 月，包含 90 万字、200 幅插图，凝结了编者大量心血的"北京卷"历时数载，正式出版。该项目对于当前北京城市面临的一系列问题，起到了良好的决策咨询作用。2012 年 10 月，在北京市第十二届哲学社会科学优秀成果评选中，《当代中国城市发展丛书·北京》荣获一等奖。

2014 年初正式出版的《北京中轴线》是一部图说类著作，由北京市政协文史和学习委员会与北京学研究基地合作完成，是北京市社科规划重点项目《北京城中轴线保护研究》的成果之一。张妙弟和张宝秀分别担任该书的主编之一和副主编之一，北京学研究基地多位教师、特邀研究员以及研究生参与其中。该书以研究为基础，图文并茂，以近 4 万文字、近400 幅新旧照片和地图将北京旧城中轴线进行了系统、生动、形象的展示，富含作者对北京中轴线的独到认识和见解，既是一项研究北京中轴线的学术成果，又是解读宣传中轴线、让民众了解中轴线的科普力作。

谈及对北京学工作的感慨，张妙弟用了三个词语来概括，那就是：有幸，有缘，有情。他说："能够加入到北京学研究的团队，为北京学研究事业发展做一点工作，我深感荣幸，我很感恩，谓之有幸；从填报高考志愿到北京大学求学，再到留在北京工作，五十多年来，我和北京这座城市结下难解的缘分，对北京深厚的感情也在一点一滴中凝结起来，谓之有缘；在北京联合大学工作二十多年，我对学校、对北京学的工作，投入的感情最深，付出的心血最多，始终深怀感情开展各项工作，谓之有情。"